馮友蘭 張蔭麟 湯用彤 羅庸 雷海宗 吳晗 聞一多 著

西南聯大文化課

中和出版
OPEN PAGE

中

西南聯大部分教授合影

西南聯大校舍

馮友蘭

張蔭麟

湯用彤

羅庸

雷海宗

吴晗

闻一多

編 者 的 話

西南聯大只存在了八年時間，卻培育了兩位諾貝爾獎得主、五位中國國家最高科技獎得主、八位「兩彈一星」功勳獎章得主、一百七十多位中國科學院院士和中國工程院院士。這是教育史上的傳奇。傳奇的締造並非偶然，而是源於強大的師資力量和自由的教學風氣。

西南聯大成立之時，雖然物資短缺，沒有教室、宿舍、辦公樓，但是有大師雲集。聞一多、朱自清、陳寅恪、張蔭麟、馮友蘭等大師用他們富足的精神、自由的靈魂、獨特的人格魅力以及深厚的學識修養，為富有求知慾、好奇心的莘莘學子奉上了凝聚着自己心血的課程。

聞一多的唐詩課、陳寅恪的歷史課、馮友蘭的哲學課……無一不在民族危難的關頭閃耀着智慧的光芒，照亮了求知學子前行的道路，為文化的繼承保存下了一顆顆小小的種子，也為民族的復興帶來了希望。

時代遠去，我們無能為力；大師遠去，我們卻可以把他們留下的精神和文化財富以文字的形式永久留存。這既是大師們留下的寶貴財富，也是我們應該一直繼承下去的文化寶藏。

為此，編者以西南聯大為紐帶，策劃了一系列圖書，以展現西南聯大的教育精神和大師風貌，以及中華民族的文化與思想特點。已出版《西南聯大文學課》《西南聯大國史課》《西南聯大哲學課》《西南聯大詩詞課》《西南聯大文學課（續編）》《西南聯大國學課》，本書主題

是「文化課」。

本書所選各篇文章，在內容的側重和表述方式上有很大的不同，這是各位先生在教學和寫作風格上各有千秋的結果。這一點，不僅體現了先生們各自的寫作特點，更體現了西南聯大學術上的「自由」，以及教學上的「百花齊放」。

本書收錄文章，秉持既忠實於西南聯大課堂，又不拘泥於課堂的原則。有課堂講義留存的，悉心收錄；未留存有在西南聯大任教時的講義，而先生們在某一方面的卓越成就亦予以再現；還有一部分文章是先生們在西南聯大任教期間所寫，分為演講稿和發表在當時報刊上的文章，如羅庸先生部分文章，有的是講稿，有的是發表在當時的《國文月刊》上的文章。雷海宗先生《孔子以前之哲學》一篇寫於1932年，因這篇文章對歷史文化及哲學文化有很好的總結作用，故予以收錄。此外，張蔭麟先生部分文章，雖是在他離開西南聯大後，1941年至1943年發表，但這些文章思想的醞釀卻與他在西南聯大授課期間的學術研究息息相關，故予以收錄。

按照上述選篇原則，在任教於西南聯大的諸位先生中，選擇了馮友蘭、張蔭麟、湯用彤、羅庸、雷海宗、吳晗、聞一多等七位先生，以他們現存作品中較為完整的全集或較為權威的單本作為底本。這些底本不但能保證本書的權威性，也能將先生們的作品風貌原汁原味地呈現出來。

因時代不同，某些字詞的使用與現今有所不同。同時，每個人的寫作習慣以及每篇文章的體例、格式等亦有不同，為保證內容的可讀性、連續性以及文字使用的規範性，本書在尊重並保持原著風格與面貌的基礎上，進行了仔細編校，糾正訛誤。此外，本書還對原文進行了統一體例的處理，具體如下：

1. 原文中作者自註均統一為隨文註，以小字號進行區分；文中腳註均為編者所加，並以「編者註」加以區分。

2. 因篇幅限制，部分文章只能節選，對這些節選的內容，本書皆在標題下以「(節選)」加以說明。

3. 文中表示公元紀年的數字皆改為阿拉伯數字。為保持全書體例一致，本書將原文正文中表示公元紀年的名稱「西元」「紀」「西」等皆統一為「公元」。同時，對隨文註中表示公元紀年的方法也進行了統一處理，皆以「公元 ××× 年」表示。文中表示時間段的數字皆統一為「(××—××)」形式。

4. 聞一多先生作品，原文存在「定四年」的表述方式，鑑於《左傳》為編年體史書，以魯國十二公為次序，因此統一為現今通行的表述「定公四年」。此外，對於文章中「《論語·子路篇》」「《論語·憲問》篇」等篇名形式不統一現象，為保持原文風貌，編者未做統一處理。

5. 因時代語言習慣不同造成的文字差異，本書對引文外的文字做了統一，如雷海宗先生著作中多用「惟」字，均改為現今通用的「唯」字，「摹仿」「折衷」「那末」「成份」「無需」等詞皆改為現今通用的「模仿」「折中」「那麼」「成分」「無須」等詞。另外，按現今語法規範，修訂了「的」「地」「得」「底」，「做」「作」，「只」「止」，「他」「她」「它」，以及「絕」「決」等字的用法。還修訂了「那」「哪」的用法，「那」舊用「哪」，原文中部分「那裡」等詞表示的是「哪裡」的意思，此種情況，皆將「那」改為「哪」。舊時所用異體字則絕大部分改為規範字。

6. 譯名皆改為現今通用譯名，如「亞里斯多德」「馬克斯」統一為「亞里士多德」「馬克思」。

7. 本書為更清晰表達文章內容，對部分文章進行重擬標題及分節的處理。如本書第一章所選《文化的類型》《應對西洋文化持甚麼態

度》兩節本為一節 —— 《新事論》中《別共殊》。為了讓普通讀者更清楚明白，一目了然，改為現標題。

8. 為保障現代讀者的閱讀體驗，本書對部分原文標點符號略作改動，以統一體例，如「《大學》、《中庸》」，改為「《大學》《中庸》」。

9. 書稿和講義中個別限於歷史和時代因素的用語，如「滿清」「外族」「異族」等，為尊重作者和保留講稿原貌，未作改動，尚請讀者予以鑑別。

希望本書有助於讀者們了解幾位先生對文化的一些見解，引起讀者們對未來文化出路的一些思考；同時，更希望本書能夠喚起讀者對西南聯大的興趣，更多地去了解這所在民族危亡之際仍然堅守教育、傳播優秀文化思想的大學，將西南聯大對中國傳統文化的堅持與希望傳承下去。

目　錄

· 第二章 ·

雷海宗、吳晗、張蔭麟講歷史文化

· 第三章 ·

聞一多、羅庸講人文精神

· 第四章 ·

馮友蘭、雷海宗講哲學與人生

· 附錄 ·

·第一章·

馮友蘭、湯用彤、張蔭麟、
羅庸淺談文化

文化的類型
（節選）

馮友蘭

　　荀子說：「類不悖，雖久同理。」《非相》荀子所謂理，與我們所謂理，其意義不必同，不過這一句話，我們可借用以說我們的意思。某一類的事物，必有其所以為某類的事物者，此所以為某類的事物者，為屬於此某類的事物所同有，即此類之理。一類事物之理，即一類事物之類型。凡屬於某一類之事物，必皆依照某一理，或亦可說，凡依照某一理之事物，皆屬於某類。所以「類不悖，雖久同理」。

　　凡屬於某一類之事物，必皆依照某理，有某性。所謂性，即屬於某一類之事物所依照於某理者。

　　一件一件的事物，我們稱之為個體。一個個體，可屬於許多類，有許多性。例如張三、李四，是兩個個體。張三是人，是白的，是高的，他即屬於此三類，有此三性。李四是人，是黑的，是低的，他即屬於此三類，有此三性。此不過舉例說，其實張三、李四，所屬於之類，所有之性，皆是很多很多的，可以說是不知有許多。每一個體所有之許多性，各不相同。所以個體是特殊的，亦稱殊相。而每一類之理，則是此一類的事物所共同依照者，所以理是公共的，亦稱共相。

我們可把一件事物當成一個體而敘述其所有之性，或其所有之性之某部分。此等敘述是歷史。我們亦可把一件事物當成一某類之例，而研究其所以屬於此某類之某性。此等研究是科學。例如我們可把張三當成一個體而敘述其所有之性，或其所有之性之某部分，如說張三是人，張三是白的，張三是高的等。此等敘述是歷史。我們亦可把張三當成一是人的生物之例，而研究其生理。此等研究即是科學，或更確切地說，即是生理學。

科學中所講者都是關於某類之理論，而不是關於某個體之歷史。例如醫學中講各種病，如傷寒、瘧疾等。其講傷寒，乃傷寒一類之病，並不是張三或李四患傷寒之歷史。他間或亦講張三或李四患傷寒之歷史，然其講此歷史，並非以其為歷史而講之，而是以其為傷寒一類之病之例而講之。在實際上張三或李四所患之傷寒病，其細微曲折之處，不必盡同，但均有傷寒病之所同然者。此傷寒病之所同然者，即醫學研究之對象。醫學研究傷寒病之所同然者，故其所有理論，可適用於實際上任何人所害之傷寒病。

知從類的觀點以觀事物，我們謂之為知類。科學雖不僅只是知類，而知類是科學所必有之一基本的條件，是一切科學所同然者。

我們可從特殊的觀點，以說文化，亦可從類的觀點，以說文化。如我們說西洋文化、中國文化等，此是從個體的觀點，以說文化。此所說是特殊的文化。我們說資本主義的文化、社會主義的文化等，此是從類的觀點，以說文化。此所說是文化之類。講個體的文化是歷史，講文化之類是科學。

我常說，在中國歷史中，漢人最富於科學的精神。這是一句很駭人聽聞的話，因為照有一部分人的說法，漢人在許多方面的見解，都是反科學的。我承認漢人在許多方面的見解，是與現在的科學不合。

漢人在許多方面的見解，以現在的科學，或即以現在人的常識觀之，都可以說是荒謬絕倫。不過這些都是就漢人在許多方面的見解之內容說。科學本來是常在進步中的，無論何時代的人所有對於自然之知識，都有與已進步的科學不合之可能。若其不合太甚，則自已進步的科學之觀點看，都是荒謬絕倫。但此亦是就此等知識之內容說。此等知識之內容，雖可以說是荒謬絕倫，而其形式則不妨仍是科學的。此所謂形式，即指一切科學的知識所同然者。一知識，如其有一切科學的知識所同然者，即是科學的。如一人，或一時代之人，其知識有一切科學的知識所同然者，或求使其知識有一切科學的知識所同然者，我們即說，此一人，或此一時代之人，有科學的精神。

關於漢人之富於科學的精神，有幾點可說。此幾點中，有幾點我們已於別處說過（見《新理學》[1]緒論）。現在只說一點，此一點即是：漢人知類。

漢人之歷史哲學或文化哲學，以五德、三統、三世等理論，說明歷史或文化之變遷者，就其內容說，有些亦可說是荒謬絕倫。不過他們的看法，卻係從類的觀點，以觀察事物者，就此方面說，漢人知類，漢人有科學的精神。

漢以前有許多不同的文化，若從特殊的觀點看，或從歷史的觀點看，我們可以說：漢以前有殷人的文化，有周人的文化，有楚人的文化等。但有一部分的漢人不從此觀點看，他們不從此觀點以講文化。他們不講殷人的文化、周人的文化等，而講金德的文化、木德的文化、水德的文化、火德的文化、土德的文化，或黑統的文化、白統的文化、赤統的文化。這些文化都是所謂文化的類型，與甚麼人無關。

1《新理學》，馮友蘭所著《貞元六書》之一。——編者註

殷人可以是金德的文化、白統的文化，但金德的文化、白統的文化之實際的有，則並不限於殷人。我們可以離開殷人，可以離開任何人，而講金德的文化、白統的文化。此正如張三或李四的病可以是傷寒，但傷寒之實際的有，則並不限於張三或李四。我們可以離開張三或李四，可以離開任何人，而講傷寒。講金德的文化、白統的文化，或傷寒，是講歷史哲學、文化哲學，或醫學。講殷人的文化、周人的文化，或張三李四的傷寒病，是講歷史。漢人眼見有許多不同的文化，能從類的觀點，將其分類，離開殷人、周人等，而專講各類文化之類型，此即是有科學的精神。

從類的觀點以觀事物者注重同，從特殊的觀點以觀事物者注重異。從類的觀點以觀事物者，亦說異，不過其所說之異，乃各類間之異，而不是一類中各事物之異。但一類中各事物之異，正從特殊的觀點以觀事物者所注重者。例如醫學講傷寒病，固亦須說傷寒病與別的發熱病之異，但患傷寒病之張三李四間所有之不同，醫學並不講之。但講張三李四之歷史，或其患病之歷史者，其所注重，正是張三李四間之異。漢人不講殷人的文化、周人的文化等，而專講金德的文化、黑統的文化等，正是不講一類中各事物之異，而只注重其同。

《禮記·禮運》說，有大同之治，有小康之治，此亦是說有此二種文化類型。公羊《春秋》家說有據亂世，有昇平世，有太平世，亦是說有此三種文化類型。就內容說，《禮運》及公羊家之說，比五德說或三統說，較為合於現在人之常識，所以現在人對於《禮運》、公羊家之說，常加稱道。但就其皆注重於文化類型說，《禮運》、公羊家之說，與五德三統之說，是一致的。

自漢以後，中國人所見者，只是一種文化，所以對於漢人所有關於文化之理論，不感興趣，因為他們並沒有關於文化方面的問題。及

至清末，中國人又看見許多不同的文化，在文化方面，又起了問題，因此對於漢人所有關於文化之理論，又發生興趣。清末公羊家之學之所以大盛，此是其一重要的原因。

清末人用漢人所說對於文化之分類，以分別其所見之不同的文化。照康有為的說法，「歐美各國」的文化是白統，服色尚白，正朔建子。俄羅斯、回教的文化是黑統，正朔建丑。這些說法，當然是可笑的附會。我們若照樣附會起來，我們可以說，資本主義的文化是白統，共產主義的文化是赤統，法西斯主義的文化是黑統。這說法雖亦是可笑的附會，但似乎比康有為所說，還有根據些。

漢人亦有將文化分為文質二種者。公羊家亦說文家、質家，清末人亦有說，所謂西洋文化是屬於質家、中國文化是屬於文家者。例如西洋人對於國君，直稱其名，中國人對於國君，則諱其名。清末人以為此即文質二家之分之一例。

這些說法，我們現在看來，都是可笑的附會。但是有一點，我們不可不注意者，即是清末人亦是從類的觀點，以說文化。就他們所說之內容說，他們所說是可笑的附會。但是他們知類，他們不注意於一類中的事物間之異而只注意其同。他們不說，中國與西洋，有甚麼本來的不同，如所謂國民性等。中國與西洋之不同乃由於其所屬於之文化類不同。如中國人因文敝而改行質家之法，則中國與西洋即無不同。如西洋人因質敝而改行文家之法，則西洋與中國亦無不同。這種看法，離開其內容說，是不錯的。

論中西文化的差異

張蔭麟

　　文化是一發展的歷程，它的個性表現在它的全部「發生史」裡。所以比較兩個文化，應當就是比較兩個文化的發生史。僅只一時代、一階段的枝節的比較，是不能顯出兩文化的根本差異的。假如在兩方面所摘取的時代不相照應，譬如以中國的先秦與西方的中古相比，或以西方的中古與中國的近代相比，而以為所得的結果，就是中西文化的根本異同，那更會差以毫釐，謬以千里了。

　　尋求中西文化的根本差異，就是尋求貫徹於兩方的歷史中的若干特性。唯有這種特性才能滿意地解釋兩方目前之顯著的、外表的而為以前所無的差異。若僅只注意兩方在近今一時代之空前的差異，而認為兩方的根本差異即在於此，一若他們在近今一時代之空前的差異是突然而來、前無所承的，在稍有歷史眼光的人看來，那真是咄咄怪事了！

　　近代中西在文化上空前的大差異，如實驗科學、生產革命、世界市場、議會政治等等之有無，絕不是偶然而有、突然而生的。無論在價值意識上，在社會組織上，或在「社會生存」上，至少自周秦、希臘以來，兩方都有貫徹古今的根本差異。雖然這些差異在不同的時

代，有強有弱，有顯有隱。這三方面的差異互相糾結，互相助長，以造成現今的局面。

這三方面的發生史上的差異，下文以次述之。

一

凡人類「正德、利用、厚生」的活動，或作為「正德、利用、厚生」的手段的活動，可稱為實際的活動。凡智力的、想像的或感覺的活動，本身非「正德、利用、厚生」之事，而以本身為目的，不被視作達到任何目的之手段者，可稱為純粹的活動。凡實際的活動所追求的價值，可稱為實踐的價值。凡純粹的活動所追求的價值，可稱為觀見的價值。過去中西文化的一個根本差異是：中國人對實際的活動的興趣，遠在其對純粹的活動的興趣之上。在中國人的價值意識裡，實踐的價值壓倒了觀見的價值。實踐的價值幾乎就是價值的全部，觀見的價值簡直是卑卑不足道的。反之，西方人對純粹的活動，至少與對實際的活動有同等的興趣。在西方人的價值意識裡，觀見的價值若不是高出乎實踐的價值之上，至少也與實踐的價值有同等的地位。這一點中西文化的差異，以前也有人局部地見到。例如在抗戰前數年時，柳詒徵先生於《中國文化西被之商榷》一文裡曾說：

> 吾國文化惟在人倫道德，其他皆此中心之附屬物。訓詁，訓詁此也；考據，考據此也；金石所載，載此也；詞章所言，言此也。亘古亘今，書籍碑板，汗牛充棟，要其大端，不能悖是。

又說：

> 由此而觀吾國之文學，其根本無往不同。無論李、杜、元、白、韓、柳、歐、蘇，辛稼軒、姜白石、關漢卿、王實甫、施耐

庵、吳敬梓，其作品之精神面目雖無一人相似，然其所以為文學之中心者，君臣、父子、夫婦、兄弟、朋友之倫理也。

柳先生認為中國人把道德的價值，放在其他一切價值之上，同時也即認為西方人沒有把道德的價值放在其他一切價值之上，這是不錯的。不過我以為這還不能詳盡地、普遍地說明中西人在價值意識上的差異。在上文所提出的價值的二分法當中，所謂實踐的價值，包括道德的價值，而不限於道德的價值。唯有從這二分法去看中西人在價值意識上的畸輕畸重，才能賅括無遺地把他們這方面的差異放在明顯的對照。

說中國人比較地重視道德價值，稍讀儒家的代表著作的人都可以首肯。但說中國人也比較地重視其他實踐的價值，如利用、厚生等類行為所具有的，許多人會發生懷疑。近二三百年來，西方人在利用、厚生的事業上驚心炫目的成就，使得許多中國人，在自慚形穢之下，認定西方文明本質上是功利（此指社會的功利，非個人的功利，下同）主義的文明。而中國人在這類事業的落後，是由於中國人一向不重功利，這是大錯特錯的。正唯西方人不把實際的活動放在純粹的活動之上，所以西方人能有更大的功利的成就；正唯中國人讓純粹的活動被迫壓在實際的活動之下，所以中國人不能有更大的功利的成就。這個似是自相矛盾而實非矛盾的道理（用近時流行的話，可稱為辯證法的真理），下文將有解說。

《左傳》裡說，古有三不朽：太上立德，其次立功，其次立言。這是中國人的價值意識的宣言。歷來中國代表的正統思想家，對這宣言沒有不接受的。許多人都能從這宣言認取道德價值在中國人的價值意識中的地位。但我們要更進一步注意：這僅只三種被認為值得永久崇拜的事業，都是實際的活動，而不是純粹的活動；這三種頭等的

價值，都是實踐的價值，而不是觀見的價值。所謂德，不用說了；所謂功，即是惠及於民，或有裨於厚生、利用的事；所謂言，不是甚麼廣見聞、悅觀聽的言，而是載道的言，是關於人生的教訓。所以孟子說：「有德者必有言。」

　　亞里士多德的《尼各馬可倫理學》，其在西洋思想史中的地位，彷彿我國的《大學》《中庸》。《倫理學》[1]和《大學》都講到「至善」。我們試拿兩書中所講的「至善」，做一比較，是極饒興趣的事。亞里士多德認為至善的活動，是無所為而為的真理的觀玩；至善的生活，是無所為而為地觀玩真理的生活。《大學》所謂「止於至善」，則是「為人君止於仁，為人臣止於敬，為人子止於孝，為人父止於慈，與國人交止於信」。這差別還不夠明顯嗎？中國人說「好德如好色」，而絕不說「愛智」「愛天」；西方人說「愛智」「愛天」，而絕不說「好德如好色」。固然中國人也講「格物致知」，但那只被當作「正心、誠意、修身、齊家、治國、平天下」的手段，而不被當作究竟的目的。而且這裡所謂「知」，無論照程朱的解釋或照王陽明的解釋，都是指德行之「知」，而不是指經驗之「知」。王陽明的解釋不用說了，程伊川說：「知者，吾所固有，然不致則無從得之。而致知必有道，故曰致知在格物。」又說：「聞見之知，非德行之知，物交物則知之，非內也，今之所謂博物多能者是也。德行之知，不假見聞。」「致知」所致之「知」，為「吾所固有」，即「由內」，而「不假見聞」，即德行之知也。朱子講致知，是「竊取程子之意」的，其所謂「致吾之知」當然即是致「吾所固有」之知了。實踐價值的側重在宋明的道學裡更變本加厲。在道學家看來，凡與修身、齊家、治國、平天下無明顯關係的事，都屬於「玩物喪志」

---

1 即上文《尼各馬可倫理學》。——編者註

之列。「學如元凱方成癖，文至相如始類俳。獨立孔門無一事，卻師顏氏得心齋！」這是道學家愛誦的名句。為道學家典型的程伊川，有人請他去喝茶看畫，他板起面孔回答道：「我不喝茶，也不看畫！」

我不知道有甚麼事實可以解釋這價值意識上的差異。我們也很難想像，這差異是一孤立的表象，對文化的其他方面，不發生影響。這價值意識上的差異的具體表現之一，是純粹科學在西方形成甚早，而在中國受西方影響之前，始終未曾出現。我們有占星術及曆法，卻沒有天文學；我們有測量面積和體積的方法，卻沒有幾何學；我們有名家，卻沒有系統的論理學；我們有章句之學，卻沒有文法學。這種差異絕不是近代始然，遠在周秦、希臘時代已昭彰可見了。純粹科學，是應用科學的必要條件。沒有發達的純粹科學，也絕不會有高明的實用的發明。凡比較複雜的實用的發明，都是 (或包含有) 許多本來無實用的發現或發明的綜合或改進。若對於無實用的真理不感興趣，則有實用的發明便少所取材了。這個道理，一直到現在，我國有些主持文化、學術或教育事業的人，還不能深切體認到。傳統的價值意識囿人之深，於此可見了。觀見價值的忽略，純粹科學的缺乏，這是我國歷史上缺少一個產業革命時代的主因之一。

有人說：中國的音樂是「抒情詩式的」，西洋的音樂是「史詩式的」。不獨在中西的音樂上是這樣，在中西全部藝術上的成就上也大致是這樣，想像方面的比較缺乏「史詩式的」藝術，與智力方面的缺乏純粹科學是相應的。史詩式的藝術和純粹科學，同樣表示精細的組織、崇閎的結構，表示力量的集中、態度的嚴肅，表示對純粹活動的興趣，和對觀見價值的重視。

二

其次，從社會組織上看中西文化之發生史的差異。就家族在社會組織中的地位，以及個人對家族的權利和義務而論，西方自希臘時代已和中國不同。法國史家古郎士說：「以古代法律極嚴格論，兒子不能與其父之家火分離，亦即服從其父，在其父生時，彼永為不成年者。……雅典早已不行這種子永從其父之法。」（《希臘羅馬古代社會研究》漢譯本，頁六四）又斯巴達在伯羅奔尼撒戰役以後，已通行遺囑法（同上，頁五八）使財產的支配權完全歸於個人而不屬於家族。基督教更增加個人對家族的解放。在基督教的勢力下，宗教的義務，是遠超越過家族的要求。教會的凝結力，是以家庭的凝結力為犧牲的。《新約》裡有兩段文字，其所表現的倫理觀念與中國傳統的倫理觀念相悖之甚，使得現今通行的漢譯本不得不大加修改。其一段記載耶穌說：

假若任何人到我這裡來，而不憎惡他的父母、妻子、兒女、兄弟和姊妹，甚至一己的生命，他就不能做我的門徒。

另一段記載耶穌說：

我來並不是使世界安寧的，而是使他紛擾的。因為我來了，將使兒子與他的父親不和，女兒與她的母親不和，媳婦與她的婆婆不和。（兩段並用韓亦琦君新譯）

基督教和佛教都是家族組織的敵人。基督教之流佈於歐洲與佛教之流佈於中國約略同時。然基督教能抓住西方人的靈魂，而佛教始終未能深入中國人的心坎者，以家族組織在西方本來遠不如在中國之嚴固，所謂物必先腐然後蟲生之也。墨家學說的社會的含義和基督教的大致相同，而墨家學說只是曇花一現，其經典至成了後來考據家聚訟的一大問題，這也是中國歷來家庭組織嚴固的一徵。基督教一千數百

年的訓練，使得犧牲家族的小群，而盡忠於超越家族的大群的要求，成了西方一般人日常呼吸的道德空氣。後來基督教的勢力雖為別的超家族的大群（國家）所取而代，但那種盡忠於超家族的大群的道德空氣是不變的。那種道德空氣是近代西方一切超家族的大群，從股份公司到政治機構的一大鞏固力，而為中國人過去所比較欠缺的。我不是說過去中國人的社會思想一概是「家族至上」。儒家也教人「忠孝兩全」，教人「移孝作忠」，教人「戰陣無勇非孝也」，教人雖童子「能執干戈以衛社稷者可無殤」。孔子亦曾因為陳國的人民不能保衛國家，反為敵國奴役，便「過陳不式」。有些人以為過去儒家所教的「忠」只是「食君家之祿者，忠君家之事」的意思，那是絕對錯誤的。不過中國人到底還有調和忠孝的問題，而西方至少自中世迄今則不大感覺到。在能夠「上達」的人看來，「忠孝兩全」誠然是最崇高的理想。但在大多數只能「下達」的人看來，既要他們孝，又要他們忠，則不免使他們感覺得「兩姑之間難為婦」了。而且對於一般人畢竟家近而國遠，孝（此處所謂「孝」就廣義言，謂忠於家族）易而忠難，一般人循其自然的趨向，當然棄難趨易了。就過去中國社會組織所表現於一般中國人心中的道德意識而言，確有這種情形。而這種情形在西方至少是比較輕淺的。像《孟子》書中所載「舜為天子，皋陶為士，瞽瞍殺人，則如之何」的疑問，和孟子所提出舜「竊負而逃，遵海濱而處」的回答，是任何能作倫理反省的時代的西方人所不能想像的。許多近代超家族的政治或經濟組織，雖然從西方移植過來，但很難走上軌道，甚至使人有「橘逾淮而為枳」之感者，絕對盡忠於超家族的大群的道德空氣之缺乏是一大原因。

三

再次，就社會的生存上看，過去中國的文化始終是內陸的農業的文化；而西方文化，自其導源便和洋海結不解的關係。腓尼基、克列特，不用說了。希臘、羅馬的繁榮是以海外貿易、海外掠奪和海外殖民做基礎的。在中世紀，海外貿易的經營仍保存於東羅馬帝國，而移於波斯人和阿拉伯人之手。文藝復興的時代同時也是西南歐海外貿易復興和市府復活的時代。從 12 世紀西南歐的準市府的經濟，到現代西方海洋帝國主義的經濟，是一繼續的發展，是一由量的增加而到質的轉變的歷程。這歷程和希臘、羅馬的海外開拓是一線相承的。而海外開拓的傳統是中國歷史上所沒有的。這點差異從兩方的文學也可看出。西方之有荷馬和維吉爾的史詩，好比中國有《詩經》和《楚辭》。荷馬和維吉爾的史詩純以海外的冒險的生活為題材，他們的英雄都是在風濤中鍛煉成的人物。而在《詩經》和《楚辭》中，除了「朝宗於海」「指西海以為期」一類與航海生活無關的話外，竟找不到一個「海」字。近三四百年來，像卡蒙斯（葡萄牙詩人，以瓦斯科發現好望角之航行為史詩題材者）、康拉德（英小說家，專寫海上生活）之徒在西方指不勝屈，而中國則絕無之。中國唯一與航海有關的小說《鏡花緣》，其海外的部分卻是取材於《山海經》的。我不是一味謳歌洋海的文化，而詛咒內陸的文化，二者各有其利弊。孔子說：「智者樂水，仁者樂山，智者動，仁者靜。」我們也可以說洋海的文化樂水，內陸的文化樂山；洋海的文化動，內陸的文化靜。而且我們也可以更進一步說，洋海的西方文化恰如智者，尚知；內陸的文化恰如仁者，尚德。洋海的文化動，所以西方的歷史比較地波瀾壯闊，掀揚社會基礎的急劇革命頻見迭起。內陸的文化靜，所以中國歷史比較地平淡舒徐，其中所有社會的大變

遷都是潛移默運於不知不覺，而予人以二千多年停滯不進的印象。洋海的文化樂水，所以西方歷史上許多龐大的政治建築都是「其興起也勃焉，其沒落也忽焉」，恰如潮汐。而中國則數千年來屹立如山。（第一次世界大戰後，希特勒汲汲經營陸軍，圖霸歐陸，而不甚着意海軍，以圖收復殖民地，他未必不是有見於此理。）這差異固然有其地理環境的因素，但地理環境所助成的文化發生史上的差異，研究比較文化的人不容忽視。海外開拓是產生資本主義的一大原動力，雖然資本主義的發達也增加了海外開拓的需要。一般僅只根據《共產黨宣言》去講唯物史觀的人，以為照馬克思的說法，歐洲資本主義的社會是蒸汽機的發明所造成的（所謂生產工具決定生產關係）。其實馬克思晚年在《資本論》裡已經放棄這種說法。近今講馬克思主義的人絕不提到《資本論》裡對資本主義起源的更近真的解釋，我覺得是很可詫異的。在《資本論》裡，馬克思把資本主義分為兩個時期：

（1）手工製造時期；

（2）機械製造時期。

照定義，在資本主義的手工製造時期，蒸汽機還沒有出現，怎麼說蒸汽機的發明，造成資本主義的社會呢？那麼資本主義是怎樣起來的呢？馬克思以他所目擊的英國為例。資本主義發生的先決條件是大量無產無業的「普羅列塔列亞」聚集都市，以供擁有資財的人的利用。因為海外市場對英國毛織品的需求，使得這種製造事業（起初是由小規模的工場和家庭出品的收集來供應的）在英國特別繁榮，同時羊毛的價格也大漲。於是擁有巨量土地的貴族，紛紛把本來供耕種用的土地收回做牧場，同時把原有永久的佃戶驅逐。這大量被剝奪了生產的資藉的農民的聚集都市，和海外市場對英國織造業的繼續增長的需求，便是造成最初出現於歐洲的大工廠的動力。以上都是馬克思在《資本論》裡的

説法。我們更可以補足一句：蒸汽機的發明也是適應着海外市場對英國織造業的繼續增長的需要的。（但非純由於適應此需要，遠在此時以前西方已有以蒸汽為發動力的機構，唯視為無用的奇器，陳列於博物院者而已。）所以要明白近代西方生產革命的由來，不可忽略了西方航海事業的傳統，要了解中西文化在其他方面的差異，也不可不注意西方航海事業的傳統。

文化思想之衝突與調和

湯用彤

　　自日本發動侵略戰爭以來，世界全部漸趨混亂，大家所認為最高的西洋文化產生了自殺的現象。人類在慘痛經驗之中漸漸地覺悟到這種文化的本身恐怕有問題。這個問題太大，和全世界有關係，我不能加以討論。中國與西洋交通以來，因為被外族的欺凌，也早已發生了文化的前途到底如何的問題。直到現在，這個問題猶未決定。有人主張用中國文化做本位，有人主張全盤西化。這個問題也太大，我也不能加以討論。不過關於外來文化思想和本有文化接觸時，發生的問題確實有兩方面：一方面我們應該不應該接受外來文化，這是價值的評論；一方面我們能不能接受外來文化，這是事實上的問題。關於價值的評論，我們應不應該接受，我已經說過，現在不能加以討論。關於事實上的問題，我們能不能，問題也非常複雜，我們不是預言家，也不相信預言，現在也不能討論。不過將來的事雖然現在我們不能預知，過去的事，往往可以做將來的事的榜樣。古人說得好，「前事不忘，後事之師」。現在雖不能預測將來，但是過去我們中國也和外來文化思想接觸過，其結果是怎麼樣呢？這也可以供我們參考。而現在科學中的文化人類學，也對於文化移植問題積極地研究，他們所研究

的多偏於器物和制度，但是思想上的問題，恐怕也可以用他們的學說。

「文化的移植」，這個名詞是甚麼意義呢？這就是指着一種文化搬到另一國家和民族而使它生長。這中間似包括兩個問題：第一個是問外來的文化移植到另一個地方是否可有影響；第二個是問本地文化和外方接觸是否能完全變了它的本性，改了它的方向。這個問題當然須先承認一個文化有它的特點，有它的特別性質。根據這個特性發展，這個文化有它一定的方向。現在拿思想做一個例子，第一個問題就是說外來思想是否可以在另一地方發生影響，這問題其實不大成問題。因為一個民族的思想多了一個新的成分，這個已經是一種影響。所以第一個問題不大成問題。第二個問題，就是說一個民族或國家的思想有它的特性，並且有它的方向，假使與外來思想接觸，是否可完全改變原有特質和方向，這實在是一個問題。就拿中國文化和印度佛學的接觸來說，向來的看法很不相同。照宋明儒家的說法，中國文化思想有不可磨滅的道統。而這個道統是由中國古聖先賢堯、舜、禹、湯、文、武、周公、孔子、孟軻、揚雄一代一代傳下來的。中間雖經外來思想所謂佛學搗了一回亂，但宋明儒家仍是繼承古國固有的道統。中國原有的文化特質並沒有失掉，中國文化的發展自三代以來究竟沒有改換它的方向。但是照另一說法，卻是與儒者意思相反。他們說中國思想因印度佛學進來完全改變，就是宋明儒家也是陽儒陰釋，假使沒有外來的佛學，就是宋明儒學也根本無由發生。

關於文化移植問題，文化人類學本有三種不同的學說。第一演化說，是比較早的主張。第二播化說，是後來很為流行的主張。第三是批評派和功能派，都是反對播化說的主張。假使將這三種學說應用到思想上，似乎可以這樣說：照第一種學說，人類思想和其他文化上的事件一樣，自有其獨立之發展演進。照這種說法如推到極端，就可以

説思想是民族或國家各個生產出來的，完全和外來的文化思想無關。照第二種學説，則一個民族或國家的文化思想都是自外邊輸入來的。而且有一部分文化人類學者主張世界文化同出一源（就是埃及）。他們以為世界各地均以一個地方為它的來源，一個民族或國家的文化的主要骨幹，是外來的。文化的發展是他定的而非自定的。假使照這樣的説而説到極端，則一種文化思想推它的本源總根本受外方影響，而外方思想總可完全改變本來的特性與方向。本來外來文化之有影響是無問題的。但是推得太大太深，因此發生了疑問。所以才有第三派的主張出現。批評派的人或者功能派的人以為外來文化與本地文化接觸，其結果是雙方的，而絕不是片面的。外來文化思想和本地文化雖然不相同，但是必須兩方面有符合的地方。所以第一，外來文化可以對於本地文化發生影響，但必須適應本地的文化環境。第二因外來文化也要適應本地的文化，所以也須適者生存。外來文化思想也受本地文化的影響而常常有改變，然後能發生大的作用。外來文化為甚麼發生變化，當然因為本地文化思想有本地的性質和特點，不是隨便可以放棄的。

　　因為一個地方的文化思想往往有一種保守或頑固性質，雖受外力壓迫而不退讓，所以文化移植的時候不免發生衝突。又因為外來文化必須適應新的環境，所以一方面本地文化思想受外來影響而發生變化；另一方面因外來文化思想須適應本地的環境，所以本地文化雖然發生變化，還不至於全部放棄其固有特性，完全消滅本來的精神。所以關於文化的移植我們贊成上面説的第三個學説。就是主張外來和本地文化的接觸，其結果是雙方的。照以上所説，因為本來文化有頑固性，所以發生衝突。因為外來文化也須和固有文化適合，故必須兩方調和。所以文化思想的移植，必須經過衝突和調和兩個過程。經過以後，外來思想乃在本地生了根，而可發揮很大的作用。

　　照上面所說的，一國的文化思想固然受外來影響而發生變化。但是外來文化思想的本身也經過改變，乃能發生作用。所以本地文化思想雖然改變，但也不至於完全根本改變。譬如說中國葡萄是西域移植來的，但是中國的葡萄究竟不是西域的葡萄。棉花是印度移植來的，但是中國的棉花究竟不是印度的棉花。因為他們適合地方，乃能生在中國。也因為他們須適應新環境，他們也就變成中國的了。同樣的道理，可以推知外來思想必須有改變，適合本國思想，乃能發生作用。不然則不能為本地所接受，而不能生存。所以本地文化雖然受外邊影響而可改變，但是外來思想也須改變，和本地適應，乃能發生作用。所以印度佛教到中國來，經過很大的改變，成為中國的佛教，乃得中國人廣泛的接受。舉兩個例來證明罷。第一我們知道中國靈魂和地獄的觀念不是完全從印度來的。但佛經裡面講的鬼魂極多，講的地獄的組織非常複雜。我們通常相信中國的有鬼論必受了佛經的影響。不過從學理上講，「無我」是佛教的基本學說。「我」就是指着靈魂，就是通常之所謂鬼。「無我」就是否認靈魂之存在。我們看見佛經講輪迴，以為必定有一個鬼在世間輪迴。但沒有鬼而輪迴，正是佛學的特點，正是釋迦牟尼的一大發明。又通常佛教信徒念阿彌陀佛。不過「念佛」本指着坐禪之一種，並不是口裡念佛（口唱佛名）。又佛經中有「十念相續」的話，以為是口裡念佛名十次。不過「十念」的念字乃指着最短的時間，和念佛坐禪以及口裡念佛亦不相同。中國把念字的三個意義混合，失掉了印度本來的意義。這是很簡單卻很重要的兩個例子，可以證明外來文化思想到另一個地方是要改變它的性質與內容的。

　　外來文化思想在另一地方發生作用，須經過衝突和調和的過程。「調和」固然是表明外來文化思想將要被吸收，就是「衝突」也是他將被吸收的預備步驟。因為粗淺地說，「調和」是因為兩方文化思想相

同或相合,「衝突」是因為兩方文化思想的不同或不合。兩方總須有
點相同,乃能調和。但是兩方不同的地方,假使不明了他們中間相同
的地方,也不能顯明地暴露出來,而且不知道有不同而去調和是很粗
淺的表面的囫圇的。這樣的調和的基礎不穩固,必不能長久。但是假
使知道不同而去調和,才能深入,才不浮泛,這樣才能叫外來文化,
在另一文化中發生深厚的根據,才能長久發生作用。所以外來思想之
輸入,常可以經過三個階段:(一)因為看見表面的相同而調和;(二)
因為看見不同而衝突;(三)因再發現真實的相合而調和。這三段雖是
時間的先後次序,但是指着社會一般人說的。因為聰明的智者往往於
外來文化思想之初來,就能知道兩方同異合不合之點,而做一綜合。
在第一階段內,外來文化思想並未深入。在第二階段內,外來文化思
想比較深入,社會上對於這個外來分子看作一嚴重的事件。在第三階
段內,外來文化思想已被吸收,加入本有文化血脈中了。不過在最後
階段內,不但本有文化發生變化,就是外來文化也發生變化。到這時
候,外來的已被同化。比方佛教已經失卻本來面目,而成功為中國佛
教了。在這個過程中與中國相同相合的能繼續發展,而和中國不合不
同的則往往曇花一現,不能長久。比方說中國佛教宗派有天台宗、華
嚴宗、法相宗等等。天台、華嚴二宗是中國自己的創造,故勢力較大。
法相宗是印度道地貨色,雖然有偉大的玄奘法師在上,也不能流行很
長久。照這樣說,一個國家民族的文化思想實在有他的特性,外來文
化思想必須有所改變,合乎另一文化性質,乃能發生作用。

　　《史記》裡有幾句話,說「居今之世,志古之道,所以自鏡也。未
必盡同」。過去的事不能全部拿來做將來的事的榜樣。上面所說的,
並不斷定將來和過去必定一樣。不過僅僅推論以往歷史的原委,以供
大家的參考而已。

應對西洋文化持甚麼態度
（節選）

馮友蘭

　　自民初以來，我們對於西洋之知識，日益增加，漸知所謂西洋文化，絕不是一個甚麼「德」、一個甚麼「統」，或一個甚麼「家」所能盡。清末人這種看法，就其內容看，遂成為可笑的附會，而民初人之知識，又不能用別的標準，以為文化分類。他們於是盡棄清末人所說，不但棄其所說，而並棄其看法。他們知清末人之錯誤，而不知其錯誤在於何處，遂並其不錯誤者而亦棄之。這是民初人的錯誤。

　　民初以來，一般人專從特殊的觀點，以看所謂西洋文化。他們所謂西洋文化，是「西洋」文化，此即是說，是個特殊的文化。這個特殊的文化，在他們面前，好像是一個「全牛」，其中條理，他們看不出。他們常說，中國人如何如何，西洋人如何如何。好像在他們的心目中，中國人之是如何如何，是因為其是中國人；西洋人之是如何如何，是因為其是西洋人。他們似乎不知，至少是不注意，中國人之所以是如何如何，乃因中國文化在某方面是屬於某類文化；西洋人之所以是如何如何，乃因西洋文化在某方面是屬於某類文化。譬如張三因患傷寒而發燒，李四因患瘧疾而發冷。張三之發燒，乃因其是患傷寒

病的人，並不是因為他是張三。李四之發冷，乃因其是患瘧疾的人，並不是因為他是李四。任何人患了傷寒病，都要發燒；任何人患了瘧疾，都要發冷。上帝，如果有上帝，可以不患傷寒病，不患瘧疾，但如果他患了傷寒病，他亦必要發燒；如果他患了瘧疾，他亦必發冷。

把所謂西洋文化當成一個特殊的文化看，學西洋亦發生問題。一個個體，是一個特殊，它是不可學的。凡所謂學某個體者，其實並不是學某個體，不過是學某個體之某方面，學某個體所以屬於某類之某性。例如孟子說，他願學孔子。他所願學而且能學者，是孔子之是聖人之一方面。若孔子之其他方面，如其是魯人，為魯司寇，活七十餘歲等，皆是不能學的。說某個體之某方面，即是以某個體為一某類之例而觀之，即是從某類之觀點，以觀某個體。從某類之觀點，以觀某個體，則某個體於此方面所有之某性，即是其主要的性質。其所有之別的性，即是其偶然的性質。例如從聖人之類之觀點以觀孔子，則其「聖德」是其主要的性質。其所有之別的性，如是魯人等，皆是偶然的性質。孟子必如此看孔子，然後孔子方可學。如把一個個體作一整個看，則是不可學的。一個個體不可學，正如一個「全牛」不可吃。

其所以如此者，因一特殊的事物，可以同時屬於許多類，同時有許多性。若把一特殊的事物，作為某一類之例而觀之，我們固可說此特殊的事物所有之許多性質中，哪些是主要的，哪些是偶然的。但若把一特殊的事物作為一特殊的事物而觀之，則此特殊的事物，無論其為何事物，皆是一五光十色的「全牛」。於此五光十色中，我們不能指出哪些是其主要的性質，哪些是其偶然的性質。例如我們把張三當成一個科學家看，我們可知其能研究科學是其主要的性質，至其所有之他性，如是西洋人，或是中國人等，都是其偶然的性質，與他之是科學家與否毫無關係。但如我們把張三當成張三看，則不能說，不

能指出，張三所有哪些性質是主要的，哪些是偶然的。

一個國家或民族所有之文化，是特殊的文化，是很複雜的，可以同時屬於許多類，有許多性。所謂西洋文化，亦屬於許多類，亦有許多性。若從一種文化類之觀點，以看所謂西洋文化，則於其許多性中，何者是主要的性質，何者是偶然的性質，我們可以說，可以指出。但若從一特殊的文化之觀點，以看西洋文化，則所謂西洋文化，亦是一個五光十色的「全牛」，於此五光十色中，我們不能說，不能指出，何者是西洋文化之主要的性質，何者是其偶然的性質。自民初以來，有些人說科學及民主政治，所謂賽先生及德先生者，是西洋文化，有些人說基督教或天主教是西洋文化。崇拜德賽二先生者，固然不一定崇拜上帝，或且反對有上帝之說，但他們既是說「西洋」文化，他們不能說基督教或天主教，不是西洋文化。

因為有人以西洋文化為一特殊的文化而說之，所以於其提倡西洋化，或西化時，即引起許多糾紛。近數年來，有主張所謂全盤西化論者，有主張所謂部分西化論者，有主張所謂中國本位文化論者。無論其主張如何，但如其所謂文化是指一特殊的文化，則其主張俱是說不通，亦行不通的。

如所謂西洋文化是指一特殊的文化，則所謂全盤西化者，必須將中國文化之一特殊的文化完全變為西洋文化之一特殊的文化。如果如此，則必須中國人俱說洋話，俱穿洋服，俱信天主教或基督教等等，此是說不通，亦行不通的。主張全盤西化論者，實亦不主張此。但若其不主張此，則他所主張即與部分西化論者無異。

但如所謂西洋文化是指一特殊的文化，則主張部分西化論者，亦是說不通，行不通的。因為如以西洋文化為一特殊的文化而觀之，則西洋文化是一五光十色的「全牛」，在此五光十色中，我們不能說出、

指出，何為主要的性質，何為偶然的性質。如此不能說出、指出，則所謂部分西化論者，將取西洋文化中之何部分以「化」中國？科學家說，西洋之科學，是中國所應取來者。傳教師說，西洋之宗教，是中國所應取來者。無論如何說，如果以所謂西洋文化為一特殊的文化而觀之，其說總是武斷的。

所謂西化論者之主張，雖說不通，行不通，而其主張卻已引起有一部分人之大懼。此即主張中國本位文化論者。照他們的看法，中國是張三，西洋是李四，如張三變成李四，則即失其所以為張三，即不是張三了。照他們的說法，中國文化有當存者，有當去者，我們應存其所當存，去其所當去。他們亦不完全反對西化，西洋文化中，有可取而為中國所當取者，他們亦主張取之。但如果以西洋文化為一特殊的文化而觀之，則其五光十色中，何者是可取而當取者？即就中國文化說，如果以中國文化為一特殊的文化而觀之，則所謂中國文化亦是一五光十色的「全牛」。於此五光十色中，我們不能分出，何者是其主要的性質，何者是其偶然的性質。如此我們亦不能說，其中何者是當存，何者是當去。有人說，中國的文言文，是當存者。有人說，中國的舊道德，是當存者。但無論如何說，如果以所謂中國文化為一特殊的文化而觀之，其說總是武斷的。

有一比較清楚的說法，持此說法者說，一般人所謂西洋文化者，實是指近代或現代文化。所謂西洋文化之所以是優越的，並不是因為它是西洋的，而是因為它是近代或現代的。這一種說法，自然是比籠統地說所謂西洋文化者通得多。有人說西洋文化是汽車文化，中國文化是洋車文化。但汽車亦並不是西洋本有的。有汽車與無汽車，乃古今之分，非中西之異也。一般人心目所有之中西之分，大部分都是古今之異。所以以近代文化或現代文化指一般人所謂西洋文化，是通得

多。所以近來近代文化或現代文化一名已漸取西洋文化之名而代之。從前人常說我們要西洋化,現在人常說我們要近代化或現代化。這並不是專是名詞上改變,這表示近來人的一種見解上的改變。這表示,一般人已漸覺得以前所謂西洋文化之所以是優越的,並不是因為它是西洋的,而是因為它是近代的或現代的。我們近百年來之所以到處吃虧,並不是因為我們的文化是中國的,而是因為我們的文化是中古的。這一個覺悟是很大的。即專就名詞說,近代化或現代化之名,比西洋化之名,實亦較不含混。基督教化或天主教化確不是近代化,或現代化,但不能不說是西洋化,雖大部分主張西洋化者不主張基督教化,或天主教化,或且積極反對這種「化」,但他所用的名詞卻亦指這種「化」。

不過我們說近代文化或現代文化,我們還是從特殊的觀點以觀事物。我們所謂近代或現代者,不是指古人的近代或現代,不是指任何近代或現代,而是指我們的「這個」近代與現代。我們的「這個」近代或現代,就是「這個」近代或現代,而不是別的近代或現代。它亦是個特殊,不是個類型。因為所謂近代文化或現代文化者,亦是一個特殊的文化;它亦是一個五光十色的「全牛」。在這些五光十色中,我們亦不能指出何者是其主要的性質,何者是其偶然的性質。飛機大炮與狐步跳舞,是否都是近代文化或現代文化所必需有者?專從近代文化或現代文化說,這個問題是不能問,亦不能答的。因為一特殊的事物所有之性質,就此特殊的事物說,是無所謂主要的或偶然的,說一特殊的事物所有之性質有些是主要的,有些是偶然的,都是從類的觀點,以看特殊的事物。

若從類的觀點,以看西洋文化,則我們可知所謂西洋文化之所以是優越的,並不是因為它是西洋的,而是因為它是某種文化的。於此

我們所要注意者，並不是一特殊的西洋文化，而是一種文化的類型。從此類型的觀點，以看西洋文化，則在其五光十色的諸性質中，我們可以說，可以指出，其中何者對於此類是主要的，何者對於此類是偶然的。其主要的是我們所必取者，其偶然的是我們所不必取者。若從類的觀點，以看中國文化，則我們亦可知我們近百年來所以到處吃虧者，並不是因為我們的文化，是中國的，而是因為它是某種文化的。於此我們所要注意者，亦並不是一特殊的中國文化，而是某一種文化之類型。從此類型的觀點，以看中國文化，我們亦可以說，可以指出，於此五光十色的諸性質中，何者對於此類是主要的，何者對於此類是偶然的，其主要的是我們所當去者，其偶然的是我們所當存者，至少是所不必去者。

照此方向以改變我們的文化，則此改變是全盤的。因為照此方向以改變我們的文化，即是將我們的文化自一類轉入另一類。就此一類說，此改變是完全的，徹底的，所以亦是全盤的。

此改變又是部分的。因為照此方向以改變我們的文化，我們只是將我們的文化自一類轉入另一類，並不是將我們的一個特殊的文化，改變為另一個特殊的文化。我們的文化之與此類有關之諸性，當改變，必改變；但其與此類無關之諸性，則不當改變，或不必改變。所以自中國文化之特殊的文化說，此改變是部分的。

此改變又是中國本位的。因為照此方向以改變我們的文化，我們只是將我們的文化，自一類轉入另一類，並不是將我們的一個特殊的文化，改變為另一個特殊的文化。

各類文化本是公共的。任何國家或民族俱可有之，而仍不失其為某國家或某民族。如張三是科學家，李四亦是科學家，科學家之類是公共的。張三是科學家，不失其為張三；李四是科學家，亦不失其為

李四。張三可在李四是科學家之方面學李四，但他所學者是李四之是科學家，而不是其是李四。張三、李四，除同是科學家外，在別的方面，張三自有其是張三者，李四自有其是李四者。所以如照上所說之方向以改變中國文化，則所謂中國本位文化之問題，自亦不成問題。

文化
（節選）

羅庸

吾人一舉一動，莫不與文化互為因果，對文化有認識，個人言行始能自知而統一，否則反是。今所論者，僅就中國文化為言，蓋文化為一專門學問，余對專論文化之中西專書甚少涉獵，不敢強不知以為知也。

茲分四章論之：曰文化問題乃當前一大問題，曰我對於文化的看法，曰中國文化之過去，曰中國文化之現在。

一、文化問題乃當前一大問題。今日吾人習聞之文化論，約分二派：一曰全盤西化論，如陳序經氏所著之《中國文化的出路》可為代表；一曰本位文化論，近年當軸諸公頗主張之，如四維八德之提倡，如音樂教育委員會之設，是皆理論之見諸實行者。二者持論既異，其極乃至若水火不相容，徘徊於二者之間而莫知所適者，蓋大有人在也。

溯自明嘉靖三十六年（公元 1557 年），葡人據澳門，實為西化東漸之始，時國人但以貿遷有無視之，未之異也。清季道咸以還，西人挾其堅甲利兵，向東方擴張其領土野心，國人屢敗之餘，遂發生一新覺悟，知非自強不能以圖存，於是模仿西學西政之說忽然蜂起，至戊戌

而造其極焉。時有新舊兩派，一曰康梁之《湘學報》，一曰葉德輝之《翼教叢編》，相互詆訐，各不相下。張文襄乃倡「中學為體，西學為用」之說以折中之。張說期在以中學御西學，原未可厚非，唯強分體用為二，遂遭非議，此真所謂「一言不智，難辭厥咎」者也。

夫歷史之演變全依於勢（參看《荀子・天論》），「勢」非人力所能左右，持論者縱極言語之工，而歷史之演變初不因群言而差其因果，此所宜先知者也。逮至五四，國人知西人所長並非堅甲利兵而別有所在，於是持論又為之一變。五四之口號曰科學、曰民主，較中西體用之說誠為灼見本原，然衡量中西文化而確見其前途者，則當推梁漱溟先生之《東西文化及其哲學》。

《東西文化及其哲學》（羅莘田、陳仲瑜兩先生筆記）一書，對於東西文化作一總比較，曰東西印文化為三個不同的方向：西洋文化為向前看的，因有近代歐西文明；印度文化為向後看的，其究極為出世；中國文化為持中的（大意如此，書未在手頭，不克引用原文）。對中西印文化作平列的看法，而非階層的看法，此其全書主要之點（是書亦有可議者，如論中國人生活為以理智運用直覺，運用云云，語病甚大）。是書給予余之影響甚巨，余之對整個文化加以注意與考究者，實此書有以啟發之。

北伐而後，風氣又變，國人知吾國之能立國於天地間，必另有在也，於是中國本位文化之說起。第二次世界大戰突發，英美處處失利，國人愈自信吾之所有者，殆非歐西之所能及，因之本位文化之說盛極一時。近三百年來國人對文化問題態度之轉變概如此。

二、我對於文化的看法。吾人對名詞之應用，其含義往往失之籠統。文化與文明即其一例。如油燈進於汽燈，馬車進於汽車，人稱之曰文化，實則應稱之曰文明。蓋就整個文化而言，其範圍應甚廣大也（梁著《東西文化及其哲學》乃一民族生活的樣法，樣法兩字欠活）。余為文化下一定

義曰：文化為一民族，乃至一個人之生活態度，一民族有一民族之生活態度，一人有一人之生活態度，此態度之形成即是文化。態度即相互間之關係，關係約有下述三種：（一）人與物的關係（即人對物的態度，包括動植礦一切物而言）；（二）人與人的關係；（三）人與神的關係。人與物的最初關係，厥為利用之以適應人的需要，如對草木蟲魚莫不如此。一人之力有所不足，則人與人的關係生焉，於是有部落焉，有國家焉。物的現象有非人之努力所能理解者，因之拜物為神，人與神的關係生焉（如拜物教是）。自草昧至於文明，中西文化之發展其歷程大致相類，而其成就乃有極大之差別。對物的態度，由利用之而改造之則為物質文明；對神的態度，由拜物至信仰多神，再變為一神教，則為宗教之最高點（宗教非哲學，蓋不許思索討論也）。至於人與人之關係，則變化多方，所以然者，實生產方式有以決定之，如中國文化源於北方中國，北方宜於農業，農業之發展有賴於生活之固定，因之遂發生家族制度，再發展則為封建社會之組織，一切封建倫理道德莫不由此而生。

　　就人與人、人與物、人與神之態度而言，中西文化成就之不同甚顯明易見。中國物質文明不進步，宗教信仰薄弱，而家庭倫理則至發達；西人則物質文明進步，社會組織健全，宗教信仰至篤；若印度（應稱之曰古代印度）則對物質生活不注意，倫理生活至為散漫，而宗教信仰為哲理的信仰（古代婆羅門已如是），至佛教則更顯而易見。三者本同而末異，殊途而不同歸，其極則不能相容，且發生極大的衝突。

　　余意文化固無絕對的善惡，但求行而宜之而已，譬之居處衣着，求蔽風雨護體溫而已，能適應此要求則善，反之則否。文化如水，萬流並下，其極合而為一，一文化之不得統御其他文化，猶之一水之不能統御其他水也，準此而論，故步自封，倡言復古，拒人於千里之外，與夫盡棄故常，捨己耘人者，要皆為無識之談。然此等見識之來，則

源於佔有的衝動。蓋文化者本為無盡的創造，一涉佔有則必凝滯而不流，如不打破此佔有的成見，則不足以談文化（「佔有的衝動」與「創造的衝動」兩詞見於羅素所著書，日人廚川白村《苦悶的象徵》所言的兩種力，中國固有之義利之辨、理欲之爭，皆約略相類）。

三、中國文化的過去。就歷史演變而言，吾國文化約分四期：一曰有文字歷史之初至孔子，二曰由孔子至老莊，三曰由老莊至佛教入中土，四曰由佛教入中國至西洋文化東來。今先論第一期。今日中國文化，長江上下游與黃河流域即已不同，然中國古文化的發展，基地在黃河流域，逐漸推廣，故宇內大致同風（周民族為中國文化的最早發源）。由《詩》之《周頌》、大小《雅》，《書》之《周書》中，吾人可知農業制度社會實為中國文化之基礎，因之有家庭，有部落，有國家，而發展為「修身、齊家、治國、平天下」之一貫思想。以此之故，人對物的要求甚低（如「日出而作，日入而息」，固無取乎電燈、汽燈也），其極乃至物質文明發生停頓的現象，亦以此之故，形成一種寡欲與知足的哲學，人與神的關係則由複雜而變為單純，雅頌中所見或曰天，或曰帝，或稱有皇上帝，如此而已。由此更產生對祖先的崇敬，所謂敬天法祖者是，人與人、人與物、人與神三者關係實互相聯絡（西人則科學與宗教分途發展）而一皆本於自然。如農業生產，須看天時，須順四季變化，須知土壤之肥沃磽瘠，人力不能抵抗自然，只有隨順自然，至此天的觀念與自然合為一體（所謂「君子法天運」是）。對物亦以合於自然者為善為美，如園林佈置，中國人以深合自然為美，與西人園林之剪截整齊者實大異其趣也。以是吾國文化極易統一（由西周至孔子而完成），言人倫則君君臣臣、父父子子，齊家即是治國，言宗教則以天為對象，而此對象又不出乎一心，所謂「祭神如神在」，稱之曰如在，蓋不以身外真有此一對象在也。對物則力能化物而不化於物，以化於物則「滅天理、窮人欲」

也，然亦非離物遠去，故曰格物。如此則天祖人倫萬物皆備於我。萬物皆備於我，則無一物在我之外，此圓滿人格德行之完成則為仁，此孔子之所以必依於仁也。依孔子路向而行，言態度為向前的（物質方面殊不易言），言宗教則為哲理的，言人倫則必至無窮的廣大，所謂聖人「人倫之至」者也。

儒者之精神厥在自強不息（《禮記》[1]：「賜也，倦於學，困於道矣，願息事君，可乎？子曰：『《詩》云：溫恭朝夕，執事有恪。事期君之難也，焉可息哉？』曰：『然則願息事親。』子曰：『孝子不匱，永錫爾類。事親之難也。焉可以息哉？』」一節可參看），然此陽剛之德，本自難能，而況亂離之餘，人人有避世之念。老莊之說出，於是天下風靡景從焉（讀《老子》應自第十五章「致虛極，守敬篤，萬物並作，吾以觀其復。夫物芸芸，各復歸其根，歸根曰靜，靜曰復命，復命曰常，知常曰明，不知常，妄作凶，知常容，容乃公，公乃王，王乃天，天乃道，道乃久，歿身不殆」讀起，此為《老子》八十一章之總綱），老子態度為坐觀成敗，以此自高，其弊則為袖手旁觀，逞私弄智，以他人之顛覆鳴自己之聰明。設墨者與儒者爭，墨者必敗。儒者與老子爭，儒者必敗。蓋好逸惡勞，人情之常，老氏之論，正欲遯勞而求逸者也。

莊子之說，實有助於老子（莊老持術不同，學者類能辨之），復為老子樹立深厚的哲學基礎。今之人，每歷艱險，必逃於莊老者以此〔余嘗謂今日之吾國人之行為，百分之九十九為老莊末流，百分之一為孔子餘蔭。持此而欲同化西人，西人之受同化者，則為腐化也。持此而論中國之文化（談本位文化者包括在內），其距中國之文化也，蓋不啻千萬里〕。老莊之說起，先遭破壞者為倫理，魏晉清談家之蔑棄禮法，索隱行怪（參《晉書·隱逸傳》），蓋其明驗。

---

1 應為《孔子家語》。以下所引文字與《孔子家語》原文有出入，遵本文作者。後同。——編者註

　　老莊之學實不能成為宗教，蓋彼以自然為極高的哲理境地也。老莊之論尤不滿於敬天法祖之說，其極遂流為玩世不恭；儒者格物，老莊外物（《莊子》有《外物篇》），而後之學莊老者，則絕物。夫蔑棄禮法，固不能滅絕人性（阮嗣宗母喪，嘔血數升為最好證明），因之使人格分裂，言行支離；逃於莊老者，往往拘滯名相，因之一變而為道教，其末流且降為五斗米道。求外物者並不能絕欲，而反墮於徇物，因相率為偽，習為故常，儒者建設的向前的精神並被擊碎矣，此與儒者之誠意正心完全相反。如王衍之外形徹朗，內實動俠[1]；謝安聞淝水之勝，至折屐齒，此均人格分裂之象，而國人乃深喜之，蓋不自知其陷於矛盾也（老莊在中國文化上流毒甚烈，明乎此，即可明乎宋儒之所以排擊老莊矣）。

　　老莊之流毒未熄，而印度佛說又來，此為中國文化史上之第三期變化。佛說陳義至高，國人初則深閉固拒之，後則逐漸接受之，以可與老莊易三玄之說相通也，以可與儒者正心誠意之說相通也。於是佛老合流焉，於是佛老與儒學合流焉，於是有三教歸一之說焉（南朝儒生皆熟《易》《老子》，又多通佛理，可為明證）。理之在天地間，本可相通，且中人印人對物的態度亦不甚衝突，如老莊外物，佛亦外物，只有出家態度，則非國人之所喜，晉唐儒佛之爭，率在此點。於是百丈禪師出，創為百丈法規，百丈法規實則僧農制度，此印度之所無。逮後之禪宗，與儒者尤為接近。宋明儒者，十八有禪，即此之故。佛教大乘教義為向前的，為發願度生的，為欲入世而始出世的（佛譯曰能仁，殿曰大雄寶殿，予人印象皆為有力的，與道之清虛不同），實佛與儒為近，與道相遠。然講佛則必有和尚，和尚必須出家，出家之人，未必深通教理，其末流且無惡不為，侵蝕腐朽之極，使儒家精神愈抽愈空，外形日益僵化，

1 應為「內實動狹」。——編者註

至北宋而極。周程諸子出，憂心時艱，遂倡為道學 (理學) 以救其弊。理學之要端在反虛入實，變文從質，於晉唐以來潮流實為一逆流，惜乎大業未就，西洋文化已經東來，中國文化又遭受一新的打擊，而有吾國今日之文化局面。

　　四、中國文化的現在。兩千年來，吾國人之所賴以生活者，唯在不識不知之農民，與最幼稚之生產。自漢以來，士大夫之甘於下流者，復上下其手，為貪官，為污吏，為土豪，為劣紳，為刀筆，此種社會歷宋元明清而仍能立於不敗之地，不致國亡種滅者，以國人有共同的文化意識，且元清文化遠遜吾人也。然自西風東來，國人乃惶惶然若失其屏障焉，所以致此之故，蓋西人不僅有強壯之身體與豐富之知識，且富有金錢與堅甲利兵，此三者如三矢並發，洞穿吾胸；吾人所有，非儒非佛，其極必至疲憊不敢與之抗 (由通商而言，由殖民而言，由堅甲利兵而言，吾人均處於不能抵抗之地，若傳教，則吾人受儒佛熏陶至深，西人頗不易為力)。故西人之來，吾人始則拒之，繼則畏之，畏之不足，一變而為諂媚之。是以今日吾國對外人有兩種不同之態度：一曰頑固派，以中國固有文化盡美盡善，不屑模仿外人，因之避外人若將說焉，蓋即畏之也；一曰維新派，處處模仿外人，鄙棄吾國之固有為不足道，漢兒學得胡兒語，爭向城頭罵漢人，維新派有之，是則諂媚之也。避之媚之，兩皆大謬，於是有折中者出，非守舊，非媚外，而欲以學術思想根本改造吾之文化焉。民國七八年之頃，倡為民主與科學並重之說，即世所謂五四運動者也。然言科學須提倡實業，須有資本，須有專門人才，吾無有也；言民主則國會制度須完備無缺，吾無有也 (乃至吾國今日僅有之國民參政會，亦名存而實亡)。抗戰以還，軍火工業，悉操諸外人之手，而一息僅存之民主制度，其不亡者亦僅矣。瞻念未來，吾國之文化前途果將何若，誠有令人不寒而慄者。以談本位文化，可否以四

維八德之提倡，為已盡其能事；以談全盤西化，可否以多購物資為已盡其能事，是大可深長思也。今吾國所持以抗戰者，仍為吾祖宗之遺產；潛存民間，苟延殘喘以保持至於今者，其表現悉在於農民，而今日民力已幾於竭矣。深淵在前，虎狼環伺，設一失足，則萬劫不復，此誠吾國危急存亡歷史上最慘的時代也；此誠吾人再不能自滿自足，而應戰戰兢兢，臨深履薄，戒慎恐懼的時代也；此誠不宜再作中興鼓吹，而應滿含眼淚，為中國文化找一出路的時代也。否則猶太人亡國滅種之慘，即為吾人之寫照矣。吾嘗言今日之抗戰縱極難苦，抗戰後之艱苦更不知將若干倍於今日，譬之殯儀，葬後之淒涼，令人將轉念出殯時儀仗之盛。吾人今日不知努力，抗戰後或有求如今日艱苦而不可得者。然則何以救之？曰自救個人始，個人有辦法，國家始有辦法。

中國今後的文化建設

馮友蘭

文化一詞，意義寬泛，因而文化建設問題，也是一個寬泛的問題。本文主要目的，在提出戰前有關中國文化問題的幾種論爭，而加一批評，作為我個人對戰後文化建設的意見。這些論爭可歸為四種：一、物質文明與精神文明的問題；二、農業文明與工業文明的問題；三、新文化與舊文化的問題；四、中國本位文化與全盤西化的問題。

一、物質文明與精神文明的問題：對這問題，有一個流行的看法，即「精神勝過物質；西洋雖有較高的物質文明，但中國則有勝過他們的精神文明」。普通所謂精神文明，大概是指一個社會的組織，以及道德觀念、文學、哲學、藝術等。普通所謂物質文明，大概是指技術及工商業機構而言。照我們看法，物質文明為精神文明的基礎，必有相當的物質文明，才可以築起精神文明的上層建築來。假使我們批評西洋，我們只能說，它的物質文明基礎已很好，但它的精神文明，尚未到它應該到的地步，這是可以說的。但若說中國的物質文明基礎不夠，然精神文明卻勝過西洋，這在道理上是很難說得通的。還有一種人，在價值上重視精神文明，而輕視物質文明，他們所以作這樣說法，常是因了兩種錯誤。（一）他們把個人行為及國家政治混為

一談。就個人說，一個人固不應拿物質享受來做行為的目的，他也有理由輕視物質享受很高的發國難財的商人。但這個行為標準，對國家的政治，便不能適用。相反的，一個國家應先求國民生活水準的提高，在物質文明的基礎上，來發展精神文明。（二）有些民族因為自己的物質文明不如旁人，就提出這種說法來解嘲。在這幾年戰事中可以看出來。歐戰開始時，德國從未提到過精神，待同盟國力量超過了它，而使它有戰敗可能的時候，德國才搬出大德意志的精神來。日本亦復如此。印度人現在還像中國在民初時一樣，大談其東方精神文明遠勝於西洋物質文明。但中國則已打開了走向物質建設的大道，所以漸漸沒有人再提起這種說法。所以今後我們的文化，當然要從物質建設上下手。而發展物質文明的方法，也就是任人皆知的工業化。說到此，我們就說到工業文明及農業文明的論辯。

二、工業文明與農業文明：有一部分人一想到工業，就想到它是與農業在同層次上對立的東西。工業發達，農業就要凋謝。他們以為工業化就是重工輕農。這顯然是因為他誤解了所謂工業化的真正的意義。確切說來，所謂工業化也就是機器化，是生產使用機械為動力，以代替人力獸力。農業使用機器，也是工業化的一部分。戰前反對工業化的論辯，幾皆由於這種誤解。很顯然的，現在世界裡，凡尚未用機械生產的農業國家，都是殖民地。而這次戰爭中，戰勝國對付戰敗國的辦法的特色，也就是努力使戰敗國變成農業國家。中國戰國時代，對付戰敗國的辦法是「毀其宗廟，遷其重器」。現在對付戰敗國的辦法，是「毀其工廠，遷其機器」。這次戰爭，我想不會再有人反對中國應當把生產方式，由用手提高到用機器的建設上去了。

三、新文化與舊文化：隨社會生產方式的變化，將引起一種新的生活方式及觀念，因而惹起新舊文化的爭辯。現在差不多的人，都認

為一切發明製造，總是後來居上。這種想法的本身，就是所謂現代工業文明的產物。試一觀中國古書及留意老年人們說話的習慣，都可以看出中國人從前是崇古的。抱了一個退步的歷史觀，這是農業社會所有的觀念。在農業社會中的人，注重過去的經驗，所以他們崇古；在工業社會中的人，重視創造，所以他們崇今。從前的社會尊敬老人，現在的社會重視青年，也是這個道理。老年人有的是經驗，青年人有的是創造適應的能力。現在還有一部分人，不能改崇古的習慣，他們贊成現在的物質文明，而認為古代的精神文明，遠勝於現在，如《詩經》《楚辭》等便勝於現代的詩人的創造。初聽，這理由似很動聽。但古代詩文創作，能傳留到現在的，都是被時間淘汰不掉的不朽作品。對藝術的批評，時間是最公正的批評者。不好的都被時間送到它應去的地方了。《詩經》《楚辭》是經幾千年時間選定了的精華。以之與現代尚未經時間淘汰的藝術相比，就說舊勝於新，很顯然是錯誤的。另一些人把古今的分別，誤認為只是中西的分別。在保全中國文化的立論下，也擁護了那些其實是時間上已落伍了的舊文化。例如所謂中醫西醫的分別，實在是古今的分別，並不是中西的分別。

　　四、中國本位文化及全盤西化的論辯：因為有這種混古今之分為中西之分的混亂，所以引起許多不必要的爭論。例如在戰前所謂中國本位文化及全盤西化的論辯，就起於這一種混亂。我們是中國人，為甚麼要全盤西化？這就是主張中國本位文化的人所提出的問題。假使不說全盤西化，只說全盤今化，一切問題就簡單了。我們也承認有些事只是中西之分，而不是古今之異的。例如中餐西餐、房屋花樣、衣着形式等。這些在實用上雖無甚差別，但很有關於民族感。所以這是應該保存的。所以我以為我們的文化，要以民族之義為形式，而以現代化為內容，也就是實際採取現代的新文化，而被以這些中國所特有

的花樣。這些花樣主要是語言、文學、哲學、藝術等有民族色彩的東西，但這並不是重彈「舊瓶裝新酒」的老調，而是連瓶都要換新的，只是瓶上的花樣依舊而已。

國立西南聯合大學

· 第二章 ·

雷海宗、吳晗、張蔭麟講歷史文化

歷史過去的釋義

雷海宗

　　歷史學研究的對象，普遍稱為「過去」。對於過去，無論我們詳知或略曉，普通的感覺總以為過去本身是簡單的，只是從前曾經發生的種種事物而已。但實際問題並不像一般人，甚至許多歷史家，所想像的那樣簡單。我們若細加推敲，追問從前發生的一切究竟如何，問題立刻就來了。並且是愈鑽研，發現問題愈多。太複雜的問題不必講。專就根本的名詞言，我們用「過去」或「歷史」一詞時，實際就有兩種不同的意義，而用時又往往把兩義混用而不自覺。這種不自覺的混淆，是許多誤會的來源。

　　過去有二，一為絕對的，一為相對的，把過去的事實看為某時某地曾經發生的獨特事，而不問它與再遠的過去或再後的未來的關係，把它看為超然而獨立的既成事實，那個過去是固定的，是已定的，是一成不變的，是萬古如此的，是絕對不可挽回的。例如長平之戰，秦敗趙，白起坑殺趙國降卒四十萬；漢武帝征服南越，設置郡縣；唐太宗威震四方，稱天可汗——凡此種種都已過去，就已經過去的方面言是永不會再改變分毫的，已經如何，就是如何，任憑後人的如何贊成或如何反對，也不能再把這些事實取消、修改或增刪。但這種絕對的

過去觀，是完全抽象的純理智看法。當為一種哲學的見解則可，作為一種文學的慨歎對象也可，然而這卻不是普通歷史學裡的歷史知識。史學的過去是相對的，是瞻前顧後的。一件事實對於以往的關係，對於未來的影響，在當時的地位，對今日所仍有的意義，都必須研究清楚，那件事實才是真正的歷史知識，才成為歷史學的事實，才有意義，才是活的，但一談到活的意義，與此時此地此人此景有生動關係的意義，問題就複雜了。沒有任何一種事實能有百世不變的意義。此代認為第一等重要的事，彼代認為無足輕重。此地認為可讚的事，彼地認為可憾。此人認為平淡的事，彼人認為意味深長。我們生於現在，創造未來，這是人所共曉的，一般人所不注意的，是我們也創造過去，每一個時代所認識的過去，都是那一時代的需要、希望、信仰、成見、環境、情緒等所烘托而出的。以上種種，沒有兩個時代完全相同，所以同一的過去，也沒有兩個時代對它的看法完全相同。我們試以孔子為例，而引申此說。

孔子之為孔子，已經過去，萬古不變，但這個絕對的孔子，我們永遠不能知道。不只文獻漏載的孔子生活事實或日常瑣事，我們無法求知，專就文獻可徵的孔子嘉言懿行而論，某一嘉言，某一懿行，孔子說時做時的心情、原因、背景與目的，我們大部也永不能知。歷史上所「知」的孔子，是後世對於上面所講「不可知」的孔子的主觀認知。例如在孔子死後百年左右，在《論語》一書的編纂時期，我們可以看出，再傳以及三四傳的儒家弟子把孔子看為聖人，看為誨人不倦的大師，看為不得志的大才，看為中國傳統與正統文化的提倡者，凡此一切有多少是合乎百年前孔子在世時的事實的，我們不必追問。所可注意的，是《論語》一書中所表出的這個孔子，正是戰國初期政治社會開始大亂時主張保守以求安定的儒家的理想。他們是都希望借

着復古以安定社會的，所以也就描寫出一個好古博古的大師與聖人。再進一百年，到了戰國晚期，如以《荀子》一書的孔子為代表，孔子已作為魯國的攝相，七日而誅少正卯，威風十足，是《論語》中所不見的。孔子又為魯司寇，斷案的方法奇特，為一般人所不能了解。魯君向孔子問難，有時問的不得體，孔子竟然不答，其傲氣之高，不可向邇，這幾件事無論或多或少的有否根據，我們可看為戰國中期以下百家爭鳴，群士爭助，各思謀得一官半職的熱衷之士所特別標榜的故事。這個孔子已遠不如《論語》中的孔子之超然，其分別就在戰國初期的儒家尚不似戰國中期以下儒家的爭求仕進 [1]，而急求仕進也正是戰國中期以下諸子百家的共同特徵。

　　再進一步到漢代，孔子又變為素王，成為代後世定治平大法的未卜先知的神人，成為黑帝之子，有人母而無人父，成為微言大義的《春秋》作者。這是漢代，列國之局變為大一統後一般士子為新時代的需要而造出的一個孔子。這個孔子比起前兩個孔子，顯然的距離事實更遠了。但卻是合乎當時要求的一個孔子。漢代為此後二千年創立大一統的規模，一部也就靠當時的這種孔子觀。至於其中的神秘部分，如黑帝之子以及相關的許多鬼話，那是與大題無關而卻十足表現漢代宗教精神復盛的現象。也正因這一部分與大題無關，所以進入東漢後，這一部分漸漸為人放棄，此後只注意孔子為後世立法，為生民未有的超絕聖人的一套理論。此後二千年中國的政治社會無大變化，大體維持漢代所建的局面，所以二千年間的孔子觀也未再變，除神秘部分減輕外，孔子始終是漢代儒家所創的孔子。

　　今日中國的社會以及整個的環境卻在大變之中，為二千年所未有

---

1 應為「急求仕進」。——編者註

之局，各方都流動不定，所以對孔子的看法也無奇不有。由最保守甚至近乎漢代素王的陳舊看法，到五四時期打倒孔家店口號下的孔子萬惡觀，無不應有盡有。由對於孔子看法的如此混亂，也正表出中國整個文化的仍在動盪之中。若欲對孔子再有大體一致的看法，那必須等到中國文化已大體又有定型之後。此日的到臨，恐怕仍然遙遠。以上歷代孔子觀的一段追述，只是略舉一例而已。今日我們對於過去的種種，都有黑白相差很遠的估價，也正如對孔子的看法有天壤之分之一樣。

有人或者因此而要對歷史學發生疑問：是否歷史學根本為主觀的，為不可靠的，為這派事實的。由一方面看，也未嘗不可如此說。但由另一方面看，以上的相對過去觀，也不過是說歷史學是活的，是人生的一部，我們對於過去的了解，也是我們今日生活不可分的一部。其實何止民族的歷史如此，個人的歷史又何嘗不如此。我們每個人已往的經驗，經驗本身一成不變，一去永不復返，不只在客觀上任何的經驗不能重演一遍，就是在主觀上我們也不能把任何已過的經驗在心中不折不扣地重度一遍。時過境遷，過去的情緒、感觸、思想、好惡等等都已消滅或變質，今日又有不同的情緒及其他種種。用今日的不同人格，去追憶過去的另一種情景，其意味遠非過去的意味，其中不知有多少增減、修改，與有意無意的新解釋。這正與我們對於身外大歷史的時刻改觀，如出一轍。例如一人在中小學讀書，在當時不過是從父兄之命，按照社會的習慣，當然入學。入學之後，求學一方面為求知，一方面為好勝的表現，希望在成績上出人頭地。中學畢業後進入大學，對中學時代就要看成為大學的預備時期，對於當初的親命與競勝現象漸漸不免忘記，最少漸不注意。大學畢業，入社會服務，對中學的看法又將一變：在中學曾交了三兩個摯友，中學時期同

學間的喜怒哀樂與悲歡離合，中學教師的循循善誘或無理督導，中學校舍的一花一木，上課時的莊嚴，放假時的輕鬆——凡此種種，將為中年人所時常憶起。總之，中學時期只是一個富於可以追憶的溫暖經驗的時期，其求知求學或準備升學的方面，已成為勉強尚未忘記的淡薄感覺。再進一步，一人到了晚年，退休之後，想起了中學時代，大概只是充滿了可笑的追憶而大體模糊不清的一片印象，只是人生過程的一個必需階段，談不到特別濃厚的意味。這三種不同的中學時代觀，何種是合乎事實的？若絕對地講，恐怕都不合乎事實，最少不合乎全部的事實。但就三個不同時期的需要與情緒講，各在當時是都合乎事實的。民族的歷史也正是如此，絕對的真實永難求得，即或求得也無意義。有意義的過去，真正的歷史知識，是因時而異、因地而異的對於過去的活的認識。這個認識當然是主觀的，它的價值也就主觀。

　　生而為人，不能脫離主觀。如果歷史有客觀的意義，那個意義不是人類所能了解的。宗教家的上帝，哲學家的天理，文學家的造物，可以剎那間而縱觀過去，俯視現在，而明察未來，一眼而見全體，能明了歷史的整個意義與絕對意義。由這個超然的觀點來看，過去與未來渾然一體，根本沒有先後久暫之分：千年如一日，一日如千年；天地初開與天地毀滅為一時一事。但這只是人類理智推到盡頭，認為當有之理，而不是人類心靈所能具體把握的實在。此種絕對的實在，是上帝所獨知的秘密。只要仍為人，他對於未來只能摸索，對於現在只能猜測，對於過去只能就他對於現在的看法與對於未來的希望而給他一個主觀的意義。

中國文化的兩周

雷海宗

一、正名

二、中國史的分期

三、中國史與世界史的比較

斷代是普通研究歷史的人所認為一個無關緊要的問題。試看一般講史學方法的書，或通史的敘論中，對此問題都有一定的套語，大致如下：

> 歷史上的變化都是積漸的，所有的分期都是為研究的便利而定，並非絕對的。我們說某一年為兩期的分界年，並不是說某年的前一年與後一年之間有截然不同之點，甚至前數十年與後數十年之間也不見得有很大的差別。我們若把這個道理牢記在心，就可分歷史為上古、中古、近代三期而不致發生誤會了。

這一類的話在西洋的作品中時常遇到，近年來在中國也很流行一時。話都很對，可惜都不中肯。歷史就是變化，研究歷史就為的是明了變化的情形。若不分期，就無從說明變化的真相。宇宙間的現象，無論大小，都有消長的步驟；人類文明也脫離不了宇宙的範圍，也絕不是

一幅單調的平面圖畫。但因為多數研究的人不注意此點，所以以往的分期方法幾乎都是不負責任的，只粗枝大葉地分為上古、中古、近代，就算了事。西洋人如此，中國人也依樣畫葫蘆。比較誠懇一點的人再細分一下，定出上古、中古、近古、近世、近代、現代一類的分期法，就以為是獨具匠心了。這種籠統的分法比不分期也強不了許多，對於變化的認清並沒有多大的幫助。不分期則已；若要分期，我們必須多費一點思索的功夫。

一、正名

「名不正則言不順」這一句話，很可移用在今日中國史學界的身上。無論關於西洋史或中國史，各種名義都不嚴正，這是斷代問題所以混亂的一個主要原因。我們若先將各種含意混沌的名詞弄清，問題就大半解決了。

西洋史上古、中古、近代的正統分期法，是文藝復興時代的產物。當時的文人對過去數百年以至千年的歷史發生了反感，認為自己的精神與千年前的羅馬人以至尤前的希臘人較為接近，與方才過去的時代反倒非常疏遠。他們奉希臘、羅馬的文獻為經典 (Classics)，現在為這種經典的復興時代 (Renaissance)，兩期中間的一段他們認為是野蠻人，尤其是哥特人的時代 (Barbarous 或 Gothic)，或黑暗時代 (Dark Ages)，恨不得把它一筆勾銷。他們只肯認為這是兩個光明時代之間的討厭的中間一段，甚至可說是隔斷一個整個的光明進展的障礙物，除「野蠻」「哥特」，或「黑暗」之外，他們又稱它為「中間時代」〔Mediaeval，為拉丁文「中間」(Medius) 與「時代」(Aevum) 二字合成〕，字中含有譏諷、厭棄的意義。希臘、羅馬就稱為經典時代 (Classical Ages)，又稱為古代或上古

(Antiquity)。「經典」當然是褒獎的名詞,連「古代」也有美的含意。他們那時的心理也與中國漢以下的情形一樣,認為「古」與「真美善」是一而二,二而一的。因為崇拜「古」,所以「古代」就等於「理想時代」或「黃金時代」。至於他們自己這些崇拜「古代」的人,就自稱為「摩登時代」或新時代 (Modern Ages)。所謂「摩登」與近日一般的見解略有不同,並不是「非古」,而是「復古」的意思,是一個「新的古代」或「新的經典時代」,或「經典復興的時代」。

這種說法並不限於一人,也不倡於一人,乃是文藝復興時代的普遍見解。雖然不久宗教改革運動發生,宗教信仰又盛極一時,但文藝復興人物崇拜古代的心理始終沒有消滅,歷史的三段分法也就漸漸被人公認,直到今日西洋史學界仍為這種分法所籠罩。雖不妥當,在當初這種分法還可勉強自圓其說。「上古」限於希臘、羅馬;關於埃及、巴比倫和波斯,除與希臘、羅馬略為發生關係外,他們只由《聖經》中知道一點事實,在正統的歷史作品中對這些民族一概置諸不理。19世紀以下情形大變。地下的發掘增加了驚人的史料與史實和出乎意料的長期時代。這些都在希臘、羅馬之前,雖不能稱為「經典時代」,卻可勉強稱為「古代」。地下的發掘愈多,「古代」拉得愈長。到今日,古代最少有四千年,中古最多不過千年,近代只有四五百年。並且把希臘、羅馬與中古近代的歷史打成一片,雖嫌牽強,還可辦到。但地下發現的史實太生硬,除了用生吞活剝的方法之外,萬難與傳統的歷史系統融合為一。專講埃及史或巴比倫史,還不覺得為難;一旦希求完備的通史,就感到進退窘迫。凡讀通史的人,對希臘以前時間非常長而篇幅非常短的一段都有莫名其妙的感想,幾萬言或十幾萬言讀過之後,仍是與未讀之前同樣地糊塗,仍不明白這些話到底與後來的發展有甚麼關係。近年來更變本加厲,把民族、血統完全間斷,文化系

統線索不明的新石器時代與舊石器時代也加上去（新石器時代的人類與近人大概有血統的關係，雖然同一地的新石器人類不見得一定是後來開化人類的祖先，文化系統也不見得是一線相傳。至於舊石器時代的人類，與近人並不是同一的物種），甚至有人從開天闢地或天地未形之先講起（H.G.Wells 的 *Outline of History* 是最早、最著名的例子。近年來東西各國效顰的人不勝枚舉），愈發使人懷疑史學到底有沒有範圍，是否一種大而無外的萬寶囊。

　　西洋人這種不假深思的行動，到中國也就成了金科玉律，我們也就無條件地認「西洋上古」為一個神怪小說中無所不包的乾坤如意袋。西洋人自己既然如此看法，我們也隨着附和，還有可說；但模仿西洋，把中國史也分為三段，就未免自擾了。中國從前也有斷代的方法，不過後來漸漸被人忘記。在《易・繫辭》中已有「上古」「中古」的名稱，「上古」是指「穴居野處，結繩而治」的時代，「中古」是指殷周之際，所謂「殷之末世，周之盛德」的紂與文王的時代（見《易・繫辭》下）。以此類推，西周以下當為近代。若求周備，可稱西周為「近古」，就是荀子所謂「後王」的時代（見《荀子》卷三《非相篇》第五，卷五《王制篇》第九。《韓非子》卷十九《五蠹篇》第四十九以有巢、燧人的二代為上古，以堯、舜、禹之世為中古，以商周為近古，與《荀子》略異），禮樂崩壞，「世風日下」，「人心不古」的春秋、戰國可稱「近世」或「近代」。這大體可代表戰國諸子的歷史觀與歷史分期法。秦漢以下，歷史的變化較少，一般人生長在不變之世，對於以往轟轟烈烈的變化，漸漸不能明了，史學於是也變成歷朝歷代的平面敘述。斷代的問題並不發生，因為清楚的時代觀念根本缺乏。

　　19 世紀西學東漸以後，國人見西洋史分為三段，於是就把中國史也爾樣劃分。戰國諸子的分法到今日當然已不適用，於是就參考西洋的前例，以先秦時代為上古，秦漢至五代為中古，宋以下為近代。再完備的就以宋為近古，元、明、清為近代，近百年為現代。此外大同

小異的分期法，更不知有多少。這種分期法倡於何人，已無可考，正如西洋史的三段分法由何人始創的不可考一樣（若詳細搜索清末的文字，或者可找到創始的人。但這種事殊不值得特別費時間去做；將來或有人無意中有所發現）。但西洋史的三段分法，若把希臘以前除外，還勉強可通；至於中國史的三段分法或五六段分法，卻極難說得圓滿。

近年來中國史的上古也與西洋史的上古遭了同樣的命運。中國古代的神話史本來很長，但一向在半信半疑之間，並不成嚴重的問題。近來地下發現了石器時代的遺物，於是中國史戴上了一頂石頭帽子。這還不要緊。北京猿人發現之後，有些誇大習性未除的國人更歡喜欲狂，認為科學已證明中國歷史可向上拉長幾十萬年。殊不知這種盜譜高攀的舉動極為可笑，因為北京猿人早已斷子絕孫，我們絕不會是他的後代。由史學的立場來看，北京人的發現與一個古龍蛋的發現處在同等的地位，與史學同樣地毫不相干。據今日所知，舊石器時代各種不同的人類早已消滅，唯一殘留到後代的塔斯瑪尼亞人（Tasmanians）到 19 世紀也都死盡（見 W.J.Sollas 著 *Ancient Hunters* 第四章）。新石器時代的人到底由何而來，至今仍為人類學上的一個未解之謎：是由舊石器時代的人類演變而出，或由他種動物突變而出，全不可知。新石器時代的文化是否由舊石器時代蛻化而出，也無人能斷定；新舊兩石器時代的人類似乎不是同一的物種，兩者之間能否有文化的傳達，很成問題。新石器的人類與今日的人類屬於同一物種，文化的線索也有可尋，但不見得某一地的新石器時代人類就是同地後來開化人類的祖先，某一地的新石器文化也不見得一定與同地後來的高等文化有連帶的關係。因為我們日常習用「中國史」「英國史」「歐洲史」一類的名詞，無意間就發生誤會，以為一塊地方就當然有它的歷史。由自然科學的立場來看，地方也有歷史，但那是屬於地質學與自然地理學的範圍的，與

史學本身無關。地方與民族打成一片，在一定的時間範圍以內，才有歷史。民族已變，文化的線索已斷，雖是同一地方，也不是同一的歷史。這個道理應當很明顯，但連史學專家也時常把它忽略。無論在中國或西洋，「上古史」的一切不可通的贅疣都由這種忽略而發生。所以關於任何地方的上古史或所謂「史前史」，即或民族文化都一貫相傳，最早也只能由新石器時代說起，此前的事實無論如何有趣，也不屬於史學的範圍。這是第一個「正名」的要點。

人類史的最早起點既已弄清，此後的問題就可簡單許多。在中國時常用的名詞，除「中國史」之外，還有「世界史」「外國史」與「西洋史」三種名稱。「世界史」按理當包括全人類，但平常用起來多把中國史除外，所以「世界史」等於「外國史」。至於「外國史」與「西洋史」有何異同，雖沒有清楚的說法，但大致可以推定。我們可先看「西洋史」到底何指。「西洋」是一個常用的名詞，但若追問「西洋」的時間與空間的範圍，恐怕百人中不見得有一人能說清。若說西洋史為歐洲史，當初以東歐為中心的土耳其帝國制度文物的發展是否為西洋史的一部分？若是，為何一般西洋史的書中對此一字不提；若不是，土耳其帝國盛時的大部顯然在歐洲。公元前的希臘與近數百年的希臘是否同一地屬於西洋的範圍？若說歐洲與地中海沿岸為西洋，起初不知有地中海的古巴比倫人為何也在西洋史中敘述？回教到底是否屬於西洋？若不屬西洋，為何一切西洋中古史的書中都為它另闢幾章？若屬於西洋，為何在西洋近代史的書中除不得不談的外交關係外，把回教完全撇開不顧？歐洲新石器時代的文化與埃及文化有何關係？埃及已經開化之後，歐洲仍在新石器時代，但西洋通史的書中為何先敘述歐洲本部的石器文化，然後跳過大海去講埃及？這些問題，以及其他無數可以想見的問題，不只一般人不能回答，去請教各種西洋史的作

者，恐怕也得不了滿意的答覆。

「西洋」一詞 (The West 或 The Occident) 在歐美人用來意義已經非常含混，到中國就更加空泛。我們若詳為分析，就可看出「西洋」有三種不同的意義，可稱為泛義的、廣義的與狹義的。狹義的西洋專指中古以下的歐西，就是波蘭以西的地方，近四百年來又包括新大陸。東歐部分，只講它與歐西的政治外交關係，本身的發展並不注意，可見東歐並不屬於狹義的西洋的範圍。這是以日耳曼民族為主所創造的文化。我們日常說話用「西洋」一詞時，心目中大半就是指着這個狹義的西洋。

廣義的西洋，除中古與近代的歐西之外，又加上希臘羅馬的所謂經典文化，也就是文藝復興時代的所謂上古文化。講思想學術文藝的發展的書中，與學究談話時所用的「西洋」，就是這個廣義的西洋。

泛義的西洋，除希臘、羅馬與歐西外，又添上回教與地下發掘出來的埃及、巴比倫，以及新石器時代，甚至再加上歐洲的舊石器時代。這是通史中的西洋，除了作通史的人之外，絕少這樣泛用名詞的。

對於希臘以前的古民族，歐美人往往半推半就，既不願放棄，又不很願意直截了當地稱它們為「西洋」，而另外起名為「古代的東方」(The Ancient East 或 The Ancient Orient)。但希臘文化最初的中心點在小亞細亞，與埃及處在相同的經線上，為何埃及為「東」而希臘為「西」，很是玄妙。回教盛時，西達西班牙，卻也仍說它是「東方」。同時，西洋通史又非把這些「東方」的民族敘述在內不可，更使人糊塗。總之，這都是將事實去遷就理論的把戲。泛義的西洋實際包括埃及、巴比倫、希臘、羅馬、回教、歐西五個[1]獨立的文化，各有各的發展步驟，

---

1 本文中，作者把希臘、羅馬當作一個文化。——編者註

不能勉強牽合。至於歐洲的新石器時代，與這些文化有何關係，是到今日無人能具體説明的問題。這五個獨立的文化在時間上或空間上或有交互的關係，但每個都有自立自主的歷史，不能合併敘述。若勉強合講，必使讀者感覺頭緒混亂。我們讀西洋上古史，總弄不清楚，就是因為這個道理；中古史中關於回教的若即若離的描寫，往往也令人莫測高深。把幾個獨立的線索，用年代先後的死辦法，硬編成一個線索，當然要使讀者越讀越糊塗了。

　　歐西的人儘量借用希臘、羅馬的文獻，當經典去崇拜，所以兩者之間較比任何其他兩個文化，關係都密切。但推其究竟，仍是兩個不同的個體。希臘、羅馬文化的重心在小亞細亞西岸與希臘半島，意大利半島的南部處在附屬的地位，北部是偏僻的野地，地中海沿岸其他各地只是末期的薄暮地帶。今日希臘半島的民族已不是古代的希臘民族，今日的意大利人也更不是古代的羅馬人。真正的希臘人與羅馬人已經消滅。至於歐西文化的重心，中古時代在意大利北部與日耳曼，近代以英、法、德三國最為重要。希臘半島與歐西文化完全無關，最近百年才被歐西所同化。上古比較重要的意大利南部也始終處在附屬的地位。地中海南岸與歐西文化也完全脱離關係。創造歐西文化的，以日耳曼人為主體，古羅馬人只貢獻一點不重要的血統。連今日所謂拉丁民族的法蘭西、意大利、西班牙人中也有很重要的日耳曼成分；稱他們為拉丁民族，不過是因為他們的語言大體是由古拉丁語蜕化而出。希臘、羅馬文化與歐西文化關係特別密切，但無論由民族或文化重心來看，都絕不相同。其他關係疏遠的文化之間，當然更難找同一的線索了。這是「正名」工作的第二種收穫，使我們知道「西洋」一詞到底何指。狹義的用法，最為妥當；廣義的用法，還可將就；泛義的用法，絕要不得。

　　日常所謂「西洋史」既包括五個不同的文化，在人類所創造的獨立文化中，除新大陸的古文化不計外，只有兩個未包括在內，就是中國與印度。所以我們平常所謂「外國史」或「世界史」只比「西洋史」多一個印度。若因印度人與「西洋人」都屬於印歐種而合同敘述，「外國史」或「世界史」就與「西洋史」意義相同了。這是「正名」的第三種收穫，使我們知道三個名詞的異同關係。

　　文化既是個別的，斷代當然以每個獨立的文化為對象，不能把幾個不同的個體混為一談而牽強分期。每個文化都有它自然發展消長的步驟，合起來講，必講不通；若把人類史認為是一個純一的歷史，必致到處碰壁，中國的殷周時代當然與同時的歐洲或西亞的歷史性質完全不同，中古時代的歐西與同時的希臘半島也背道而馳。我們必須把每個文化時間與空間的範圍認清，然後斷代的問題以及一切的史學研究才能通行無阻。這是「正名」的第四種收穫，使我們知道人類歷史並不是一元的，必須分開探討。互相比較，當然可以；但每個文化的獨立性必須認清。

　　在每個文化的發展中，都可看出不同的時代與變化。本文對中國特別注意，把中國史分期之後，再與其他文化相互比較，看看能否發現新的道理。

二、中國史的分期

　　中國四千年來的歷史可分為兩大周。第一周，由最初至公元 383 年的淝水之戰，大致是純粹的華夏民族創造文化的時期，外來的血統與文化沒有重要的地位。第一周的中國可稱為古典的中國。第二周，由公元 383 年至今日，是北方各種胡族屢次入侵，印度的佛教深刻地

影響中國文化的時期。無論在血統上或文化上，都起了大的變化。第二周的中國已不是當初純華夏族的古典中國，而是胡漢混合、梵華同化的新中國，一個綜合的中國。雖然無論在民族血統上或文化意識上，都可說中國的個性並沒有喪失，外來的成分卻佔很重要的地位。為方便起見，這兩大周可分開來講。

華夏民族的來源，至今仍是不能解決的問題。我們只能說，在公元前 3000 至前 2000 年間，日後華夏民族的祖先已定居在黃河流域一帶。至於當初就居住此地，或由別處移來，還都是不能證明的事。在整個的第一周，黃河流域是政治文化的重心，長江流域處在附屬的地位，珠江流域到末期才加入中國文化的範圍。第一周，除所謂史前期之外，可分為五個時代：

1. 封建時代 (前 1200[1]—前 771)；

2. 春秋時代 (前 770—前 473)；

3. 戰國時代 (前 473—前 221)；

4. 帝國時代 (前 221—88)；

5. 帝國衰亡與古典文化沒落時代 (88—383)。

在公元前 3000 年以後，黃河流域一帶，北至遼寧與內蒙，漸漸進入新石器文化的階段。除石器之外，還有各種有彩色與無彩色的陶器最足代表此期的文化。無彩色的陶器中有的與後來銅器中的鬲與鼎形狀相同，證明此期與商周的銅器時代有連接的文化關係。與新石器時代遺物合同發現的骸骨與後世的華夏人，尤其北方一帶的人大致相同，證明此期的人已是日後華夏民族的祖先 (Black, D. 著 *The Human Skeletal Remains from Sha Kuo T'un; A Note on the Physical Characters of the Prehistoric Kansu Race*)。

---

1 據後文所述盤庚遷殷的時間，此處應為公元前 1300 年。——編者註

這些原始的中國人分部落而居，以漁獵或畜牧為生，但一種幼稚的農業，就是人類學家所謂鋤頭農業 (Hoc Culture) [1]，已經開始。在公元前 2000 年左右，這些部落似乎已進入新石器時代的末期，就是所謂金石並用期。石器、骨器、陶器之外，人類又學會製造銅器。農業的地位日趨重要，與農業相並進行的有社會階級的產生。人民漸漸分為貴族、巫祝的地主與平民的佃奴兩個階級。這種階級的分別直延到封建的末期，才開始破裂。部落間的競爭，繼續不斷，當初成百成千的部落數目逐漸減少。到公元前 1700 年左右，或略前，有兩個強大的部落出現，就是夏與商。夏當初大概比較盛強，許多小部落都承認它為上國。所以「夏」「華夏」或「諸夏」就成了整個民族的種名。但商是夏的死敵，經過長期的競爭之後，在公元前 1600 年左右，商王成湯滅夏，所有的部落都被臣服，最早鬆散的半封建帝國，部落組成的帝國，由此成立。可惜此後三百年間的經過，我們完全不知道。但我們可斷定，在公元前 1600 年左右必已有一個比較可靠的曆法，否則農業不能發達。同時必已發明文字，因為自成湯以下歷代的王名都比較可靠，並且傳於後代。

據《竹書紀年》，在公元前 1300 年，盤庚遷殷。這是中國歷史上第一個比較確定的年代，可認為封建時代的開始。關於此前三百年，我們只知商王屢次遷都；但此後三百年殷總是商王勢力的中心。這或者證明前三百年間商王的共主地位只是名義上的。因勢力不穩，而時常被迫遷都，或因其他的關係遷都；但因為勢力微弱才能因小故而遷都，若勢力穩固就不能輕易遷動國本。到盤庚時真正的封建制度與封建帝國才算成立，已不是許多實際獨立的部落所組成的鬆散帝國。商

---

1 應為 Hoe Culture。——編者註

王是所有部落的共主，又稱天子，勢力最少可達到一部分的部落之內，或者有少數的部落是被商王征服之後又封給親信的人的。但無論當初的部落，或後封的諸侯，內政則大致自由，諸侯的地位都是世襲的。

　　後來周興起於西方，據《竹書紀年》，於公元前 1027 年滅商，代商為天子。武王、周公相續把東方的領土大部征服，然後封子弟功臣為諸侯。所以周王的勢力大於前此的商王，周的封建帝國也較商為強。但整個的制度仍是封建的，天子只直接統轄王畿，諸侯在各國仍是世襲自治的。

　　約在公元前 900 年左右，封建帝國漸呈裂痕。諸侯的勢力日愈強大，上凌共主的天子，下制國內的貴族。經過長期的大併小、強兼弱之後，少數的大國實際變成統一的國家與獨立的勢力，天子不能再加干涉。公元前 860 年左右，厲王即位，想要壓迫諸侯，恢復舊日的封建帝國。這種企圖完全失敗，在公元前 842 年厲王自己也被迫退位。此後十四年間王位空虛，諸侯更可任意發展。迨宣王（前 827—前 782）即位之後，諸侯已非王力所能制服。戎人屢屢寇邊，內中有諸侯的陰謀也未可知。宣王最後敗於戎人，不能再起。幽王（前 781—前 771）的情形更為狼狽，最後並被戎人所殺。整個的西部王畿臨時都遭戎人蹂躪。平王（前 770—前 720）不得已而東遷，封建共主的周王從此就成了傀儡。我們已進到列國為政治重心的春秋時代。

　　封建時代的精神生活為宗教所包辦。自然界的各種現象都被神化。風伯、雨師、田祖、先炊、河伯以及無數其他的神祇充滿天地間。最高的有無所不轄的上帝，與上帝相對的有地上最高靈祇的后土。除此之外，人與神的界限並不嚴明。所有貴族的人死後都成神，受子孫的崇拜。

　　「春秋」本是書名，書中紀年由公元前 722—前 481 年。但我們若

完全為一本書所限，又未免太迂。若由前 722 年起，此前的五十年將成虛懸，無所歸宿。以前 481 年為終點，還無不可，因為公元前 5 世紀初期的確是一個劇變的時期。但那一年並沒有特殊的大事發生。此後三十年間可紀念的事很多，都可作為時代的終點。公元前 479 年，孔子死；前 477 年，田桓割齊東部為封邑，田齊實際成立；前 473 年，越滅吳；前 464 年，《左傳》終；前 453 年，《國策》[1] 始，就是韓、趙、魏滅智氏，三晉實際成立的一年。這都值得注意。《通鑑》[2] 始於韓、趙、魏正式為諸侯的前 403 年，認為戰國的始點，略嫌太晚。我們定越滅吳的前 473 年為春秋、戰國之間的劃界年，原因下面自明。

東遷以後，實際獨立的列國並爭，開始有了一個國際的局面。齊、晉、秦、楚四方的四個大國特別盛強，中原的一群小國成了大國間爭奪的對象。這種爭奪就是所謂爭霸或爭盟。大小諸國在名義上仍都承認周王的共主地位，但天子的實權早已消滅，他的唯一功用就是正式承認強力者為霸主。當初齊桓、晉文相繼獨霸中原，但楚國日趨盛強，使這種獨霸的局面不能維持。秦在春秋時代始終未曾十分強大，齊自桓公死後也為二等國，天下於是就成了晉楚爭盟的均勢局面。中原的北部大致屬晉，南部大致屬楚。

這些競爭的列國，內部大體都已統一。封建的貴族雖仍存在，諸侯在各國內部都已成了最高的實力者，貴族只得在國君之下活動，幫助國君維持國力。平民仍未參政，在國君的統治之下，貴族仍包攬政治。所以春秋可說是封建殘餘的時代。但貴族的勢力，在各國之間也有差別。例如在秦、楚二國，貴族很為微弱；在晉國，貴族勢力

---

1 即《戰國策》。 ── 編者註

2 即《資治通鑑》。後不再一一註釋。 ── 編者註

就非常強大，世卿各有封土，國君只有設法維持世卿間的均勢才能保障自己的地位。但這種辦法終非長久之策，最後世卿實際獨立，互相征伐，晉君成為傀儡，晉國因而失去盟主的地位。但楚國並未利用這個機會北進，因為在東方有新興的吳國向它不住地進攻，使它無暇北顧。吳的興起是春秋的大變局。

吳國興起不久，南邊又崛起了一個越國，兩國間的競爭就結束了春秋的局面。春秋時代的戰爭是維持均勢的戰爭，大國之間並不想互相吞併。吳越的戰爭，性質不同。吳仍有春秋時代的精神，雖有機會，又有伍子胥的慫恿，但並未極力利用機會去滅越。然而越國一旦得手，就不再客氣，直截了當地把第一等大國的吳一股吞併。這是戰國時代的精神，戰國的戰爭都是以消滅對方為目的的戰爭。所以春秋末期的變化雖多，吳越的苦戰可說是最大的變化，是末次的春秋戰爭，也是初次的戰國戰爭。越滅吳之年是最適當的劃分時代的一年。

春秋大部的時間似乎仍在宗教的籠罩之下。但到末期，大局發生劇變，獨立的思潮開始抬頭。對時局肯用心深思的人大致分為三派。第一為迎合潮流，去參加推翻舊勢力的工作的人。這種人可以鄧析為代表，是專門批評舊制，並故意與當權者為難的人 (《左傳》定公九年；《呂氏春秋》卷十八《審應覽》第六《離謂篇》)。第二，為悲觀派，認為天下大局毫無希望，只有獨善其身，由火坑中求自己的超脫。這種隱士，孔子遇見許多，楚狂接輿、長沮、桀溺都是這一流的人。第三，就是孔子的一派，崇拜將要成為過去的，或大半已經成為過去的舊制度文物，苦口婆心地去宣傳保守與復古。每到劇變的時代，我們都可遇到同樣的三種人：為舊制辯護的人，反對舊制的人與逃避現實的糾紛的人。

「戰國」一詞的來源，不甚清楚。司馬遷已用此名，可見最晚到漢

武帝時已經流行（《史記》卷十五《六國年表序》）。《戰國策》成書似在秦末或漢初或楚漢之際。（六國中齊最後亡，齊亡時的情形，卷十三《齊策六》中有記載。卷三十一《燕策三》中又提到高漸離謀刺秦始皇的事，可見成書必在秦併六國之後。書中似乎沒有漢的痕跡。）但書名本來無定，不知當初「戰國策」是否也為書名之一（據劉向《戰國策》目錄，書名原有《國策》《國事》《短長》《事語》《長書》《修書》六種。不知「國策」是否「戰國策」的縮寫）。若然，「戰國」一詞在秦漢之際已經通行。但很可能，在秦併六國之先，已有人感覺當時戰爭太多太烈，而稱它為「戰國」。所以這個名稱不見得一定是後人起的，也許是當時人自定的。《戰國策》卷六《秦策四》頓弱謂「山東戰國有六」，卷二十《趙策三》趙奢謂「今取古之萬國者分以為戰國七」。可見「戰國」一詞起於當代。一般以為自《戰國策》書名而來，乃是一個很自然而不正確的印象。

戰國初期的一百年間是一個大革命的時代。三家分晉與田氏篡齊不過是最明顯的表面變化，骨子裡的情形較此尤為緊張。各國內部，除政治騷亂外，都起了社會的變化。封建殘餘的貴族都被推翻，諸侯都成了專制獨裁的君主。所有的人民最少在理論上從此都一律平等，任何人都可一躍而為卿相，卿相也可一朝而墮為庶民。一切榮辱都操在國君手中，要在政治上活動的人，無論文武，都須仰國君的鼻息。同時，人民既然平等，就須都去當兵，徵兵的制度開始成立。當兵已不是貴族的權利，而是全體人民的義務。所有的戰爭都是以儘量屠殺為手段，以奪取土地為目的的拚命決鬥。周天子名義上的一點地位也無人再肯承認，一切客氣的「禮樂」都已破壞無遺。這是中國歷史上唯一全體人民參戰的時代。

戰爭最烈的時代也是中國思想史上的黃金時代。各家爭鳴，都想提出最適當的方案，去解決當前的嚴重問題。各派都認為當設法使天

下平定，最好的平定方法就是統一。但統一的方策各自不同。除獨善其身的楊家和道家與專事辯理的名家外，儒、墨、法、陰陽四家都希望人君能實行他們的理想以平天下。除了法家之外，這些學說都不很切實際，最後平定天下的仍是武力。但秦併六國後卻承認陰陽家的五德終始說，自認為以水德王。

公元前 221 年，秦始皇創了自古未有的新局。前此無論名義如何，實際總是分裂的。自此以後，二千年間統一是常態，分裂是變局。但在二千年的統一中，以秦、西漢及東漢中興的三百年間的統一為最長，最穩固，最光榮。二千年來的中國的基礎可說都立於這三個世紀。秦始皇立名號，普遍地設立郡縣，統一度量，同文，同軌。一般講來，這都是此後歷朝所謹守的遺產。中國的疆土在漢武帝時立下大致的規模，此後很少超出這個範圍。

社會制度也凝結於此時。傳統的宗法社會在戰國時代頗受打擊。商鞅鼓勵大家族析為小家庭的辦法，恐怕不限於秦一國，乃是當時普遍的政策。為增加人民對於國家的忠心，非打破大家族、減少家族內的團結力不可。這種政策不見得完全成功，但宗法制度必受了嚴重的搖撼。到漢代就把這種將消未消的古制重新恢復。在重農抑商的政策之下，秉持宗法的大地主階級勢力日盛。同時，儒教成為國教後，這個事事復古的派別使宗法社會居然還魂。喪服與三年喪是宗法制度的特殊象徵。這種在春秋時代已經衰敗，在戰國時代只是少數儒家迂夫子的古董的喪制，到漢代又漸漸重建起來。（關於此點，兩《漢書》中材料太多，不勝枚舉。關於漢儒的喪服理論，可參考《白虎通》卷四。）

帝國成立之後，爭鳴的百家大半失去存在的理由，因而無形消滅。若把此事全都歸咎於秦始皇的焚書，未免把焚書的效能看得太

高。只有儒、道、陰陽三家仍繼續維持，但三者的宗教成分都日愈加重。孔子雖始終沒有成神，但素王也演化為一個很神秘的人格。道家漸漸變成道教，鬼神、符籙、煉丹、長生的各種迷信都成了它的教義。陰陽家自始就富於神秘色彩，至此儒道兩家都儘量吸收它的理論。漢的精神界可說是儒、道、陰陽合同統治的天下。

和帝一代 (89—105) 是重要的過渡時期。前此三百年間，除幾個短期的變亂之外，帝國是一致的盛強的。由和帝以下，帝國的衰退日益顯著。內政日壞，外族的勢力日大，最後北部邊疆的領土實際都成了胡人的殖民地，民族的尚武精神消失，帝國的軍隊以胡人為主幹。在這種內外交迫的局勢之下，大小的變亂不斷發生。羌亂，黨錮之禍，黃巾賊，十常侍之亂，董卓之亂，李傕、郭汜之亂，前後就把帝國的命運斷送。經過和帝以下百年的摧殘之後，天下四分五裂，帝國名存實亡。三國鼎立之後，晉雖臨時統一，但內部總不能整頓，外力總不能消滅。勉強經過三個魏晉的百年掙扎之後，胡人終於把中原佔據，漢人大批地渡江南遷。

同時，精神方面也呈現相似的衰頹狀態。儒教枯燥無味，經過幾百年的訓詁附會之後，漸漸被人厭棄。比較獨立的人都投附於一種頹廢的老莊學說，就是所謂清談。平民社會的迷信程度日愈加深，一種道教會也於漢末成立。在這種種無望的情形下，佛教暗中侵入。當初還不很惹人注意，但自漢末以下勢力日大，與無形中侵蝕土地的胡人同為威脅傳統中國的外力。

胡人起事的八十年後 (公元 383 年)，北方臨時被外族統一，苻堅決意要渡江滅晉，統一天下。淝水之戰是一個決定歷史命運的戰爭。當時胡人如果勝利，此後有否中國實為問題。因為此時漢族在南方的勢

力仍未根深蒂固，與後來蒙古、滿清過江時的情形大不相同，不只珠江流域尚為漢族殖民的邊區，連江南也沒有徹底地漢化，蠻族仍有相當的勢力（《宋書》卷九十七《夷蠻列傳》，《南史》卷七十九《諸蠻列傳》），漢人仍然稀少。胡人若真過江，南方脆弱的漢族勢力實有完全消滅的危險。南北兩失，漢族將來能否復興，很成問題。即或中國不至全亡，最少此後的歷史要成一個全新的局面，必與後來實際實現的情形不同。東晉在淝水雖佔了上風，中國所受的衝動已是很大。此後二百年間，中國的面目無形改變。胡、漢兩族要混合為一，成為一個新的漢族，佛教要與中國文化發生不可分的關係。中國文化已由古典的第一周進到胡人血統與印度宗教被大量吸收的第二周了。

胡入的血統在第一周的末期開始內浸，在整個第二周的期間都不斷地滲入。一批一批的北族向南推進，征服中國的一部或全部，但最後都與漢人混一。唯一的例外就是蒙古。北族內侵一次，漢族就大規模地渡江向南移殖一次。在第一周處在附屬地位的江南與邊疆地位的嶺南，到第二周地位日見提高，政治上成了一個重要的區域，文化上最後成了重心。

佛教也是在第一周的末期進入中國，但到第二周才與中國文化發生了化學的作用。中國文化原有的個性可說沒有喪失，但所有第二周的中國人，無論口頭上禮佛與否，實際沒有一個人在他的宇宙人生觀上能完全逃脫佛教的影響。

第二周也可分為五期：

1. 南北朝、隋、唐、五代（383—960）；

2. 宋代（960—1279）；

3. 元、明（1279—1528）；

4. 晚明、盛清（1528—1839）；

5. **清末、中華民國** (公元 1839 年以下)。

第一周的時代各有專名，第二周的時代只以朝代為名。這並不是偶然的事。第二周的各代之間仍是各有特徵，但在政治社會方面一千五百年間可說沒有甚麼本質的變化，大體上只不過保守流傳秦漢帝國所創設的制度而已。朝代的更換很多，但除強弱的不同外，規模總逃不出秦漢的範圍。只在文物方面，如宗教、哲學、文藝之類，才有真正的演變。最近百年來，西化東漸，中國文化的各方面才受了絕大的衝動，連固定不變的政治社會制度也開始動搖。

南北朝 (「南北朝」在中國史學上是一個意義極其含混的名詞。《南史》與《北史》同為李延壽一人所撰，但《北史》始於拓跋魏成立的公元 386 年，終於隋亡的公元 618 年；《南史》始於劉宋成立的公元 420 年，終於陳亡的公元 589 年。所以《北史》的首尾都超過《南史》。關於南北朝的始點，有人用公元 386 年，有人用公元 420 年，又有人用魏統一北方的公元 439 年。關於終點，隋亡的年當然不可用，因為當時已非南北分立的局面；一般多用隋滅陳而統一天下的公元 589 年，可算非常恰當。關於南北朝的始點，很難武斷地規定。當然五胡起事的公元 304 年或東晉成立於江南的公元 317 年都可認為是南北分立的開始。但當初的局面非常混沌，一般稱此期為「五胡亂華」的時期，十分妥當。公元 386 與公元 420 兩年，除兩個朝代的創立之外，並沒有特殊的重要，公元 439 年又嫌太晚，都不應定為時代的開始。到淝水戰後，北方已很明顯地要長期喪於胡人，同時胡人也覺悟到長江天險的不易飛渡，南北分立的局面至此才算清楚，分立局面下種族與文化的醞釀調和也可說由此開始，所以我們不只把公元 383 年當為南北朝的開始年，並且定它為第二周的起發點)、隋、唐、五代是一個大的過渡、綜合與創造的時代。南北朝的二百年間，北方的胡族漸與漢人同化，同時江南的蠻人也大半被漢族所同化。到隋統一宇內的時候，天下已無嚴重的種族問題，所以這個新的漢族才能創造一個媲美秦、漢的大帝國。同時，在南北朝期間，新舊文化的競爭也在夷夏論辯與三教合一的口號之下得到結束。在漢

代，佛教並未被人注意，因為當時那仍是一個不足注意的外來勢力。到南北朝時佛教大盛。以儒、道為代表的舊文化開始感到外力的威脅，於是才向所謂夷狄之教下總攻擊。由《弘明集》中我們仍可想見當時新舊文化競爭的緊張空氣。這種競爭到種族混一成功時也就告一段落，佛教已與舊有的文化打成一片，無須再有激烈的爭辯。調和一切、包含一切的天台宗恰巧此時成立，並非偶然。同時，中國式的佛教的最早創作也於此時出現，就是有名的《大乘起信論》(見梁啟超《大乘起信論考證》)。偉大的隋、唐帝國與燦爛的隋、唐文化都可說是南北朝二百年醞釀的結果。

隋、唐的天子在內稱皇帝，對外稱「天可汗」，象徵新的帝國是一個原由胡、漢混成，現在仍由胡、漢合作的二元大帝國。所以外族的人才時常被擢用，在《唐書》的列傳裡我們可遇到很多的外族人。佛教的各派，尤其像華嚴宗、法相宗、禪宗一類或內容宏大或影響深遠的派別，都在此時發展到最高的程度。完全宗教化的淨土宗也在此時氾濫於整個的社會，尤其是平民的社會。在唐代文化結晶品的唐詩中，也有豐富的釋家色彩。

歷史上的平淡時代可以拉得很長，但光榮的時代卻沒有能夠持久的。隋、唐的偉大時代前後還不到二百年，安史之亂以後不只政治的強盛時期已成過去，連文化方面的發展也漸微弱。藩鎮、宦官與新的外禍使帝國的統一名存實亡；五代時的分裂與外禍不過是晚唐情形的表面化。在文化方面發生了復古的運動，韓愈、李翱一班人提倡一種新的儒教，以老牌的孔孟之道相號召。佛教雖仍能勉強維持，極盛的時期卻已過去，宋代的理學已經萌芽。所以南北朝、隋、唐、五代代表一個整個的興起、極盛與轉衰的文化運動。

　　宋代的三百年間是一個整理清算的時代。在政治社會方面，自從大唐的二元帝國破裂之後，中國總未能再樹立健全的組織，國力總不能恢復。二百年來的分裂割據局面到公元 960 年算是告一段落，但各種難題仍未解決。隋、唐短期間所實行的半徵兵制度的府兵早已破裂，軍隊又成了不負責任的流民集團。財政的紊亂與人民負擔的繁重也是一個極需下手解決的問題。隋、唐時代的科舉制度至此已成為死攻儒經的呆板辦法，真正的人才難以出現，國家的難題無人能出來應付。在這種種的情形之下，宋連一個最低限度的自然國境都不能達到，也無足怪。不只外族的土地，寸尺不能佔有，連以往混亂期間所喪失的河西與燕雲之地也沒有能力收復。這是中國本部東北與西北的國防要地，若操在外人手裡，中國北方的安全就時刻感到威脅。宋不只無力收復，並且每年還要與遼夏入貢（巧立名目為「歲幣」），才得苟安。

　　整個的中國顯然是很不健全，極需徹底地整頓。王安石變法代表一個面面俱到的整理計劃，處處都針對着各種積弊，以圖挽回中國的頹運。但消極、破壞與守舊的勢力太強，真正肯為革新運動努力的人太少，以致變法的運動完全失敗。不久中原就又喪於外人，宋只得又渡江偏安。最後連江南都不能保，整個的中國第一次亡於異族。

　　在思想方面也有同樣的整頓運動，並且這種企圖沒有像政治社會變法那樣完全失敗。無論衷心情願與否，中國總算已經接受了外來的佛教，永不能把它擯除。但人類一般的心理，無論受了別人如何大的影響，在口頭上多半不願承認。實際中國並未曾全部印度化，中國的佛教也不是印度的佛教，但連所吸收的一點印度成分中國也不願永久襲用外來的招牌。宋代理學的整頓工作，可說是一種調換招牌的運動。在以往，中國參考原有的思想，尤其是道家的思想，已創了一個

中國式的佛教。現在中國人要把這種中印合璧的佛教改頭換面，硬稱它為老牌的古典文化，就是儒教。宋代諸子最後調和了中國式的佛教、原有的道教與正統的儒教，結果產生了一種混合物，可稱為新儒教。這種結果的價值難以斷定，但最少不似政治社會方面整頓計劃的那樣明顯的失敗。

元、明兩代是一個失敗與結束的時代。一百年間整個的中國初次受制於外族。五胡、遼、金所未能實現的，至此由蒙古人達到目的。這是過度保守、過度鬆散的政治社會的當然命運。蒙古人並且與此前的外族不同，他們不要與中國同化，還要鼓勵漢人模仿蒙古的風俗習慣，學習蒙古的語言文字。所以中國不只在政治上失敗，文化上也感到空前的壓迫。但蒙古人雖不肯漢化，不久卻也腐化，所以不到百年就被推翻。

明是唐以後唯一的整個中國自治統一的時代，不只東北與西北的國防要地完全收復，並且塞外有軍事價值的土地也被併入帝國的範圍。這種局面前後維持了二百年，較宋代大有可觀。但這種表面上的光榮卻不能掩蓋內裡的腐敗。科舉制度最後僵化為八股文的技術，整個民族的心靈從此就被一套一套的口頭禪所封閉，再求一個經世的通才已辦不到。宋代還能產生一個王安石，到明代要找一個明了王安石的人已不可得。此外，政治的發展也達到腐敗的盡頭。廷杖是明代三百年間的絕大羞恥。明初誅戮功臣的廣泛與野蠻，也遠在西漢之上；漢高情有可原，明祖絕不可恕 (趙翼《廿二史劄記》卷三十二《胡藍之獄》)。成祖以下二百餘年間國家的大權多半操在宦官手中，宦官當權成了常制，不似漢唐的非常情形。有明三百年間，由任何方面看，都始終未上軌道，整個的局面都叫人感到是人類史上的一個大污點。並且很難

說誰應當對此負責。可說無人負責，也可說全體人民都當負責。整個民族與整個文化已發展到絕望的階段。

在這種普遍的黑暗之中，只有一線的光明，就是漢族閩粵系的向外發展，證明四千年來唯一雄立東亞的民族尚未真正地走到絕境，內在的潛力與生氣仍能打開新的出路。鄭和的七次出使，只是一種助力，並不是決定閩粵人南洋發展的主要原動力。鄭和以前已有人向南洋活動，鄭和以後，冒險殖民的人更加增多，千百男女老幼的大批出發並非例外的事 (趙翼《廿二史劄記》卷二十四[1]《海外諸番多內地人為通事》)。有的到南洋經商開礦，立下後日華僑的經濟基礎。又有的是冒險家，攻佔領土，自立為王。後來西班牙人與荷蘭人所遇到的最大抵抗力，往往是出於華僑與中國酋長。漢人本為大陸民族，至此才開始轉換方向，一部分成了海上民族，甚至可說是尤其寶貴難得的水陸兩棲民族！

元、明兩代的思想界也與政治界同樣的缺乏生氣。程朱思想在宋末已漸成正統的派別，明初正式推崇程朱之學，思想方面更難再有新的進展。到公元 1500 年左右，才出來一個驚人的天才，打破沉寂的理學界。王陽明是人類歷史上少見的全才。政治家、軍事家、學者、文人、哲學家、神秘經驗者，一身能兼這許多人格，並且面面獨到，傳統的訓練與八股的枷鎖並不能消磨他的才學，這是何等可驚的人物！他是最後有貢獻的理學家，也是明代唯一的偉人，他死的 1528 年可定為劃時代的一年。那正是明朝開始衰敗，也正是將來要推翻

---

1 應為卷三十四。（本書所選雷海宗先生文章，因先生所引用古籍版本與今日通行點校版本不同，故在卷次上存在不一致，此類情況，本書在保持原貌的基礎上，以腳註形式註明點校本卷次，以便讀者查閱。）—— 編者註

傳統中國的魔星方才出現的時候。約在他死前十年，葡萄牙人來到
中國的南岸。後來使第二周的中國土崩瓦裂的就是他們所代表的西
洋人。

晚明、盛清是政治文化完全凝結的時代。元、明之間仍有閩、粵
人的活動，王陽明的奇才，足以自負。明末以下的三百年間並沒有產
生一個驚人的天才，也沒有創造一件值得紀念的特殊事業，三世紀的
工夫都在混混沌沌的睡夢中過去。

明末的一百年間，海上的西洋人勢力日大，北方前後有韃靼、日
本與滿洲的三個民族興起。這四種勢力都有破滅日見衰頹的明朝的可
能。西洋人的主要視線仍在新大陸、印度與南洋，未暇大規模地衝入
中國，蒙古的韃靼在四種勢力中是最弱的，後來受了中國的牢籠，未
成大患。日本若非豐臣秀吉在緊要關頭死去，最少征服中國北部是很
可想見的事。最後成功的是滿洲，整個的中國第二次又亡於異族。但
滿人與蒙古人不同，並不想摧殘中國傳統的文化，他們自己也不反對
漢化。他們一概追隨明代的規模，一切都平平庸庸。但有一件大事，
可說是清政府對漢族的一個大貢獻，就是西南邊省的漢化運動。雲
南、貴州的邊地，雖在漢代就被征服，但一直到明代仍未完全漢化，
土司與苗族的勢力仍然可觀。清世宗用鄂爾泰的計劃，行改土歸流的
政策，鼓勵漢人大批移殖，勸苗人極力漢化，在可能的範圍內取消或
減少土司的勢力，增加滿漢流官的數目與權勢。至此雲、貴才可說與
中國本部完全打成一片。這雖不像明代閩粵興起的那樣重要，但在沉
寂的三百年間可說是唯一影響遠大的事件了。

王陽明以後，理學沒有新的進展。盛清時的智力都集中於訓詁考
據。這雖非沒有價值的工作，但不能算為一種創造的運動；任何創造

似乎已不是此期的人所能辦到。

鴉片戰爭以下的時代，至今還未結束，前途的方向尚不可知。但由百年來的趨勢，我們可稱它為傳統政治文化總崩潰的時代。中國民族與文化的衰徵早已非常明顯，滿人經過二百年的統治之後，也已開始腐化。在政治社會方面，不見有絲毫復興的希望；精神方面也無一點新的衝動。在這樣一個半死的局面之下，晴天霹靂，海上忽然來了一個大的強力。西洋有堅強生動的政治機構，有稟性侵略的經濟組織，有積極發展的文化勢力；無怪中國先是莫測高深，後又怒不可遏，最後一敗塗地。直到最近對於西洋的真相才有一個比較正確的認識。最足代表傳統文化的帝制與科舉都已廢除，都市已大致西洋化，鄉間西化的程度也必要日益加深。中國文化的第二周顯然已快到了結束的時候。但到底如何結束，結束的方式如何，何時結束，現在還很難說。在較遠的將來，我們是否還有一個第三周的希望？誰敢大膽地肯定或否定？

三、中國史與世界史的比較

以上中國歷史的分期不能說是絕對的妥當，但可算為一種以時代特徵為標準的嘗試分期法。專講中國史，或者看不出這種分期有何特殊的用處，但我們若把中國史與其他民族的歷史比較一下，就可發現以前所未覺得的道理。由人類史的立場看，中國歷史的第一周並沒有甚麼特別，因為其他民族的歷史中都有類似的發展。任何文化區，大概起初總是分為許多部落或小國家，多少具有封建的意味。後來這些小國漸漸合併為少數的大國，演成活潑生動的國際局面。最後大國間

互相兼併，一國獨盛，整個的文化區併為一個大帝國。這種發展，在以往的時候可說是沒有例外的。在比較研究各民族的歷史時，整個文化區的統一是一個不能誤會的起發點。統一前的情形往往過於混亂，因為史料缺乏，頭緒常弄不清。並且有的民族關於統一前能有二千年或二千年以上的史料，例如埃及與巴比倫；有的民族就幾乎全無可靠的史料，例如印度。但這是史料存亡的問題，不是史跡演化的問題。史料全亡，並不足證明時代的黑暗或不重要。關於統一前的史料，知道比較清楚的，大概是埃及、希臘、羅馬與中國的三個例子。由這三個文化區歷史的比較，我們大致可說民族間發展的大步驟都有共同點可尋，並且所需時間的長短也差不多。希臘各小國的定居約在公元前 1200 年，帝國的實現約在公元前 100 年（普通的書都以第一個皇帝出現的公元前 31 年或前 30 年為羅馬帝國開始的一年。實際在公元前 100 年左右整個的地中海區已經統一，帝國已經成立），前後約一千一百年的工夫。中國由盤庚到秦併六國也是一千一百年。埃及最早定局似在公元前 3000 年—前 2800 年間，統一約在公元前 1600 年，前後約一千二百至一千四百年的工夫，較前兩例略長，但埃及的年代至今尚多不能確定。我們可說一個文化區由成立到統一，大致不能少於一千年，不能多於一千五百年。以此類推，其他民族的歷史可以大體斷定。例如關於印度帝國成立前的歷史，除了北部被希臘人一度征服外，我們幾乎一件具體的事都不知道。但印度帝國成立於公元前 321 年，所以我們可推斷雅利安人在印度北部定居，建設許多小國，大概是在公元前 1400 年或略前。關於巴比倫的歷史，地下的發現雖然不少，但頭緒非常混亂，年代遠不如埃及的清楚。但巴比倫帝國成立於公元前 2100 年—前 2000 年間，所以我們可知巴比倫地域最初呈現定局是在公元前 3100 年或略前（回教文化的問題過於複雜，爭點太多，為免牽涉太遠，本文對回教的歷史一概從略。對此問

題有興趣的人可參考 Oswald Spengler 著 Decline of the West 與 Amold J.Toynbee 著 A Study of History）。這種由詳知的例子推求不詳的例子的方法，是我們細密分期的第一個收穫。

這個方法雖不能叫我們未來先知，但或可使我們對將來的大概趨勢能比較認清。今日世界上最活動的文化當然是最初限於歐西、今日普及歐美並氾濫於全球的西洋文化。如果可能，我們很願知道這個有關人類命運的文化的前途。如果西洋文化不是例外，它大概也終久要演到統一帝國的階段。但這件事何時實現，比較難說，因為西洋文化當由何時算起，仍無定論。西洋文化的降生，在西羅馬帝國消滅以後，大概無人否認，但到底當由何年或何世紀算起，就有疑問了。我們可改變方法，從第一時代的末期算起。一個文化區都以封建式的分裂局面為起發點。這種局面在中國結束於公元前 770 年左右，距秦併天下為五百五十年的工夫。在希臘，這種局面（一般稱為「王制時代」）約在公元前 650 年左右結束，距羅馬帝國的成立也為五百五十年。埃及方面因史料缺乏，可以不論，但中國與希臘的兩例如此巧合，我們以它為標準或者不致大誤。西洋封建與列國並立的兩時代，一般以公元 1500 年左右為樞紐；以此推算，西洋大帝國的成立當在公元 2050 年左右[1]，距今至少尚有一世紀的工夫。西洋現在正發展到中國古代戰國中期的階段。今日少數列強的激烈競爭與雄霸世界，與多數弱小國家的完全失去自主的情形，顯然是一個擴大的戰國；未來的大局似乎除統一外，別無出路。

我們以上所講的兩點，都限於所謂文化的第一周。第二周尚未談及，因為中國文化的第二周在人類史上的確是一個特殊的例外。沒

---

1 本文初創於民國時期，其推算分析僅供參考。—— 編者註

有其他的文化，我們能確切地說它曾有過第二周返老還童的生命。
埃及由帝國成立到被波斯征服（公元前 525 年）因而漸漸消滅，當中只有
一千一百年的工夫。巴比倫由帝國成立到被波斯征服（公元前 539 年）與
消亡最多也不過有一千五百年左右的工夫。羅馬帝國，若以西部計
算，由成立到滅亡（一般定為公元 476 年）尚不到六百年。所謂東羅馬帝
國實際已非原來希臘羅馬文化的正統繼承者，我們即或承認東羅馬的
地位，羅馬帝國由成立到滅亡（公元 1453 年）也不過一千五百五十年的
工夫。中國由秦併六國到今日已經過二千一百五十餘年，在年代方面
不是任何其他文化所能及的。羅馬帝國一度衰敗就完全消滅，可以不
論。其他任何能比較持久的文化在帝國成立以後也沒有能與中國第二
周相比的偉大事業。中國第二周的政治當然不像第一周那樣健全，並
且沒有變化，只能保守第一周末期所建的規模，但二千年間大體能維
持一個一統帝國的局面，保持文化的特性，並在文化方面能有新的進
展與新的建設，這是人類史上絕無僅有的奇事。其他民族，不只在政
治上不能維持如此之長，並且在文化方面也絕沒有這種二度的生命。
我們傳統的習性很好誇大，但以往的誇大多不中肯；能創造第二周的
文化才是真正值得我們自誇於天地間的大事。好壞是另一問題，第二
周使我們不滿意的地方當然很多，與我們自己的第一周相比也有遜
色。但無論如何，這在人類史上是只有我們曾能做出的事，可以自負
而無愧。

　　唯一好似可與中國相比的例子就是印度。印度帝國的成立比中國
還早一百年，至今印度文化仍然存在。但自阿育王的大帝國（公元前 3
世紀）衰敗之後，印度永未盛強。帝國成立約四百年後，在公元 100 年
左右，印度已開始被外族征服，從此永遠未得再像阿育王時代的偉大
與統一，也永不能再逃出外族的羈絆。此後只有兩個真正統一的時

代，就是 16 與 17 世紀間的莫臥兒帝國與近來英國統治下的印度帝國，都是外族的勢力。在社會方面，佛教衰敗後所凝結成的四大階級與無數的小階級，造出一種有組織而分崩離析的怪局。即或沒有外族進攻，印度內部互相之間的一筆糊塗賬也總算不清。所以在政治方面印度不能有第二周。在宗教與哲學方面，印度近二千年間雖非毫無進展，但因印度人缺乏歷史的觀念，沒有留下清楚可靠的史料，我們只有一個混沌的印象，不能看出像中國佛教與理學發展的明晰步驟。所以在文化方面，中國與印度也無從比較。第二周仍可說是我們所獨有的事業。

這種獨到的特點，可使我們自負，同時也叫我們自懼。其他民族的生命都不似中國這樣長，創業的期間更較中國為短，這正如父母之年長叫我們「一則以喜，一則以懼」。據普通的說法，喜的是年邁的雙親仍然健在，懼的是脆弱的椿萱不知何時會忽然折斷。我們能有他人所未曾有的第二周，已是「得天獨厚」。我們是不是能創出尤其未聞的新紀錄，去建設一個第三周的偉局？

無兵的文化
（節選）

雷海宗

一、政治制度之凝結

二、中央與地方

三、文官與武官

四、朝代交替

　　著者前撰《中國的兵》[1]，友人方面都說三國以下所講的未免太簡，似乎有補充的必要。這種批評著者個人也認為恰當。但二千年來的兵本質的確沒有變化。若論漢以後兵的史料，正史中大半都有兵志，正續通考中也有系統的敘述，作一篇洋洋大文並非難事。但這樣勉強敘述一個空洞的格架去湊篇幅，殊覺無聊。反之，若從側面研究，推敲二千年來的歷史有甚麼特徵，卻是一個意味深長的探求。

　　秦以上為自主、自動的歷史，人民能當兵，肯當兵，對國家負責任。秦以下人民不能當兵，不肯當兵，對國家不負責任，因而一切都不能自主，完全受自然環境（如氣候、饑荒等等）與人事環境（如人口多少、

---

1 指雷海宗於 1935 年 10 月發表在《社會科學》第 1 卷第 1 期的文章。—— 編者註

人才有無，與外族強弱等等）的支配。

秦以上為動的歷史，歷代有政治社會的演化更革。秦以下為靜的歷史，只有治亂騷動，沒有本質的變化，在固定的環境之下，輪迴式的政治史一幕一幕地更迭排演，演來演去總是同一齣戲，大致可說是漢史的循環發展。

這樣一個完全消極的文化，主要的特徵就是沒有真正的兵，也就是說沒有國民，也就是說沒有政治生活。為簡單起見，我們可以稱它為「無兵的文化」。無兵的文化，輪迴起伏，有一定的法則，可分幾方面討論。

一、政治制度之凝結

歷代的政治制度雖似不同，實際只是名義上的差別。官制不過是漢代的官制，由一朝初盛到一朝衰敗期間，官制上所發生的變化也不能脫離漢代變化的公例。每朝盛期都有定制，宰相的權位尤其重要，是發揮皇權的合理工具，甚至可以限制皇帝的行動。但到末世，正制往往名存實亡，正官失權，天子的近臣如宦官、外戚、幸臣、小吏之類弄權專政，宰相反成虛設。專制的皇帝很自然地不願信任重臣，因為他們是有相當資格的人，時常有自己的主張，不見得完全聽命。近臣地位卑賤，任聽皇帝吩咐，所以獨尊的天子也情願委命寄權，到最後甚至皇帝也無形中成了他們的傀儡。

例如漢初高帝、惠帝、呂后、文帝、景帝時代的丞相多為功臣，皇帝對他們也不得不敬重。他們的地位鞏固，不輕易被撤換。蕭何在相位十四年，張蒼十五年，陳平十二年，這都是後代少見的例子。蕭何、曹參、陳平、灌嬰、申屠嘉五個丞相都死在任上，若不然年限或

者更長（俱見《漢書》卷十九下《百官公卿表下》）。

　　丞相在自己權限範圍以內的行動，連皇帝也不能過度干涉。例如申屠嘉為相，一日入朝，文帝的幸臣鄧通在皇帝前恃寵怠慢無禮，丞相大不滿意，向皇帝發牢騷：「陛下幸愛群臣，則富貴之。至於朝廷之禮，不可以不肅！」文帝只得抱歉地答覆：「君勿言，吾私之。」但申屠嘉不肯放鬆，罷朝之後回相府，正式下檄召鄧通，並聲明若不即刻報到就必斬首。鄧通大恐，跑到皇帝前求援，文帝叫他只管前去，待危急時必設法救應。鄧通到相府，免冠赤足，頓首向申屠嘉謝罪，嘉端坐自如，不肯回禮，並聲色俱厲地申斥一頓：

> 夫朝廷者，高皇帝之朝廷也。通小臣，戲殿上，大不敬，當斬！吏今行斬之！

「大不敬」在漢律中是嚴重的罪名，眼看就要斬首。鄧通頓首不已，滿頭出血，申屠嘉仍不肯寬恕。文帝計算丞相的脾氣已經發作到滿意的程度，於是遣使持節召鄧通，並附帶向丞相求情：「此吾弄臣，君釋之！」鄧通回去見皇帝，一邊哭，一邊訴苦：「丞相幾殺臣！」（《漢書》卷四十二《申屠嘉傳》）

　　這幕活現的趣劇十足地表明漢初丞相的威風，在他們行使職權的時候連皇帝也不能干涉，只得向他們求情，後來這種情形漸漸變化。武帝時的丞相已不是功臣，因為功臣已經死盡。丞相在位長久或死在任上的很少，同時有罪自殺或被戮的也很多。例如李蔡、莊青翟、趙周、公孫賀、劉屈氂都不得善終（《漢書》卷五十八《公孫弘傳》，卷六十六《公孫賀傳》《劉屈氂傳》）。並且武帝對丞相不肯信任，相權無形減少。丞相府原有客館，是丞相收養人才的館舍。武帝的丞相權小，不能多薦人，客館荒涼，無人修理；最後只得廢物利用，將客館改為馬廄、車庫或奴婢室（《漢書》卷五十八《公孫弘傳》）！

　　武帝似乎故意用平庸的人為相，以便於削奪相權。例如田千秋本是關中高帝廟的衛寢郎，無德無才，只因代衛太子訴冤，武帝感悟，於是就拜千秋為大鴻臚，數月之間拜相封侯。一言而取相位，這是連小說家都不敢輕易創造的奇聞。這件事不幸又傳出去，貽笑外國。漢派使臣聘問匈奴，單于似乎明知故問：「聞漢新拜丞相。何用得之？」使臣不善辭令，把實話說出，單于譏笑說：「苟如是，漢置丞相非用焉也，妄一男子上書即得之矣！」這個使臣忠厚老實，回來把這話又告訴武帝。武帝大怒，認為使臣有辱君命，要把他下獄治罪。後來一想不妥當，恐怕又要貽笑大方，只得寬釋不問（《漢書》卷六十六《車千秋傳》）。

　　丞相的權勢降低，下行上奏的文件武帝多託給中書謁者令。這是皇帝左右的私人，並且是宦官。這種小人「領尚書事」，丞相反倒無事可做。武帝晚年，衛太子因巫蠱之禍自殺，昭帝立為太子，年方八歲，武帝非託孤不可。於是就以外戚霍光為大司馬大將軍，領尚書事，受遺詔輔政（《漢書》卷六《武帝紀》，卷六十八《霍光傳》）。大司馬大將軍是天下最高的武職，領尚書事就等於「行丞相事」，是天下最高的政權。武帝一生要削減相權，到晚年有意無意間反把相權與軍權一併交給外戚。從此西漢的政治永未再上軌道。皇帝要奪外戚的權柄就不得不引用宦官或幸臣，最後仍歸失敗，漢的天下終被外戚的王莽所篡。至於昭帝以下的丞相，永久無聲無息，大半都是老儒生，最多不過是皇帝備顧問的師友，並且往往成為貴戚的傀儡。光武中興，雖以恢復舊制相標榜，但丞相舊的地位永未恢復，章帝以後的天下又成了外戚、宦官交互把持的局面。

　　後代官制的變化，與漢代如出一轍。例如唐朝初期三省的制度十分完善。尚書省總理六部行政事宜，尚書令或尚書僕射為正宰相。門

下待中[1]可稱為副宰相，審查詔敕，並得封駁奏抄詔敕。中書令宣奉詔敕，也可說是副宰相。但高宗以下天子左右的私人漸漸用「同中書門下平章事」的名義奪取三省的正權，這與漢代的「領尚書事」完全相同（《新唐書》卷四十六《百官志一》，卷四十七《百官志二》）。

唐以後壽命較長的朝代也有同樣的發展。宋代的制度屢次改革，但總的趨勢也與漢、唐一樣。南渡以後，時常有臨時派遣的御營使或國用使一類的名目，操持宰相的實權。明初有中書省，為宰相職。明太祖生性猜忌，不久就廢宰相，以殿閣學士勉強承乏。明朝可說是始終沒有宰相，所以宦官才能長期把持政治。明代的演化也與前代相同，只不過健全的宰相當權時代未免太短而已。滿清以外族入主中國，制度和辦法都與傳統的中國不全相同，晚期又與西洋接觸，不得不稍微模仿改制。所以清制與歷來的通例不甚相合。

歷朝治世與亂世的制度不同，丞相的權位每有轉移。其時間常發生一個有趣的現象：就是前代末期的亂制往往被後代承認為正制。例如尚書、中書、門下三省，乃是漢末魏晉南北朝亂世的變態制度；但唐代就正式定它為常制。樞密院本是唐末與五代的反常制度，宋朝也定它為正制。但這一切都不過是名義。我們研究歷代的官制，不要被名稱所誤。兩代可用同樣的名稱，但性質可以完全不同。每代有合乎憲法的正制，有小人用事的亂制。各朝的正制有共同點，亂制也有共同點；名稱如何，卻是末節。盛唐的三省等於漢初的丞相，與漢末以下演化出來的三省全不相同。以此類推，研究官制史的時候就不致被空洞的官名所迷惑了。

---

1 應為「侍中」。——編者註

二、中央與地方

宰相權位的變化，二千年間循環反覆，總演不出新的花樣。變化的原動力是皇帝與皇帝左右的私人，與天下的人民全不相干。這在一個消極的社會是當然的事。

中央與地方的關係，秦、漢以下也有類似的定例。太平時代，中央政府大權在握，正如秦、漢的盛世一樣。古代封建制度下的階級到漢代早已消滅。階級政治過去後，按理可以有民眾政治出現；但實際自古至今在任何地方也沒有發生過真正的全民政治，並且在階級消滅後總是產生個人獨裁的皇帝政治，沒有階級的社會，無論在理論上如何美善，實際上總是一盤散沙。個人、家族以及地方的離心力非常強大，時時刻刻有使天下瓦解的危險。社會中並沒有一個健全的向心力，只有專制的皇帝算是勉強沙粒結合的一個不很自然的勢力。地方官必須由皇帝委任，向皇帝負責，不然天下就要分裂混亂。並且二千年來的趨勢是中央集權的程度日愈加深。例如漢代地方官只有太守是直接由皇帝任命，曹掾以下都由太守隨意選用本郡的人。南北朝時，漸起變化。隋就正式規定大小地方官都受命於朝廷，地方官迴避鄉土的制度無形成立 (顧炎武《日知錄》卷八《掾屬》)。若把這種變化整個認為是由於皇帝或吏部願意攬權，未免因果倒置。主要的關係恐怕還是因為一般的人公益心日衰，自私心日盛，在本鄉做官弊多利少，反不如外鄉人還能比較公平客觀。所以與其說皇帝願意絕對集權，不如說他不得不絕對集權。

亂世的情形正正相反。帝權失墜，個人、家族與地方由於自然的離心力又恢復了本質的散沙狀態。各地豪族、土官、流氓、土匪的無理的專制代替了皇帝一人比較合理的專制。漢末三國時代與安史亂後

的唐朝和五代十國都是這種地方官專擅的好例；最多只維持一個一統
的名義，往往名義上也為割據。例如唐的藩鎮擅自署吏，賦稅不解中
央，土地私相授受，甚至傳與子孫（《新唐書》卷五〇《兵志》，卷二一〇《藩鎮列
傳》）。這並不是例外，以前或以後的亂世也無不如此。在這種割據時
代，人民受的痛苦，由民間歷來喜歡傳誦的「寧作太平犬，勿作亂世
民」的話，可以想見。亂世的人無不希望真龍天子出現，因為與地方
小朝廷的地獄比較起來，受命王天下的政治真是天堂。

　　宋以下好似不大見到割據的局面，但這只是意外原因所造出的表
面異態，北宋未及內部大亂，中原就被外族征服。南宋也沒有得機會
形成內部割據，就被蒙古人吞併。這都是外來的勢力使中國內部不得
割據的例證。元末漢人驅逐外族，天下大亂，臨時又割據起來。明末
流寇四起，眼看割據的局面就要成立，恰巧滿清入關，中國又沒有得
內部自由搗亂。清末民初割據的局面實際已經成立，只因在外族勢力
的一方面威脅、一方面維持之下，中國不得不勉強擺出一個統一的面
目。所以在北京政府命令不出國門的時候，中國名義上仍是一個大一
統的「中華民國」。最近雖略有進步，這種情形仍未完全過去。所以
宋以下歷史的趨勢與從前並無分別；只因外族勢力太大，內在的趨勢
不得自由活動而已。

三、文官與武官

　　文官、武官的相互消長也與治亂有直接的關係。盛世的文官重於
武官，同品的文武二員，文員的地位總是高些。例如漢初中央三公中
的丞相高於太尉，地方的郡守高於郡尉，全國的大權一般講來也都操
在文吏的手中（《漢書》卷十九上《百官公卿表上》）。又如唐初處宰相地位的三

省長官全為文吏，軍權最高的兵部附屬於尚書省，唐制中連一個與漢代太尉相等的武官也沒有（《新唐書》卷四十六《百官志一》，卷四十七《百官志二》）。

　　獨裁的政治必以武力為最後的基礎。盛世是皇帝一人的武力專政，最高的軍權操於一手，皇帝的實力超過任何人可能調動的武力。換句話說，皇帝是大軍閥，實力雄厚，各地的小軍閥不敢不從命。但武力雖是最後的條件，直接治國卻非用文官不可；文官若要合法地行政，必須不受皇帝以外任何其他強力的干涉支配；若要不受干涉，必須有大強力的皇帝作後盾。所以治世文勝於武，只是一般地講；歸結到最後，仍是強力操持一切。這個道理很明顯，歷史上的事實也很清楚，無須多贅。中國歷史上最足以點破這個道理的就是宋太祖杯酒解兵權的故事：

　　　　乾德初，帝因晚朝與守信等飲酒。酒酣，帝曰：「我非爾曹不及此，然吾為天子殊不若為節度使之樂，吾終夕未嘗安枕而臥！」

　　　　守信等頓首曰：「今天命已定，誰復敢有異心？陛下何為出此言邪？」

　　　　帝曰：「人孰不欲富貴？一旦有以黃袍加汝之身，雖欲不為，其可得乎？」

　　　　守信等謝曰：「臣愚不及此，惟陛下哀矜之！」

　　　　帝曰：「人生駒過隙爾，不如多積金帛田宅以遺子孫，歌兒舞女以終天年，君臣之間無所猜嫌，不亦善乎？」

　　　　守信謝曰：「陛下念及此，所謂生死而肉骨也！」

　　　　明日皆稱病，乞解兵權。帝從之，皆以散官就第，賞賚甚厚。（《宋史》卷二五〇《石守信傳》）

宋初經過唐末五代的長期大亂之後，求治的心甚盛，所以杯酒之

間大軍閥能將小軍閥的勢力消滅。此前與此後的開國皇帝沒有這樣便宜，他們都須用殘忍的誅戮手段或在戰場上達到他們的目的。

亂世中央的大武力消滅，離心力必然產生許多各地的小武力。中央的軍隊衰弱，甚至消滅；有力的都是各地軍閥的私軍。這些軍閥往往有法律的地位，如東漢末的州牧都是朝廷的命官，但實際卻是獨立的軍閥 (《後漢書》卷一〇四 [1]《袁紹傳》)。唐代的藩鎮也是如此。此時地方的文官仍然存在，但都成為各地軍閥的傀儡，正如盛世的文官都為大軍閥 (皇帝) 的工具一樣。名義上文官或仍與武官並列，甚或高於武官；但實情則另為一事。例如民國初年各省有省長，有督軍，名義上省長高於督軍；但省長的傀儡地位在當時是公開的秘密。並且省長常由督軍兼任，更見得省長的不值錢了。

亂世軍閥的來源，古今也有公例。最初的軍閥本多是中央的巡察使，代中央監察地方官，本人並非地方官。漢的刺史、州牧當初是巡閱使，並非行政官 (《漢書》卷十九上《百官公卿表上》)。唐代節度使的前身有各種的監察使，也與漢的刺史一樣。後來設節度使，兵權雖然提高，對地方官仍是處在巡閱的地位；只因兵權在握，才無形中變成地方官的上司 (《新唐書》卷五〇《兵志》，卷二一〇《藩鎮列傳》)。這種局面一經成立，各地的強豪、土匪以及外族都可趁火打劫而成軍閥。如漢末山賊張燕橫行河北諸郡，朝廷不能討，封為平難中郎將，領河北諸山谷事，每年並得舉孝廉 (《後漢書》卷一〇一 [2]《朱俊傳》)。唐末天下大亂，沙陀乘機發展，以致引起後日五代時期的沙陀全盛局面 (《新唐書》卷二一八《沙陀傳》)。這些新軍閥都是巡察官的軍閥制度成立後方才出現的。

---

1 應為《後漢書》卷七十四。——編者註
2 應為《後漢書》卷七十一。——編者註

四、朝代交替

「話說天下大勢，分久必合，合久必分。」誰都知道這是《三國志演義》的開場白，也可說是二千年來中國歷史一針見血的口訣。一治一亂之間，並沒有政治社會上真正的變化，只有易姓王天下的角色更換。我們在以上各節所講的都是治世與亂世政治社會上各種不同的形態，但沒有提到為何會有這種循環不已的單調戲劇。朝代交替的原因或者很複雜，但主要的大概不外三種，就是皇族的頹廢、人口的增長與外族的遷徙。

第一種是個人的因素，恐怕不很重要；但因傳統的史籍上多偏重這一點，我們不妨略為談及。皇族的頹廢化是一個自然的趨勢，有兩方面：一是生物學的或血統的，一是社會學的或習慣的。任何世襲的階級，無論人數多少，早晚總要遇到一個無從飛渡的難關，就是血統上的退化。從古至今沒有一個貴族階級能維持長久，原因雖或複雜，但血統的日趨退化必是一個很重要的原因。法國革命前的貴族都是新貴，中古的貴族都已死淨或墮落。今日英國的貴族能上溯到法國革命時代的已算是老資格的了。至於貴族中的貴族(王族或皇族)因受制度的維護，往往不至短期間就死淨或喪失地位，但血統上各種不健全的現象卻無從避免。百年戰爭時代(14與15世紀間)的法國王族血統中已有了深重的神經病苗。今日歐洲各國的王族幾乎沒有一個健全的；只因實權大多不操在王手，所以身體上與神經上的各種缺陷無關緊要。但中國自秦、漢以下是皇帝專制的局面，皇帝個人的健全與否對於天下大局有很密切的關係。低能或愚昧的皇帝不只自己可走錯步，他更容易受人包圍利用。中國歷代亂時幾乎都有這種現象。至於血統退化的原因，那是生物學與優生學的問題，本文無須離題多贅。

　　皇族的退化不只限於血統，在社會方面皇帝與實際的人生日愈隔離，也是一個大的弱點。創業的皇帝無論是否布衣出身，但總都是老經世故、明了社會情況的領袖，所以不至受人愚弄。後代的皇帝生長在深宮之中，從生到死往往沒有見過一個平民的面孔，對人民的生活全不了解。例如晉惠帝當天下荒亂、百姓餓死的時候，曾說：「何不食肉糜？」（《晉書》卷四《惠帝紀》）法國革命時巴黎餓民發生麵包恐慌，路易第十六世的美麗王后也曾問過：「他們為何不吃糕餅？」這樣的一個皇帝，即或身心健全，動機純粹，也難以合理地治理國家，必不免為人包圍利用；若再加上血統的腐化，就更不必說了。

　　皇族的退化只是天下大亂的一個次要原因。由中國內部的情形來講，人口的增長與生活的困難恐怕是主要的原因。由外部的情形來講，氣候的變化與遊牧民族的內侵是中國朝代更換的主要原因。大地上的氣候似乎是潮濕期與乾燥期輪流當位。潮濕期農產比較豐裕，生活易於維持，世界上各民族間不致有驚人的變動。乾燥期間土著地帶因出產減少，民生日困。並且經過相當長的潮濕期與太平世之後，人口往往已達到飽和狀態，農收豐裕已難維生，氣候若再忽然乾燥，各地就立刻要大鬧饑荒。所以內在的因素已使土著地帶趨向混亂。同時沙漠或半沙漠地帶的遊牧民族因氣候驟變，生活更難維持；牛羊大批地餓死，寄生的人類也就隨着成了餓殍。遊牧民族在平時已很羨嫉土著地帶的優裕生活，到了非常時期當然要大批地衝入他們心目中的樂國。古今來中國的一部或全部被西北或東北的外族征服，幾乎都在大地氣候的乾燥時期。這絕不是偶然的事（關於氣候變化與遊牧民族遷徙的問題，可參考 Ellsworth Huntington 教授的各種著作，最重要的是 *Civilization and Climate*；*The Pulse of Asiu*；*Character of Races*）。

中外的春秋時代

雷海宗

一

春秋時代，在任何高等文化的發展上，都可說是最美滿的階段。它的背景是封建，它的前途是戰國。它仍保有封建時代的俠義與禮數，但已磨掉封建的混亂與不安；它已具有戰國時代的齊整與秩序，但尚未染有戰國的緊張與殘酷。人世間並沒有完全合乎理想的生活方式與文化形態，但在人力可能達到的境界中，春秋時代可說是與此種理想最為相近的。

春秋背景的封建時代，是文化發展上的第一個大階段。由制度方面言，封建時代有三種特徵。第一，政治的主權是分化的。在整個的文化區域之上，有一個最高的政治元首，稱王（如中國的殷周），或稱皇帝（如歐西的所謂中古時代）。但這個元首並不能統治天下的土地與人民，雖然大家在理論上或者承認「普天之下，莫非王土；率土之濱，莫非王臣」。他所直轄的，只有天下土地一小部分的王畿，並且在王畿之內，也有許多卿大夫的采邑維持半獨立的狀態。至於天下大部的土地，都分封給許多諸侯，諸侯實際各自為政，只在理論上附屬於帝

王。但諸侯在封疆之內也沒有支配一切的權力，他只自留國土的一小部分，大部土地要封與許多卿大夫，分別治理。卿大夫在自己的采邑之上，也非絕對的主人，采邑的大部又要分散於一批家臣的手中。家臣又可有再小的家臣。以此類推，在理論上，封建貴族的等級可以多至無限，政治的主權也可一層一層地分化，以至無窮。實際的人生雖然不似數學的理論，但封建政治之與「近代國家」正正相反，是非常顯明的事實。

封建時代的第二個特徵，是社會階級的法定地位。人類自有史以來，最少自新石器時代的晚期以來，階級的分別是一個永恆的事實。但大半的時期，這種階級的分別只是實際的，而不是法律所承認並且清清楚楚規定的。只有在封建時代，每個人在社會的地位、等級、業務、權利、責任，是由公認的法則所分派的。

封建時代的第三個特徵是經濟的，就是所有的土地都是采邑，而非私產。自由買賣，最少在理論上不可能，實際上也是不多見的。所有的土地都是一層一層地向下分封，分封的土地就是采邑。土地最後的用處，當然是糧食的生產。生產糧食是庶民農夫的責任，各級的貴族，由帝王以及極其微賤的小士族，都把他們直接支配的一部土地，分給農夫耕種。由這種農業經濟的立場看，土地稱為井田（中國）或佃莊（歐西）。此中也有「封」的意味，絕無自由買賣的辦法，井田可說是一種授給農夫的「采」，不過在當時「封」或「采」一類的名詞只應用於貴族間的關係上，對平民不肯援用此種高尚的文字而已。

總括一句：封建時代沒有統一的國家，沒有自由流動的社會，沒有自然流通的經濟。當時的政治與文化，都以貴族為中心。貴族漸漸由原始的狀態建起一種豪俠的精神與義氣的理想，一般的赳赳武夫漸

漸為斯文禮儀的制度所克服，成了文武兼備的君子。但在這種發育滋長的過程中，政治社會的各方面是不免混亂的，小規模的戰事甚為普遍，一般人的生活時常處在不安的狀態中。

封建時代，普通約有五六百年。封建的晚期，當初本不太強的帝王漸漸全成傀儡，把原有的一點權力也大部喪失。各國內部的卿大夫以及各級的小貴族也趨於失敗。奪上御下，佔盡一切利益的，是中間的一級，就是諸侯（中國）或國王（歐西）。最後他們各把封疆之內完全統一，使全體的貴族都聽他們指揮，同時他們自己卻完全脫離了天下共主的羈絆。列國的局面成立了，這就是春秋時代。

二

主權分化的現象，到春秋時代已不存在。整個的天下雖未統一，但列國的內部卻是主權集中的。社會中的士庶之分，在理論上仍然維持，在政治上各國輔助國君的也以貴族居多。但實際平民升為貴族已非不可能，並且也不太難。在經濟方面，井田的制度也未正式推翻，但自由買賣的風氣已相當地流行。各國內部既已統一，小的紛亂當然減少到最低的限度；至此只有國際間的戰爭，而少見封建時代普遍流行的地方戰亂。真正的外交，也創始於此時。貴族的俠義精神與禮節儀式發展到最高的程度。在不與國家的利益衝突的條件之下（有時即或小有衝突，也不要緊），他們對待國界之外的人也是儘量的有義有禮。國際的戰爭，大致仍很公開，以正面的衝突為主，奇謀詭計是例外的情形。先要定期請戰，就是後世所謂「下戰書」，就是歐西所謂宣戰。「不宣而戰」是戰國時代的現象，春秋時代絕不如此無禮。晉楚戰於城濮，楚帥成得臣向晉請戰：「請與君之士戲，君馮軾而觀之，得臣與

寓目焉。」這幾句話，説得如何地委曲婉轉！晉文公派人回答説：「寡君聞命矣——敢煩大夫謂二三子，戒爾車乘，敬爾君事，詰朝請見。」答辭也可説與請戰辭針鋒相對。

　　戰爭開始之前，雙方都先排列陣勢，然後方才開戰，正如足球戲的預先安排隊形一樣。有的人甚至寧可自己吃虧，也不攻擊陣勢未就的敵人。宋襄公與楚戰於泓水，宋人已成列，楚人尚未渡水。有人勸襄公乘楚人半渡而突擊敵軍，宋君不肯。楚軍渡水，陣勢未成又有人勸他利用機會，他仍拒絕。最後宋軍戰敗，襄公自己也受了傷，並且後來因傷致死。這雖是一個極端的例，但卻可代表春秋時代的俠義精神，與戰國時代唯利是圖的風氣大異其趣。

　　春秋時代的戰爭，死傷並不甚多，戰場之上也有許多的禮數。例如晉楚戰於邲，晉人敗逃，楚人隨後追逐。晉軍中一輛戰車忽然停滯不動。後隨的楚車並不利用機會去擒俘，反指教晉人如何修理車輛，以便前進。修好之後，楚人又追，終於讓晉軍逃掉！

　　雖在酣戰之中，若見對方的國君，也當在環境許可的範圍內恭行臣禮。晉楚戰於鄢陵，晉將郤至三見楚王，每見必下車，免首胄而急走以示敬。楚王於戰事仍然進行之中，派人到晉軍去慰勞，郤至如此不厭再三的行禮，郤至與楚使客氣了半天，使臣才又回楚軍。在同一的戰役中，晉欒鍼看見楚令尹子重的旌旗，就派人過去送飲水，以示敬意。子重接飲之後，送晉使回軍，然後又擊鼓前進。兩次所派到對方的都是「行人」，正式的外交使臣，行人的身命在任何情形下都是神聖不可侵犯的。

　　歐西的春秋時代，就是宗教改革與法國革命間的三個世紀，普通稱為舊制度時代。歐西人對於利益比較看重，沒有宋襄公一類的人，但封建時代的禮儀俠氣也仍然維持。例如當時凡是兩國交兵，除當然

經過宣戰的手續與列陣的儀式之外，陣成之後，兩方的主帥往往要到前線會面，互示敬意，說許多的客套話，最後互請先行開火。過意不去的一方，只得先動手，然後對方才開始還擊。到法國革命之後，就絕不再見此種不可想像的傻事了！

　　除較嚴重的戰爭場合外，一般士君子的日常生活也都以禮為規範。不只平等的交際如此，連國君之尊，對待臣下也要從禮。例如臣見君行禮，君也要還禮，不似後世專制皇帝的呆坐不動而受臣民的伏拜。大臣若犯重罪，當然有國法去追究。但在應對之間，若小有過失，或犯了其他不太嚴重的錯誤，國君往往只當未見未聞。路易第十四世，是歐西春秋時代的典型國君。他的最高慾望，就是做整個法國甚至整個歐洲最理想的君子。有一次一位大臣當面失態，使路易幾至怒不可遏。但他仍壓抑心中的怒火，走到窗前，把手中的杖擲之戶外，回來說：「先生，我本想用杖打你的！」

　　英國伊麗莎白女王的名臣菲力普‧西德尼爵士是當時的典型君子。舉止行動，言談應對，對上對下，事君交友，一切無不中節。男子對他無不欽羨，女子見他無不欲死。他的聲名不只傳遍英國，甚至也廣播歐陸。最後他在大陸的戰場上身受重傷。臨死之際，旁邊有人遞送一瓶飲水到他口邊。他方勉強抬頭就飲，忽見不遠之處臥着一個垂死的敵人，於是就不肯飲水，將瓶推向敵人說：「他比我的需要還大。」一個人真正的風格氣度，到危難臨頭時必要表現，彌留之頃尤其是絲毫假不得的。「人之將死其言也善」，是指罪孽深重臨死懺悔者而言，那只是虛弱的表示，並非真情的流露。至人臨死，並無特別「善」的需要，只是「真」而已。世俗之見，固然可看西德尼的舉動為一件「善」事，但那是對他人格的莫大誤解，他那行為是超善惡的，他絕無故意行「善」的心思。與他平日的各種舉動一樣，那只是他人

格自發的「真」，與弱者臨危的「善」相差不可以道里計。後代時過境遷，對前代多不能同情地了解，春秋時代的理想人格是最易被後代視為虛偽造作的。當然任何時代都有偽君子，但相當大的一部分的春秋君子是真正地默化於當代的理想中。

三

　　我們舉例比較，都限於中國與歐西，因為這兩個文化可供比較之處特別地多，同時關於它們的春秋時代，史料也比較完備。此外唯一文獻尚屬可觀的高等文化，就是古代的希臘羅馬。希臘文化的春秋時代，是公元前 650 年左右到亞歷山大崛起的三百年間。當時的歷史重心仍在希臘半島，雅典與斯巴達的爭雄是歷史的推動力，正如中國的晉楚爭盟或歐西的英法爭霸一樣。當時的希臘也有種種春秋式的禮制，凡讀希羅多德的歷史的人都可知道。俠義的精神，尤其是大國對大國，是很顯著的。

　　雅典與斯巴達時斷時續地打了四十年的大戰之後，雅典一敗塗地，當時有人勸斯巴達把雅典徹底毀滅。但斯巴達堅決拒絕，認為這是一種褻瀆神明的主張。柏拉圖與亞里士多德的哲學使命，都在斯巴達俠義的一念之下，日後得有發揚的機會。

　　上列的一切，所表現的都是一種穩定安詳的狀態。春秋時代的確是穩定安詳的。封建時代，難免混亂；戰國時代，過度緊張。春秋時代，這兩種現象都能避免。國際之間，普通都以維持均勢為最後的目標，沒有人想要併吞天下。戰爭也都是維持均勢的戰爭，殲滅戰的觀念是戰國時代的產物。在此種比較安穩的精神之下，一切的生活就自然呈現一種悠閒的儀態，由談話到戰爭，都可依禮進行。

　　但歷史上的任何階段，尤其是比較美滿的階段，都是不能持久的。春秋時代最多不過三百年。中國由吳越戰爭起，歐西由法國革命起，開始進入戰國。貴族階級被推翻，貴族所代表的制度與風氣也大半消滅。在最初的一百年間，中國由吳越戰爭到商鞅變法，歐西由法國革命到第一次大戰，還略微保留一點春秋時代的餘味。但那只是大風暴雨前騙人的平靜，多數的人仍沉湎於美夢未醒的境界時，殘酷的、無情的殲滅戰，閃電戰，不宣而戰的戰爭，滅國有如摘瓜的戰爭，坑降卒四十萬的戰爭，馬其諾防軍前部被虜的戰爭，就突然間出現於彷徨無措的人類之前了。

中國的家族

雷海宗

一、春秋以上

二、戰國

三、秦漢以下

四、結論

中國的大家族制度曾經過一個極盛、轉衰與復興的變化，這個變化與整個政治社會的發展又有密切的關係。春秋以上是大家族最盛的時期，戰國時代漸漸衰微。漢代把已衰的古制又重新恢復，此後一直維持了二千年。

關於春秋以上的家族制度，前人考定甚詳（關於宗法制度，《禮記》多有記載，《大傳》一篇最詳。萬斯大的《宗法論》八篇解釋最好。大家族的實際情形，散見於《左傳》《國語》。顧棟高的《春秋大事表》研究最精。近人孫曜的《春秋時代之世族》總論宗法與家族，可供參考），本文不再多論，只略述幾句作為全文的背景而已。戰國以下的發展，一向少人注意，是本文所特別要提出討論的。

一、春秋以上

　　春秋時代大家族制度仍然盛行，由《左傳》《國語》中看得很清楚。並且大家族有固定的組織法則，稱為宗法。士族有功受封或得官後，即自立一家，稱「別子」。他的嫡長子為「大宗」，稱「宗子」；歷代相傳，嫡長一系皆為大宗，皆稱宗子。宗子的兄弟為「支子」，各成一「小宗」。小宗例須聽命於大宗。只大宗承繼土田或爵位；族人無能為生時，可靠大宗養贍。但除大宗「百世不遷」外，其他一切小宗都是五世而遷，不復有服喪與祭祀的責任。「遷」就是遷廟。

　　宗法的大家族是維持封建制度下貴族階級地位的一種方法。封建破裂，此制當然也就難以獨存。所以一到戰國，各國貴族推翻，宗法也就隨着消滅，連大家族也根本動搖了。貴族消滅的情形，因春秋、戰國之際的一百年間史料缺乏，不能詳考。但大概的趨向卻很清楚。各國經過一番變動之後，無論換一個或幾個新的朝代（如齊、晉），或舊朝代仍繼續維持，舊日與君主並立的世卿以及一般士族的特權已都被推翻。各國都成了統一專制的國家。春秋時代仍然殘餘的一點封建制度，至此全部消滅了。

　　至於平民的情形，可惜無從考知。但以歷史上一般的趨勢而論，平民總是千方百計設法追隨貴族的。所以春秋以上的平民，雖不見得行複雜的宗法制，但也必在較大的家族團體中生活。

　　春秋以上的大族不只是社會的細胞與經濟的集團，並且也是政治的機體。各國雖都具有統一國家的形態，但每一個大族可說是國家內的小國家。晉、齊兩國的世卿最後得以篡位，根本原因就在此點。

　　經過春秋末、戰國初的變革之後，家族只是社會的細胞與經濟的集團，政治機體的地位已完全喪失。至此專制君主所代表的國家可隨

意支配家族的命運了。

二、戰國

據今日所知，戰國時代最有系統的統制家族生活的就是秦國。商鞅變法：

> 令民為什伍，而相牧司連坐。不告奸者腰斬，告奸者與斬敵首同賞，匿奸者與降敵同罰。民有二男以上不分異者，倍其賦。有軍功者各以率受上爵，為私鬥者各以輕重被刑。（《史記》卷六十八《商君列傳》）

商鞅的政策可分析為兩點。第一，是廢大家族。所以二男以上必須分異，否則每人都要加倍納賦。第二，是公民訓練。在大家族制度之下，家族觀念太重，國家觀念太輕，因為每族本身幾乎都是一個小國家。現在集權一身的國君要使每人都直接與國家發生關係，所以就打破大家族，提倡小家庭生活，使全國每個壯丁都完全獨立，不再有大家族把他與國家隔離。家族意識削弱，國家意識提高，徵兵的制度才能實行，國家的組織才能強化。商鞅的目的十分明顯。什伍連坐是個人向國家負責。告奸也是公民訓練。禁止私鬥，提倡公戰，更是對國家有利的政策；家族間的械鬥從此大概停止了。

商鞅的政策完全成功：

> 行之十年，秦民大說。道不拾遺，山無盜賊。家給人足。民勇於公戰，怯於私鬥。鄉邑大治。（同上）

漢初賈誼不很同情的描寫，尤為活現：

> 商君違禮義，棄倫理，並心於進取。行之三歲，秦俗日敗。秦人有子，家富子壯則出分，家貧子壯則出贅。假父耰鋤杖彗

耳，慮有德色矣。母取瓢碗箕帚，慮立訊語。抱哺其子，與公并
踞。婦姑不相說，則反脣而睨。其慈子嗜利而輕簡父母也，念
罪，非有儲理也。亦不同禽獸僅焉耳！（賈誼《新書》卷三《時變篇》。《漢
書》卷四十八《賈誼傳》中所引與此大同小異。）

賈誼所講的是否有過度處，很難斷定，但大概的情形恐怕可靠。舊日
父母子女間的關係以及舅姑與子婦的關係完全打破，連父母子女之間
互相借貸都成問題，頗有今日西洋的風氣！

　　可惜關於家族制度的改革，我們只對秦國有這一點片面的知識，
其他各國的情形皆不可考。但商鞅變法，以李悝的《法經》為根據。
（《晉書》卷三〇《刑法志》：「是時承用秦漢舊律。其文起自魏文侯師李悝。悝撰次諸國法，
著《法經》……商鞅受之以相秦。」）李悝前曾相魏文侯，變魏國法，魏因而成
為戰國初期最強的國家。秦在七國中似乎變法最晚，並非戰國時唯
一變法的國家。這個重要的關鍵，歷來都被人忽略。楚悼王用吳起變
法，也在商鞅之前。吳起原與李悝同事魏文侯，對魏變法事或者亦有
貢獻。後往楚，相楚悼王：

　　　明法審令，捐不急之官，廢公族疏遠者，以撫養戰鬥之士。

　　（《史記》卷六十五《吳起列傳》）

此處所言不詳，所謂「明法審令」所包必廣，恐怕也與後來商鞅在秦
所行的大致相同。此外申不害相韓，與商鞅同時，「內修政教，外應
諸侯」，大概也是在變法（《史記》卷六十三《申不害傳》）。

　　關於秦、魏、楚、韓四國的變法，我們能得到這一點眉目，已算
僥倖；其他各國的情形，連一個字也未傳到後代。但泛觀人類歷史，
同一文化區域之內，一切的變化都是先後同時發生的。所以我們可以
假定戰國七雄都曾經過一番徹底的變法。商鞅變法是秦國富強的必需
條件，但不是唯一條件，秦併六國更不完全由於變法，因為變法在當

時是普遍的現象。地廣人稀、沃野千里的蜀地的富源，恐怕是秦在列國角逐中最後佔優勢的主要原因。

各國變法之後，家族制度沒落，可由種種方面看出。喪服制與子孫繁衍的觀念可說是舊日家族制度的兩個台柱。清楚嚴明的喪服制是維持一個人口眾多的家族的方法；子孫繁衍是使大家族繼續存在的方法。但到戰國大家族破裂之後，這兩根台柱也就隨着倒塌了。

三年喪是喪制的中心。三年喪的破裂象徵整個喪制的動搖。三年喪似乎破壞得很早，春秋末期恐怕已經不能完全實行。孔子的極力提倡，正足證明它的不為一般人所注意；連孔門弟子宰我都對三年喪表示懷疑，認為服喪一年已足 (《論語·陽貨篇》)。這恐怕是當時很普遍的意見。後來孟子勸滕文公服三年喪，滕的父兄百官無不反對：「吾宗國魯先君莫之行，吾先君亦莫之行也；至於子之身而反之不可！」(《孟子·滕文公上》) 所謂「先君」到底「先」到甚麼程度很難強解。最少可說戰國初期魯、滕兩個姬姓國家已都無形間廢除三年喪。實際恐怕春秋末期政治社會大亂開始的時候，這個古制必已漸漸不能成立。

墨子倡三月喪必很合乎當時的口味 (《墨子》卷十二《公孟篇》第四十八)。在當時提倡並且實行三年喪的只有一般泥古的儒家。但一種制度已經不合時代的潮流，勉強實行必不自然，虛偽的成分必甚濃厚。墨者罵儒家「繁飾禮以淫人，久喪偽哀以謾親」(《墨子》卷九《非儒篇下》第三十九)，或有黨派之嫌，但與實情相離恐不甚遠。許多陋儒的偽善，連儒家內部比較誠懇高明的人也看不過，也情不自已地罵兩句。荀子所指摘的種種「賤儒」必包括一些偽善與偽喪的人 (《荀子》卷三《非十二子篇》第六。但荀子並不反對三年喪，見卷十三《禮論篇》第十九)。《禮記》各篇中所講的漫無涯際的喪禮，到底有多少是古代的實情，多少是儒家坐在斗

室中的幻想，我們已無從分辨。若說春秋以上的人做戲的本領如此高強，很難令人置信！

與三年喪有連帶關係的就是孝道。孔子雖然重孝，但把孝創為一種宗教卻是戰國儒家，尤其是曾子一派所做的。《孝經》就是此種環境下所產的作品。

與三年喪同時沒落的，還有多子多孫的觀念與慾望。大家族制度之下，子孫眾多當然是必需的。西周、春秋時代的銘刻中，充分地表現了這種心理：

其永寶！

子孫其永寶！

其萬年寶用！

其萬年子子孫孫永寶用！

以上一類的句法，幾乎是每件銅器上必有的文字。後來雖或不免因習慣而變成具文，但在當初卻是整個社會制度的一種表現。孟子「不孝有三，無後為大」（《孟子·離婁篇上》）的說法，不只是戰國時代儒家的理想，也確是春秋以上的普遍信仰。

但一旦大家族破裂，子孫繁衍的觀念必趨微弱。一人沒有子孫，整個家族的生命就有受威脅的可能。但公民觀念代替了家族觀念之後，一般人認為一人無子，國家不見得就沒有人民。並且在大家族的集團生活之下，家口眾多還不感覺不便。小家庭中，兒女太多，的確累贅。人類的私心，總不能免。與個人太不便利時，團體的利益往往就被犧牲。所以戰國時代各國都有人口過少的恐慌，也多設法增加自己國內的人口。最早的例子就是春秋、戰國之交的越國。句踐要雪國恥，極力鼓勵國內人口的繁殖：

（1）令壯者無取老婦，令老者無取壯妻；

（2）女子十七不嫁，其父母有罪；丈夫二十不娶，其父母有罪；

（3）將免（娩）者以告，公醫守之；

（4）生丈夫二壺酒一犬，生女子二壺酒一豚；

（5）生三人公與之母，生二人公與之餼。（《國語》卷二〇《越語上》）

我們讀此之後，幾乎疑惑墨索里尼是句踐的私淑弟子；兩人的政策相同處太明顯了！

關於越國，我們或者還可說它是新興的國家，地廣人稀，所以才採用這種方法。但北方的古國，後來也採用同樣做法，就很難如此解釋了。魏居中原之中，也患人少。梁惠王向孟子訴苦：

　　寡人之於國也，盡心焉耳矣。河內凶，則移其民於河東，移其粟於河內。河東凶亦然。察鄰國之政無如寡人之用心者，鄰國之民不加少，寡人之民不加多，何也？（《孟子·梁惠王上》）

梁惠王以後，秦國也患人少，有人提倡招徠三晉的人民。（《商君書》卷四《徠民篇》。此篇所言並非商君時事，篇中謂：「今三晉不勝秦四世矣。自魏襄王以來，野戰不勝，守城不拔；小大之戰，三晉之所以亡於秦者不可勝數也。」魏襄王還是惠王的兒子，此篇所言當為孟子與梁惠王後百年的情形。《墨子》書中也屢次提倡人口增加，但這是根據墨子的經濟生產學說與整個兼愛主義的，與實際人口多少問題似無直接的關係。所以本文對《墨子》所言，閉而不論。）越、魏、秦三國也決非例外，其他各國也必感到同樣的困難。戰爭過烈，殺人太多，或可解釋人口稀少的一部分；但此外恐怕還有其他的因素。小家庭制度盛行多子觀念薄弱之後，殺嬰的風氣必所難免。關於戰國時代，雖無直接的證據，但到漢代，殺嬰的事卻曾惹人注意。

並且再進一步，今日西洋各國所時尚的節制生育方法並非新事，戰國時代的中國已有此風。中國古代稱它為房中術，又稱玄素術、陰陽術、容成術，或彭祖術。按《漢書》，古代此種的書籍甚多（《漢書》卷

三〇《藝文志》），正如今日西洋性學專書與節制生育小冊的流行一樣。戰國、西漢間，最重要的有八種：

(1)《容成陰道》，二十六卷；

(2)《務成子陰道》，二十六卷；

(3)《堯舜陰道》，二十三卷；

(4)《湯盤庚陰道》，二十卷；

(5)《天老雜子陰道》，二十五卷；

(6)《天一陰道》，二十四卷；

(7)《黃帝三王養陽方》，二十卷；

(8)《三家內房有子方》，十七卷。

這些書可惜已全部失傳無從詳考其內容。單看書名，前七種似乎專講方法。最後一種仍承認「有子」是必需的，但內中必有條件，正如今日西洋節制生育家所提倡的兒女少而優秀的說法。我們從葛洪較晚的傳說中，還可看出房中術的大概性質：

> 或曰：聞房中之事，能盡其道者，可單行致神仙，並可以移災解罪，轉禍為福，居官高遷，商賈倍利。信乎？

> 抱樸子曰：此皆巫書妖妄過差之言，由於好事增加潤色，至令失實。或亦奸偽造作虛妄，以欺誑世人；藏隱端緒，以求奉事；招集弟子，以規世利耳。夫陰陽之術，高可以治小疾，次可以免虛耗而已。其理自有極，安能致神仙及卻禍致福乎？人不可以陰陽不交，坐致疾患。若乃縱情恣欲，不能節宣，則伐年命。善其術者，則能卻走馬以補腦，還陰丹以朱腸；採玉液於金池，引三五於華梁。令人老有美色，終其所稟之天年。而俗人聞黃帝以千二百女升天，便謂黃帝單以此事致長生；而不知黃帝於荊山之下，鼎湖之上，飛九丹成，乃乘龍登天也。黃帝自可有千二百

女耳，而非單行之所由也。凡服藥千種，三牲之養，而不知房中之術，亦無所益也。是以古人恐人輕恣情性，故美為之說，亦不可盡信也。玄素論之水火，水火煞人而又生人，在於能用與不能耳。大都其要法，御女多多益善；如不知其道而用之，一兩人足以速死爾。彭祖之法，最其要者；其他經多煩勞難行，而其為益不必如其書，人少有能為之者。口訣亦有數千言耳。不知之者，雖服百藥，猶不能得長生也。（《抱樸子內篇》卷六《微旨篇》）

葛洪又謂：「房中之術，近有百餘事焉。」又謂：「房中之法，十餘家。」可見到晉時比戰國、秦、漢間已又增加了幾種作品；方法也相當地複雜，可以有百餘事。又謂：「或以補救傷損，或以攻治眾病，或以採陰益陽，或以增年延壽；其大要在於還精補腦之一事耳。」（同上，卷八《釋滯篇》。近人葉德輝《雙梅景暗叢書》中輯有《素女經》《素女方》《玉房秘訣》三種，是南北朝、隋、唐間的作品。其中性學的成分較多，但仍保有戰國、春[1]、漢間的節育學說，可供參考。）

　　上面僅存於今日的幾段記載，廢話太多，中肯的話太少。但我們可看出當時對此有種種自圓其說的理論，用以遮掩那個完全根據於個人幸福的出發點。「卻走馬以補腦」或「還精補腦」的一句話，暗示今日節制生育中所有的一種方法，在古代的中國這大概是最流行的方法。

　　並且一種潮流，往往不只有一種表現的途徑。戰國時代家族破裂，國家不似家族那樣親切，號召人心的力量也不似家族那樣強大。於是個人主義橫流，種種不健全的現象都自由發展。道家的獨善其身與楊家的任性縱慾是有理論為藉口的個人主義。房中術是沒有理論

---

1 據前後文，此處應為秦。——編者註

的，最少可說是理論很薄弱的個人主義。與房中術性質相類的還有行氣、導引、芝菌、按摩等等 (《漢書》卷三〇《藝文志》，神仙家。參考《抱樸子內篇》卷六《微旨篇》)。行氣又稱吐納，就是今日所謂深呼吸，在當時又稱胎息術；「得胎息者，能不以鼻口噓吸，如在胞胎之中。」(《抱樸子內篇》卷八《釋滯篇》)。

導引又稱步引，就是今日的柔軟體操與開步走之類。本是活動身體的方法，後來漸漸附會為「步罡踏斗」的神秘把戲。

芝菌近乎今日的素食主義 (Vegetarianism) 與齋療術 (Fasting cure)，認為少吃、不吃或專吃幾種特別食品可以延年益壽。芝菌術又稱辟穀術，因為最徹底的實行者不只忌肉食，並且又辟五穀，而專吃野生的芝菌。這種本就荒唐的辦法，後來又演化為煉長生丹與藥餌的說法。據說戰國韓的遺臣而後來成為漢初三傑之一的張良，在晚年曾經學習辟穀 (《史記》卷五十五《留侯世家》。但這與黃石公的故事很可能都是張良見功臣不得善終，故意使人散佈的謠言，以示自己無心於俗世，藉以免禍。但以此為藉口，更足見其流行)，可見其流行的程度了。

按摩術，名與事今日都很流行。這種種個人享樂與養生的方法，當初或者都各自獨立發展。但後來合流為神仙術，象徵個人主義的極頂表現。養生術未可厚非，但太注意身體的健全，本身就是一個不健全的現象，對整個的社會是有妨害的。求長生不老，根本是變態心理的表現。今日西洋少數人要以羊腺或猴腺恢復青春的妄想，若不及早預防，將來也有演成神仙術的可能。戰國時代的人口稀少，與個人養生享樂的潮流必有關係，可惜因史料缺乏，不能斷定關係密切到如何的程度。但自私心過度發展，必至連子女之愛也要犧牲。房中術的主旨是既得性慾之樂，又免兒女之苦，對人口稀少要負一部分的責任，是沒有問題的。

三、秦漢以下

　　秦漢大帝國初立，戰國時代一般的潮流仍舊。秦皇、漢武既為天子，又望長生，人人皆知的兩個極端例證可以不論。人口稀少仍是國家的一個嚴重問題。房中之風仍然流行。王莽相信黃帝御一百二十女而致神仙，於是遣人分行天下，博採淑女。一直到天下大亂，新朝將亡時，王莽仍「日與方士涿郡、昭君等於後宮考驗方術，縱淫樂焉」（《漢書》卷九十九下《王莽傳下》地皇二年，四年）。

　　東漢時此風仍然盛行，王充謂「素女對黃帝陳五女之法，非徒傷父母之身，乃又賊男女之性」（王充《論衡》卷二《命義篇》）。可見這在當時仍是很平常的事，所以王充特別提出攻擊。東漢末有妄人冷壽光，自謂因行容成公御婦人法，年已百五六十，面貌仍如三四十（《後漢書》卷一一二[1]下《華佗傳》附《冷壽光傳》）。

　　此外，漢時有的地方盛行殺嬰的風氣。東漢末，賈彪為新息（今河南息縣）縣長——

　　　　小民困貧，多不養子。彪嚴為其制，與殺人同罪。城南有盜劫害人者，北有婦人殺子者。彪出案發，而掾吏欲引南。彪怒曰：「賊寇害人，此則常理。母子相殘，逆天違道！」遂驅車北行，案驗其罪。城南賊聞之，亦面縛自首。數年間人養子者千數。僉曰：「賈父所長。」生男名為賈子，生女名為賈女。（《後漢書》卷九十七[2]《賈彪傳》。春秋以上，生子可棄，但與此性質不同。參考《詩·大雅·生民篇》后稷被棄故事及《左傳》宣公四年越椒幾乎被棄的故事。）

1　應為《後漢書》卷八十二。——編者註

2　應為《後漢書》卷六十七。——編者註

區區一縣之地，數年間可殺而未殺的嬰兒居然能有千數，可見殺嬰不
完全是由於困乏。此風停止後，也沒有聽說生活更加困難；貧困最多
也不過是殺嬰的一種藉口。這種風氣恐怕來源甚早，也不見得限於新
息一地；前此與別處無人注意就是了。房中術盛行時，不明其法的人
就難免要採用野蠻的殺嬰方法。

漢代的政府也如戰國時代列國的設法提倡人口增加。高帝七年，
「命民產于[1]，復勿事二歲」《漢書》卷一下《高帝紀下》。這或者還可以大亂
之後人口稀少來解釋。但由後來的情形，可看出這並不是唯一的原
因。西漢最盛的宣帝之世，仍以人口增加的多少為地方官考課的重要
標準，當時人口缺乏的正常現象可想而知了。黃霸為潁川太守，「以
外寬內明，得吏民心，戶口歲增，治為天下第一」。西漢末年，人口
稱為最盛《漢書》卷二十八下《地理志下》；然而召信臣為南陽太守，「其
化大行……百姓歸之，戶口增倍」（黃霸召信臣事俱見《漢書》卷八十九《循吏列
傳》）。所謂「百姓歸之」就是鄰郡的人民慕化來歸的意思。人口增加
要靠外來的移民，生殖可謂困難到驚人的程度！

兩漢四百年間，人口的總額始終未超過六千萬。漢承戰國的法治
之餘，戶口的統計當大致可靠。並且當時有口賦、算賦、更賦的擔負，
男女老幼大多都逃不了三種賦役中的最少一種，人口統計當無大誤。
珠江流域雖尚未開發，長江流域雖尚未發展到後日的程度，但只北方
數省的人口在今日已遠超過六千萬。漢代人口的稀少，大概是無可置
疑的。並且西漢人口最盛時將近六千萬，東漢最盛時反只將近五千
萬，減少了一千萬（《漢書》卷二十八下《地理志下》，《後漢書》卷三十三[2]《郡國志

---

1 應為「民產子」。——編者註

2 應為《後漢書》卷一百一十三。——編者註

五》)。可見當時雖每經過一次變亂之後，人口減而復增；但四百年間人口的總趨勢是下減的。

此點認清之後，東漢諸帝極力獎勵生育的政策就可明白了。章帝元和二年，降下有名的胎養令，分為兩條：

（1）產子者，復勿算三歲；

（2）懷孕者，賜胎養穀，人三斛；復其夫勿算一歲（《後漢書》卷三《章帝紀》）。

由此看來，生育的前後共免四年的算賦，外給胎養糧。算賦不分男女，成年人都須繳納，每年一百二十錢，是漢代最重的一種稅賦。「產子者，復勿算三歲」，未分男女，大概是夫婦皆免。懷孕者，夫免算一歲；婦既有養糧，免算是不言而喻的了。兩人前後免算八次，共九百六十錢。漢代穀賤時，每石只五錢，饑荒時亦不過數百錢，平時大概數十錢（《漢書》卷二十四《食貨志》）。所以這個「胎養令」並不是一件小可的事情，所免的是很可觀的一筆稅款。這當然是仁政，但只把它看為單純消極的仁政，未免太膚淺。這件仁政有它積極的意義，就是鼓勵生育。並且這個辦法是「著以為令」的，那就是說，此後永為常法。但人口的增加仍是有限，總的趨勢仍是下減。如此大的獎勵還是不能使人口增加，可見社會頹風的積重難返了。

此外，漢代諸帝又不斷地設法恢復前此幾近消滅的大家族制度。這個政策可從兩方面來解釋。第一，戰國的緊張局面已成過去，現在天下一家，皇帝只求社會的安定。小家庭制度下，個人比較流動，社會因而不安。大家族可使多數的人都安於其位；所以非恢復大家族，社會不能安寧。（漢代重農抑商，原因亦在此。商業是流動的，使社會不安。農業是固定的，農業的社會大致都安靜無事。見《漢書》卷二十四《食貨志》。）但漢帝要恢復大家族，恐怕還有一個原因，就是希望人口增加。小家庭制與人口

減少幾乎可說有互相因果的關係。大家族與多子多孫的理想若能復興，人口的恐慌就可免除了。漢代用政治的勢力與權利的誘惑提倡三年喪與孝道，目的不外上列兩點。戰國時代被許多人譏笑的儒家至此就又得勢了。

漢初承戰國舊制，仍行短喪。文帝遺詔，令臣民服喪以三十六日為限（《史記》卷一〇《文帝本紀》，《漢書》卷四《文帝紀》同）。臣民亦多短喪。一直到西漢末成帝時，翟方進為相，後母終，既葬三十六日除服（《漢書》卷八十四《翟方進傳》）。但儒家極力為三年喪宣傳，武帝立儒教後，宣傳的勢力更大。公孫弘為後母服喪三年，可說是一種以身作則的宣傳（《漢書》卷五十八《公孫弘傳》）。到西漢末，經過百年間的提倡，三年喪的制度又重建起來了。成帝時薛宣為相，後母死，其弟薛修服三年喪，宣謂「三年服，少能行之者」，不肯去官持服，後竟因此遭人攻擊（《漢書》卷八十三《薛宣傳》）。哀帝時，劉茂為母行三年喪（《漢書》卷八十一《獨行列傳》[1]）。成哀間，河間王良喪太后三年，哀帝大事褒揚（《漢書》卷五十三《河間獻王傳》）。哀帝時，遊俠原涉為父喪三年，衣冠之士無不羨歎（《漢書》卷九十二《遊俠列傳》）。哀帝即位，詔博士弟子父母死，給假三年（《漢書》卷十一《哀帝紀》）。到東漢時，三年喪更為普遍，例多不舉。光武帝雖又廢三年喪，但那是大亂後的臨時措置，不久就又恢復（《後漢書》卷六十九[2]《劉愷傳》，卷七十六《陳忠傳》）。後雖興廢無定，但三年喪已根深蒂固，已成為多數人所承認的制度（《後漢書》卷七《桓帝紀》，卷九十二[3]《荀爽傳》）。

孝道的提倡與三年喪的宣傳同時並進。漢帝諡法，皆稱「孝」。

---

1 《獨行列傳》應位於《後漢書》卷八十一。——編者註

2 應為《後漢書》卷三十九。——編者註

3 應為《後漢書》卷六十二。下同。——編者註

《孝經》一書特別被推崇。選舉中又有孝廉與至孝之科。對人民中的「孝弟力田」者並有賞賜。據荀爽說：

漢為火德。火生於木，木盛於火，故其德為孝。……故漢制使天下誦《孝經》，選吏舉孝廉。（《後漢書》卷九十二《荀爽傳》）

漢諡法用「孝」的來源不詳。荀爽火德為孝的解釋不妥，因為以漢為火德是王莽時後起的說法，漢原來自認為水德或土德（《漢書》卷二十五《郊祀志》，卷九十八《元後傳》，卷九十九《王莽傳》），而西漢第二代的惠帝已稱「孝惠」。諡法用「孝」，解釋為國家提倡孝道，最為簡單通順，無須繞大圈子去找理由。

明帝時，期門羽林介冑之士都通《孝經》（《後漢書》卷六十二[1]《樊準傳》），可見此書到東漢時已成了人人皆讀的通俗經典了。關於孝廉與孝弟力田的事，例證極多，無須列舉。

孝的宗教，到東漢時可說已經成立。東漢初，江革母老，不欲搖動，革親自在轅中為母挽車，不用牛馬。鄉里稱他為「江巨孝」（《後漢書》卷六十九[2]《江革傳》）。中葉順帝時，東海孝王臻與弟蒸鄉侯儉並有篤行，母死皆吐血毀瘠。後追念父死時，年尚幼，哀禮有闕，遂又重行喪制（《後漢書》卷七十二[3]《東海恭王強傳》）！至此孝已不只是善之一種，而成了萬善之本。章帝稱讚江革的話可說是此後二千年間唯孝主義的中心信條：

夫孝，百行之冠，眾善之始也。（《後漢書》卷六十九《江革傳》）

這種三年喪與孝教的成功，表示大家族制度已又漸漸恢復。人口雖仍不見加多，但並未過度地減少，所以帝國仍能維持，不致像西

1　應為《後漢書》卷三十二。——編者註

2　應為《後漢書》卷三十九。下同。——編者註

3　應為《後漢書》卷四十二。——編者註

方同時的羅馬帝國因患貧血症而堪堪待死，等到日耳曼的狂風暴雨一來，就立刻氣絕。中國雖也有五胡入侵，但最後能把他們消化，再創造新的文化局面，這最少一部分要歸功於漢代大家族制度的重建政策。

四、結論

到東漢時大家族重建的運動已經成功，魏、晉清談之士的謾侮禮教，正足證明舊的禮教已又復活。五胡的打擊也不能把舊禮教與大家族衝破。永嘉亂後，中原人士南遷，家人父子往往離散。子過江而不知父母存沒的甚多，守喪的問題因而大起。未得正確的消息之先，為人子的可否結婚或做官，更是切膚的問題。「服喪則凶事未據，從吉則疑於不存」。真是進退兩難。大家議論紛紛，莫衷一是，可見孝道與喪制的基礎是如何地穩固了（《晉書》卷二○《禮志中》）。房中術與殺嬰風氣雖未見得完全絕跡，但已不是嚴重的問題。此後歷代的問題不是人口稀少，而是食口太多，生活無着。「胎養令」一類的辦法無人再提起；因為不只無此需要，並且事實上也不可能了。

東漢以下二千年間，大家族是社會國家的基礎（但嚴格講來，不能稱為宗法社會，因為春秋以上的宗法制度始終沒有恢復）。大家族是社會的一個牢固的安定勢力。不只五胡之亂不能把它打破；此後經過無數的大小變亂，社會仍不瓦解，就是因為有這個家族制度。每個家族，自己就是一個小國家。每個分子，甚至全體分子，可以遇害或流散死亡；但小國家制度本身不是任何暴力或意外的打擊所能搖撼的。

但反過來講，漢以下的中國不能算為一個完備的國家。大家族與國家似乎是根本不能並立的。封建時代，宗法的家族太盛，國家因而

非常散漫。春秋時代宗法漸衰列國才開始具備統一國家的雛形。戰國時代大家族沒落，所以七雄才組成了真正統一的完備國家。漢代大家族衰而復盛，帝國因而又不成一個國家。二千年來的中國只能說是一個龐大的社會，一個具有鬆散政治形態的大文化區，與戰國七雄或近代西洋列強的性質絕不相同。

近百年來，中國受了強烈的西洋文化的衝擊，漢以下重建的家族制度以及文化的各方面才開始撼動。時至今日，看來大家族的悲運恐怕已無從避免。實行小家庭制，雖不見得國家組織就一定可以健強，但古今似乎沒有大家族制下而國家的基礎可以鞏固的。漢以下始終未曾實現的真正統一的建國運動，百年來，尤其是民國以來，也在種種的困苦艱難中進行。一個整個的文化區，組成一個強固的國家，是古今未曾見過的事。中國今日正在努力於這種人類前此所未有的事業；若能成功，那就真成了人類史上的奇跡。

家族制度，或大或小，是人類生活的必需條件。所以未來的中國到底採用如何形態的大家族或小家族制度，頗堪玩味。大小兩制，各有利弊。兩者我們都曾實行過，兩者的苦頭也都嘗過。我們在新的建國運動中，是否能儘量接受歷史上的教訓，去弊趨利；這種萬全的路徑，是否可能；大小兩制是否可以調和 ── 這些問題都是我們今日的人所極願追究的，但恐怕只有未來的人才能解答！

中國的元首

雷海宗

　　中國歷史上四千年間國君的稱號甚為簡單。當初稱王，王下有諸侯。其後諸侯完全獨立，各自稱王。最後其中一王盛強，吞併列國，統一天下，改稱皇帝，直至最近的過去並無變更。稱號的演化雖甚簡單，內涵的意義卻極重要。專就皇帝成立的事實經過而論，可分下列諸步驟：

　　一、列國稱王

　　二、合縱連橫與東帝西帝

　　三、帝秦議

　　四、秦始皇帝

　　五、漢之統一與皇帝之神化

　　六、廢廟議與皇帝制度之完全成立

　　七、後言

　　參錯在這個史實的演化中，還有各種相反與相成的帝王論。本篇專以事實為主，帝王論與當時或後世史實有關係者也附帶論及。

一、列國稱王

戰國以前，列國除化外的吳、楚諸國外，最少在名義上都尊周室為共主。春秋時代周王雖早已失去實權，然而列國無論大小，對周室的天子地位沒有否認的。春秋時代國際政治的中心問題是「爭盟」或「爭霸」，用近代語，就是爭國際均勢。國際均勢是當時列強的最後目的，並非達到其他目的的一種手段。以周室為護符——挾天子以令諸侯——是達到這個目的最便利的方法。因為列強都想利用周室，所以它的地位反倒非常穩固，雖然它並無實力可言。

到春秋末期、戰國初期這種情形大變。各國經過政治的篡弒與我們今日可惜所知太少的社會激變，統治階級已非舊日的世族，而是新起的智識分子。舊的世族有西周封建時代所遺留的傳統勢力與尊王心理，列國國君多少要受他們的牽制。所以春秋時代的列國與其說是由諸侯統治，毋寧說是諸侯與世族合治。列國的諸侯甚至也可說是世族之一，不過是其中地位最高的而已。爭盟就是這個封建殘餘的世族的政策。他們認為這個政策最足以維持他們的利益，因為列國並立勢力均衡，世族在各本國中就可繼續享受他們的特殊權利。任何一國或任何一國的世族並沒有獨吞天下的野心。

戰國時代世族或被推倒，或勢力削弱。這時統治者是一般無世族傳統與世族心理的出身貴賤不齊的文人。國君當初曾利用這般人推翻世族的勢力；現在這般人也成為國君最忠心的擁護者。他們沒有傳統的勢力與法定世襲的地位，他們的權勢榮位來自國君，國君也可隨時奪回。到這時，列國可說是真正統一的國家了，全國的權柄都歸一人一家，一般臣下都要仰給於君上，不像春秋時代世族的足以左右國家以至天下的政策與大局。國君在血統上雖仍是古代的貴族，但在

性質上他現在已不代表任何階級的勢力，而只知謀求他一人或一家的利益。所以戰國時代二百五十年間國際均勢雖然仍是一個主要的問題，但現在它只是一種工具，不是最後的目的。最後的目的是統一天下。列強都想獨吞中國，同時又都不想為他人所吞。在這種矛盾的局面下，臨時只得仍然維持均勢；自己雖然不能獨吞，最少可防止其他一國過強而有獨吞的能力。但一旦有機可乘，任何一國必想推翻均勢局面，而謀獨強以至獨吞。戰國時代的大戰都是這種防止一國獨強或一國圖謀推翻均勢所引起的戰爭。列國稱王也是這種心理的最好象徵。列國稱王可說有兩種意義。第一是各國向周室完全宣佈獨立；第二是各國都暗示想吞併天下，因為「王」是自古所公認為天子的稱號。

最早稱王的是齊、魏兩國。但這種革命的舉動也不是驟然間發生的，發生時的經過曲折頗多。戰國初年三晉獨立仍須周室承認 (公元前 403 年)。田齊篡位也須由周天子取得憲法上的地位 (公元前 386 年)。可見歷史的本質雖已改變，傳統的心理不是一時可以消滅的。後來秦國於商鞅變法之後，勢力大盛，屢次打敗戰國初期最強的魏國。這時秦國仍要用春秋時代舊的方法以鞏固自己的地位，所以就極力與周天子拉攏，而受封為伯 (公元前 343 年)，與從前的齊桓、晉文一樣。次年 (公元前 342 年) 秦又召列國於逢澤 (今河南開封東南)，朝天子。這是一種不合時代性的舉動，在當時人眼光中未免有點滑稽。雖然如此，別國必須想一個抵抗的方法，使秦國以周為護符的政策失去效用。於是失敗的魏國就聯絡東方大國的齊國，兩國會於徐州，互相承認為王 (公元前 334 年)。這樣一來，秦國永不能再假周室為號召，周室的一點殘餘地位也就完全消滅了。秦為與齊魏對抗起見，也只得稱王 (公元前 325 年)。其他各國二年後 (公元前 323 年) 也都稱王。只有趙國唱高調稱「君」；現

成的「公侯」不用而稱「君」，也正足證明周室的封號無人承認，一切稱號都由自定。但趙國終逆不過時代潮流，最後也稱王 (公元前 315 年) (《史記》卷九 [1]《秦本紀》，卷四十三《趙世家》，卷四十四《魏世家》，卷四十六《田敬仲完世家》)。至此恐怕各國方才覺悟，時代已經變換，舊的把戲不能再玩，新的把戲非常嚴重痛苦 —— 就最是列國間的拚命死戰。這種激烈戰爭，除各國的獎勵戰殺與秦國的以首級定爵外，由國界的變化最可看出。春秋時代各國的疆界極其模糊。當時所謂「國」就是首都。兩國交界的地方只有大概的劃分，並無清楚的界限。到戰國時各國在疆界上都修長城，重兵駐守，可見當時國際空氣的嚴重。在人類史上可與 20 世紀歐洲各國疆界上銅牆鐵壁的炮壘相比的，恐怕只有戰國時代這些長城 (顧炎武《日知錄》，卷三十一《長城》)。

二、合縱連橫與東帝西帝

列國稱王以後百年間，直至秦併六國，是普通所謂合縱連橫的時期。連橫是秦國的統一政策，合縱是齊、楚的統一政策。其他四國比較弱小，不敢想去把別人統一，只望自己不被人吞併就夠了。所以這一百年間可說是秦、齊、楚三強爭天下的時期。這時不只政治家的政策是以統一為目標，一般思想家也無不以統一為理想。由現存的先秦諸子中，任擇一種，我們都可發現許多「王天下」「五帝三王云云」花樣繁多而目的一致的帝王論或統一論。所以統一可說是當時上下一致的目標，人心一致的要求。這些帝王論中，除各提倡自己一派的理想，當初有否為某一國宣傳的成分，我們現在已不容易考知。其中一

---

1 應為《史記》卷五。—— 編者註

種有豐富的宣傳色彩，似乎大致可信 —— 就是鄒衍 (前 350—前 250) 一派的五德終始說。對後代皇帝制度成立，也屬這派的影響最深。可惜鄒衍的著作全失，後代凌亂的材料中，只有《史記・封禪書》中所記錄的可以給我們一個比較完備的概念：

> 自齊威宣之時，鄒衍之徒論著終始五德之運。及秦帝，而齊人奏之。故始皇採用之。

所以這當初是齊國人的說法，秦始皇統一後才採用。五德的說法據《封禪書》是：

> 秦始皇既併天下而帝，或曰：黃帝得土德，黃龍地螾見；夏得木德，青龍止於郊，草木暢茂；殷得金德，銀自山溢；周得火德，有赤鳥之符。今秦變周，水德之時，昔秦文公出獵，獲黑龍；此其木德之瑞。

這是一個極端的歷史定命論，也可見當時一般的心理認為天下統一是不成問題的，並且據鄒衍一派的說法，統一必由按理當興的水德。

這個說法本來是為齊國宣傳的。鄒衍是齊國人，受齊王優遇，有意無意中替齊國宣傳也無足怪。宣傳的證據是與五德終始說有連帶關係的封禪說。所謂封禪是歷代受命帝王於受命後在泰山上祭祀天地的一種隆重典禮。在先秦時代，列國分立，各地有各地的聖山，並無天下公認的唯一聖山。由《周禮・夏官・職方氏》可知，泰山不過是齊、魯 (兗州) 的聖山，並非天下的聖山；其他各州各有自己的聖山。只因儒家發生、盛行於齊、魯及東方諸小國，儒書中常提泰山，又因封禪說的高抬泰山，所以後代才認泰山為唯一聖山。鄒衍一派當初說帝王都須到泰山封禪，是一種前所未有的新聞。這等於說，齊國是天命攸歸的帝王，不久必要統一天下。假設封禪的說法若為楚人所倡，必定

要高抬衡山；若為秦人所創，必說非封禪華山不可。現在的《管子‧封禪篇》與《史記‧封禪書》都講到齊桓公要封禪而未得。這恐怕是同樣的鄒衍一派的宣傳，暗示春秋時代的齊國幾乎王天下，戰國時代的新齊國必可達到目的。

　　空宣傳無益。當時齊國的確有可能統一天下的實力。鄒衍或其他一派的人創造這個學說，一定是認清這個實力所致，並非一味地吹噓。齊國是東方的大國，到宣王時 (前 319—前 301) 尤強，乘燕王噲讓位子之大演堯舜禪讓的悲喜劇的機會，攻破燕國 (公元前 314 年)，佔領三年。後來 (公元前 312 年) 雖然退出，齊國的國威由此大振。同時 (前 312—前 311) 楚國上了張儀的當，貿然攻秦，為秦所破，將國防要地的漢中割與秦國。所以至此可說秦、齊二國東西並立，並無第三國可與抗衡。至於兩國競爭，最後勝利誰屬尚在不可知之數。在這種情形下，齊國人為齊國創造一種有利的宣傳學說，是很自然的。於是，產出這個以泰山為中心的封禪主義。

　　這個秦、齊並立的局面支持了約有二十五年。兩國各對鄰國侵略，但互相之間無可奈何。天下統一不只是政治家的政策，不只是思想家的理想，恐怕連一般人民也希望早日統一，以便脫離終年戰爭的苦痛。「王天下」的人為「帝」現在也已由理想的概念成為一般的流行語。當初的「王」現在已不響亮，作動詞用 (王天下) 還可以，作名詞用大家只認「帝」為統一的君主。秦、齊既兩不相下，所以它們就先時發動，於公元前 288 年兩國約定平分天下，秦昭襄王稱西帝，齊湣王稱東帝，除楚國外，天下由二帝分治。根本講來，這是一個矛盾的現象，因為「帝」的主要條件就是「王天下」，所以兩帝並立是一個不通的名詞，在當時的局勢之下也是一個必難持久的辦法。可惜關於這個重大的事件，我們所知甚少。據《戰國策》(《戰國策》卷十一齊四) 似乎是

秦國提議。秦先稱西帝，齊取觀望的態度，後來也稱帝。但因列國不服或其他原因，兩國都把帝號取消，仍只稱王。但後來齊湣王在國亡家破的時候（公元前284年）仍要鄒、魯以天子之禮相待，結果是遭兩國的閉門羹（《戰國策》卷二十趙三），可見取消帝號是一種緩和空氣的作用，實際上齊國仍以帝自居。荊軻刺秦王的時候（公元前227年）稱秦王為「天子」（《戰國策》卷三十一燕三），可見秦也未曾把帝號完全取消。兩國大概都是隨機應變，取模棱兩可的態度。

三、帝秦議

齊國稱帝不久就一敗塗地。三晉本是秦的勢力範圍，齊湣王野心勃勃，要推翻秦的勢力，以便獨自為帝。齊攻三晉（公元前286年）的結果是秦國合同三晉，並聯絡燕國，大舉圍齊。齊國大敗，臨時亡國。燕國現在報復三十年前的舊恨，把齊國幾乎完全佔領（公元前284年）。楚國也趁火打劫，由南進攻。後來五國退兵，燕獨不退。五六年間（前284—前279），除莒與即墨二城外，整個齊國都變成燕的屬地。後來齊雖復國（公元前279年），但自此之後元氣大虧，喪失強國的地位，永遠不能再與秦國對抗。後來秦併天下，齊是六國中唯一不抵抗而亡的。所以燕滅齊可說是決定秦併天下的最後因素。284年前一切皆在不可知之數，284年後秦滅六國只是一個時間的問題。[1]

二十年後（公元前258年）秦攻趙，圍邯鄲。趙求救於魏，魏援軍畏秦，不敢進兵。邯鄲一破，三晉必全為秦所吞併，因為現在中原只有趙還有點抗秦的能力。但其他各國連援兵都不敢派出，可見當時畏秦

---

1 指公元前 284 年。—— 編者註

的心理已發展到何等的程度。這時遂有人提議放棄無謂的抵抗，正式向秦投降，由趙領銜，三晉自動尊秦為帝。此舉如果成功，秦併六國的事業或可提早實現。所幸（或不幸）當時出來一個齊國人魯仲連，帝秦議方才中止（《戰國策》卷二十趙三）。大概此時齊國雖已衰弱，齊國志士尚未忘記秦齊並立的光榮時期。所以對強秦最憤恨的是齊人，對帝秦議極力破壞的也是齊人。後來趙、魏居然聯合敗秦，拼死的血戰又延長了四十年。

由於思想家的一致提倡統一，由於列強的極力蠶食鄰國，由於當時人的帝秦議，我們都可看出天下統一是時代的必然趨勢，沒有人能想像另一種出路。最後於公元前 221 年秦王政合併六國，創了前古未有的大一統局面。

四、秦始皇帝

秦始皇對於他自己的新地位的見解很值得玩味。據《史記·秦始皇本紀》，公元前 221 年令丞相御史議稱號：

> 寡人以眇眇之身，興兵誅暴亂。賴宗廟之靈，六王咸伏其辜，天下大定。今名號不更，無以稱成功傳後世。其議帝號！

「其議帝號」一句話很可注意。當時秦尚未正式稱帝，然而正式的令文中居然有這種語氣，有兩種可能的解釋。一是帝本是公認為「王天下者」的稱號；現在秦併六國，當然是帝。第二種解釋就是七十年前秦稱西帝，始終未正式取消，所以「帝號」一詞並無足怪。現在秦王為帝已由理想變成事實，只剩正式規定帝的稱號。

始皇與臣下計議的結果，名號制度煥然一新。君稱「皇帝」，自稱「朕」，普遍地行郡縣制與流官制，劃一度量衡，書同文，車同軌，繳

天下械,治馳道,徙富豪於咸陽。凡此種種,可歸納為兩條原則。一,天下現在已經統一,一切制度文物都歸一律。二,政權完全統一,並且操於皇帝一人之手。從此以後,皇帝就是國家,國家就是皇帝。這種政治的獨裁在戰國時已很明顯。只因那時列國並立,諸王不得不對文人政客有相當的敬禮與籠絡。現在皇帝不只不再需要敬畏政客文人,並且極需避免他們的操縱搗亂。當初大家雖都「五帝三王」「王天下」不離口,但他們並沒有夢想到天下真正統一後的情勢到底如何。現在他們的理想一旦實現,他們反倒大失所望,認為還是列國並立的局面對他們有利。同時六國的王孫遺臣也很自然地希望推翻秦帝,恢復舊日的地方自由。所以文人政客個人自由的慾望與六國遺人地方獨立的慾望兩相混合,可說是亡秦的主要勢力。焚書坑儒就是秦始皇對付反動的文人政客的方法。張良與高漸離(《史記》卷五十五《留侯世家》,卷八十六《刺客列傳》)可代表六國遺人力謀恢復的企圖。在歷史上,第一個統一的偉人或朝代似乎總是敵不過舊勢力的反動,總是失敗的。統一地中海世界的愷撒為舊黨所刺殺,西方的天下又經過十幾年的大亂才又統一。統一中國的秦朝也遭同樣的命運。一度大亂之後,漢朝出現,天下才最後真正統一。

　　秦亡的代價非常重大。秦朝代表有傳統政治經驗與政治習慣的古國,方才一統的天下極需善政,正需要有政治經驗習慣的統治者。並且秦國的政治在七國中最為優美,是戰國時的人已經承認的(《荀子》卷十一《強國篇》第十六)。反動的勢力把秦推翻,結果而有布衣天子的漢室出現。漢高是大流氓,一般佐命的人多為無政治經驗的流氓小吏出身。所以天下又經過六十年的混亂方才真正安定下去。到漢武帝時(前140—前87)政治才又略具規模,漢室的政治訓練才算成熟。

五、漢之統一與皇帝之神化

漢室的成立是天下統一必然性的又一明證。楚漢競爭的時期形式上是又恢復了戰國時代列國並立的局面；義帝只是曇花一現的傀儡。項羽滅後，在理論上除漢以外還有許多別的國，不過是漢的與國而已，並非都是屬國。但列國居然與漢王上表勸進：

> 楚王韓信、韓王信、淮南王英布、梁王彭越、故衡山王吳芮、趙王張敖、燕王臧荼，昧死再拜言，大王陛下！先時秦為亡道，天下誅之。大王先得秦，王定關中，於天下功最多。存亡定危，救敗繼絕，以安萬民，功盛德厚。又加惠於諸侯王有功者，使得立社稷。地分已定，而位號比擬，亡上下之分；大王功德之著於後世不宣。昧死再拜上皇帝尊號！（《漢書》卷一下《高帝紀下》）

細想起來，這個勸進表殊不可解。這是一群王自動公認另一王為帝，正與五十年前魯仲連所反對的帝秦議性質相同。我們即或承認這是諸王受漢王暗示所上的表，事情仍屬奇異。各人起兵時本是以恢復六國推翻秦帝為口號。現在秦帝已經推翻，六國也可說已經恢復，問題已經解決，天下從此可以太平無事；最少列國相互間可以再隨意戰爭，自由搗亂，不受任何外力的拘束。誰料一帝方倒，他們就又另外自立一帝。即或有漢王的暗示，當時漢王絕無實力勉強諸王接受他的暗示。所以無論內幕如何，我們仍可說這個勸進表是出於自動的；最少不是與諸王的意見相反的。這最足以證明當時的人都感覺到一統是解決天下問題的唯一方法，除此之外，並無第二條出路。第二條路是死路，就是無止期的戰亂。從此以後，中國的歷史只有這兩條路可走：可說不是民不聊生的戰國，就是一人獨裁的秦、漢。永遠一治一亂循環不已。

漢室雖是平民出身，皇帝的尊嚴並不因之減少，反而日趨神秘。秦、漢都採用當初齊國人的宣傳，行封禪，並按五德終始說自定受命之德 (《史記》卷二十八《封禪書》，《漢書》卷二十五《郊祀志》)。皇帝的地位日愈崇高，日愈神秘，到漢代，皇帝不只是政治的獨裁元首，並且天下公然變成他個人的私產。未央宮造成之後 (公元前 198 年) ──

> 高祖大朝諸侯群臣，置酒未央前殿。高祖奉玉卮，起為太上皇壽曰：「始大人常以臣無賴，不能治產業，不如仲力。今某之業，所就孰與仲多？」殿上群臣皆呼萬歲，大笑為樂。(《史記》卷八《高祖本紀》)

由此可見皇帝視天下為私產，臣民亦承認天下為其私產而不以為怪，反呼萬歲，大笑為樂。這與戰國時代孟子所倡的民貴社稷次君輕的思想，及春秋時代以君為守社稷的人而非社稷的私有者的見解是兩種完全不同的政治空氣。

哀帝 (前 6─前 1) 寵董賢，酒醉後 (公元前 1 年)，「從容視賢笑曰：『吾欲法堯禪舜何如？』」中常侍王閎反對：

> 天下乃高皇帝天下，非陛下之有也。陛下承宗廟，當傳子孫於亡窮。統業至重，天子亡戲言！(《漢書》卷十一《哀帝紀》，卷九十三《董賢傳》)

皇帝看天下為自己的私產，可私相授受。臣下認天下為皇室的家產，不可當作兒戲。兩種觀點雖不完全相同，性質卻一樣；沒有人認為一般臣民或臣民中任何一部分對天下的命運有支配的權力。

天下為皇帝的私產，寄生於皇帝私產上的人民當然就都是他的奴婢臣妾。奴婢雖或有高低，但都是奴婢；由尊貴無比的皇帝看來，奴婢間的等級分別可說是不存在的。最貴的丞相與無立錐之地的小民在皇帝前是同樣的卑微，並無高下之分。當時的人並非不知道這種新的

現象。賈誼對此有極沉痛的陳述：

> 人主之尊譬如堂，群臣如陛，眾庶如地。故陛九級上，廉遠地，則堂高。陛無級，廉近地，則堂卑。高者難攀，卑者易陵，理勢然也。故古者聖王制為等列，內有公卿大夫士，外有公侯伯子男，然後有官師小吏，延及庶人。等級分明，而天子加焉，故其尊不可及也。里諺曰：「欲投鼠而忌器。」此善諭也。鼠近於器，尚憚不投，恐傷其器，況於貴臣之近主乎？廉恥節禮以治君子，故有賜死而亡戮辱。是以黥劓之辠不及大夫，以其離主上不遠也。禮不敢齒君之路馬，蹴其芻者有罰。見君之几杖則起，遭君之乘車則下，入正門則趨。君之寵臣雖或有過，刑戮之辠不加其身者，尊君之故也。此所以為主上豫遠不敬也，所以體貌大臣而厲其節也。今自王侯三公之貴，皆天子之所改容而禮之也，古天子之所謂伯父伯舅也。而今與眾庶同黥劓髡刖笞罵棄市之法，然則堂不亡陛乎？被戮辱者不泰迫乎？廉恥不行，大臣無乃握重權，大官而有徒隸亡恥之心乎？夫望夷之事，二世見當以重法者，投鼠而不忌器之習也。臣聞之，履雖鮮不加於枕，冠雖敝不以苴履。夫嘗已在貴寵之位，天子改容而體貌之矣，吏民嘗俯伏以敬畏之矣；今而有過，帝令廢之可也，退之可也，賜之死可也，滅之可也。若夫束縛之，係緤之，輸之司寇，編之徒官，司寇小吏詈罵而榜笞之，殆非所以令眾庶見也。夫卑賤者習知尊貴者之一旦吾亦乃可以加此也，非所以習天下也，非尊尊貴貴之化也。夫天子之所嘗敬，眾庶之所嘗寵，死而死耳，賤人安宜得如此而頓辱之哉？（《漢書》卷四十八《賈誼傳》）

當時因為丞相絳侯周勃被告謀反，收獄嚴治，最後證明為誣告，方才釋出。這件事（公元前176年）是賈誼發牢騷的引線。賈誼對於這種事實

認得很清楚，但對它的意義並未明了。他所用的比喻也不妥當。皇帝的堂並不因沒有陛級而降低，他的堂實在是一座萬丈高台，臣民都俯伏在台下。皇帝的地位較前提高，臣民的地位較前降低，賈誼所説的古代與漢代的分別，實在就是階級政治與個人政治的分別。先秦君主對於大臣的尊敬是因為大臣屬於特殊的權利階級。階級有相當的勢力，不是君主所能隨意支配。到秦漢時代真正的特權階級已完全消滅，人民雖富貴貧賤不同，但沒有一個人是屬於一個有法律或政治保障的固定權利階級的。由此點看，戰國時代可説是一個過渡時代。在性質上，戰國時代已演化到君國獨裁的個人政治的階段。但一方面因為春秋時代的傳統殘餘，一方面因為列國競爭下人才的居奇，所以君主對臣下仍有相當的敬意。但這種尊敬只能説是手段，並不是理所當然的事。秦漢統一，情勢大變，君主無須再存客氣，天下萬民的生命財產在皇帝前都無保障。由人類開化以來，古有階級分明的權利政治與全民平等的獨裁政治。此外，除於理想家的想像中，人類並未發現第三種可能的政治。一切憲法的歧異與政體的花樣不過都是門面與裝飾品而已。換句話説，政治社會生活總逃不出多數（平民）為少數（特權階級）所統治或全體人民為一人所統治的兩種方式。至於孰好孰壞，只能讓理想家去解決。

　　皇帝既然如此崇高，臣民既然如此卑微，兩者幾乎可説不屬於同一物類。臣民若屬人類，皇帝就必屬神類。漢代的皇帝以至后妃都立廟祭祀。高帝時令諸侯王國京都皆立太上皇廟（《漢書》卷七十三《韋玄成傳》）。高帝死後惠帝令郡國諸侯各立高祖廟，以歲時祠（《史記》卷八《高祖本紀》）。惠帝尊高祖廟為太祖廟，景帝尊文帝廟為太宗廟，行所嘗幸郡國各立太祖太宗廟。宣帝又尊武帝廟為世宗廟，行所巡狩皆立世宗廟。至西漢末年，祖宗廟在 68 郡國中共 167 所。長安自高祖至宣帝

以及太上皇悼皇考 (宣帝父) 各自居陵立廟旁，與郡國廟合為 176 所。又園中各有寢便殿。日祭於寢，月祭於廟，時祭於便殿。寢，每日上食四次。廟，每年祭祀 25 次。便殿，每年祠四次。此外又有皇后太子廟 30 所。總計每歲的祭祀，上食 24455 份，用衛士 45129 人，祝宰樂人 12147 人 (《漢書》卷七十三《韋玄成傳》)。皇帝皇室的神化可謂達於極點！

不只已死的皇帝為神，皇帝生時已經成神，各自立廟，使人崇拜。文帝自立廟，稱顧成廟。景帝自立廟，為德陽。武帝生廟為龍淵，昭帝生廟為徘徊，宣帝生廟為樂遊，元帝生廟為長壽，成帝生廟為陽池 (《漢書》卷四《文帝紀》四年註)。

皇帝皇室的廟不只多，並且祭祀的禮節也非常繁重，連專司宗廟的官往往也弄不清，因而獲罪 (《漢書》卷七十三《韋玄成傳》)。繁重的詳情已不可考，但由上列的統計數目也可想見一個大概。這種神化政策，當時很遭反對。詳情我們雖然不知，反對的人大概不是儒家根據古禮而反對，就是一般人不願拿人當神看待而反對。所以「高后時患臣下妄，非議先帝宗廟寢園官，故定著令，敢有擅議者棄市」(同上)。這種嚴厲的禁令直到元帝毀廟時方才取消。

這種生時立廟、遍地立廟的現象，當然是一種政策，與宗教本身關係甚少。古代的政治社會完全崩潰，皇帝是新局面下唯一維繫天下的勢力。沒有真正階級分別的民眾必定是一盤散沙，團結力日漸減少以至於消滅。命定論變成人心普遍的信仰，富貴貧賤都聽天命，算命看相升到哲學的地位 (王允《論衡‧途遇篇》《累害篇》《命祿篇》《偶會篇》《治期篇》《命義篇》《骨相篇》《初禀篇》，王符《潛夫論‧正列篇》《相列篇》，荀悅《申鑑‧俗嫌篇》)。這樣的民族是最自私自利、最不進取的。別人的痛苦與自己無關，團體的利害更無人顧及，一切都由命去擺佈。像墨子那樣極力非命的積

極人生觀已經消滅，現在只有消極怠惰的放任主義。漢代兵制之由半徵兵制而募兵制，由募兵以至於無兵而專靠羌胡兵 (《漢書》卷一《高帝紀下》註，卷七《昭帝紀》註，《後漢書》卷一下《光武帝紀下》建武七年正文及註，卷五十三《竇憲傳》)，是人民日漸散漫，自私自利心發達，命定論勝利的鐵證。現在只剩皇帝一人為民眾間的唯一連鎖，並且民眾間是離心力日盛、向心力日衰的，所以連鎖必須非常堅強才能勝任。以皇帝為神，甚至生時即為神，就是加強他的維繫力的方法。天下如此之大，而皇帝只有一人，所以皇帝、皇室的廟佈滿各地是震懾人心的一個巧妙辦法。經過西漢二百年的訓練，一般人民對於皇帝的態度真與敬鬼神的心理相同。皇帝的崇拜根深蒂固，經過長期的鍛煉，單一的連鎖已成純鋼，內在的勢力絕無把它折斷的可能。若無外力的強烈壓迫，這種皇帝政治是永久不變的。

不過這種制度不是皇帝一人所能建立，多數人民如果反對，他必難成功。但這些消極的人民即或不擁護，最少也都默認。五德終始說與封禪主義是一種歷史定命論。到漢代這種信仰的勢力愈大，大家也都感覺到別無辦法，只有擁戴一個獨裁的皇帝是無辦法中的辦法。他們可說都自願地認皇帝為天命的統治者。後代真龍天子與《推背圖》的信仰由漢代的讖緯都可看出 (《漢書》卷九十九《王莽傳》，《後漢書》卷一《光武帝紀》)。所以皇帝的制度可說是由皇帝的積極建設與人民的消極擁護所造成的。

六、廢廟議與皇帝制度之完全成立

到西漢末年，繁重不堪的立廟制度已無存在的必要，因為它的目的已經達到。況且儒家對於宗廟本有定制，雖有漢初的嚴厲禁令，

儒家對這完全不合古禮的廟制終久必提出抗議。所以元帝時 (前48—前 33) 貢禹就提議：

> 古者天子七廟。今孝惠孝景廟皆親盡宜毀。及郡國廟不應 古禮，宜正定。(《漢書》卷七十三《韋玄成傳》)

永光四年 (公元前 40 年) 元帝下詔，先議罷郡國廟：

> 朕聞明王之御世也，遭時為法，因事制宜。往者天下初定， 遠方未賓，因嘗所親以立宗廟。蓋建威銷萌，一民之至權也。今 賴天地之靈，宗廟之福，四方同軌，蠻貊貢職；久遵而不定，令 疏遠卑賤共承尊祀，殆非皇天祖宗之意。朕甚懼焉！傳不云乎： 「吾不與祭，如不祭。」其與將軍列侯中二千石諸大夫博士議郎 議！(同上)

由這道詔命我們可見當初的廣建宗廟是一種提高鞏固帝權的方策，並 且這種方策到公元前 40 年左右大致已經成功，已沒有繼續維持的必 要。諸臣計議，大多主張廢除，遂罷郡國廟及皇后太子廟。同年又下 詔議京師親廟制。大臣議論紛紛，莫衷一是，此事遂暫停頓。此後二 年間 (前39—前38) 經過往返論議，宗廟大事整理，一部分廢罷，大致 遵古代儒家所倡的宗廟昭穆制 (詳情見《漢書》卷九《元帝紀》及《韋玄成傳》)。

　　毀廟之後，元帝又怕祖宗震怒，後來 (公元前 34 年) 果然生病，「夢 祖宗譴罷郡國廟」，並且皇弟楚孝王所夢相同。丞相匡衡雖向祖宗哀 禱，並願獨負一切毀廟的責任，元帝仍是不見痊可。結果二年間 (前 34—前33) 把所廢的廟又大多恢復，只有郡國廟廢罷仍舊。元帝一病不 起 (公元前 33 年)，所恢復的廟又毀 (同上)。自此以後，或罷或復，至西 漢末不定 (《漢書》卷二十五下《郊祀志下》)。但郡國廟總未恢復。

　　光武中興，因為中間經過王莽的新朝，一切漢制多無形消滅。東 漢時代，除西京原有之高祖廟外，在東京另立高廟。此外別無他廟，

西漢諸帝都合祭於高廟。光武崩後，明帝為在東京立廟，號為世祖廟。此後東漢諸帝未另立廟，只藏神主於世祖廟。所以東漢宗廟制可說較儒家所傳的古禮尚為簡單（《後漢書》卷十九[1]《祭祀志下》）。

這種簡單的廟制，正如上面所說，證明當初的政策已經成功，皇帝的地位已無搖撼的危險。在一般人心理中，皇帝真與神明無異，所以繁複的祭祀反倒不再需要。因為皇帝的制度已經確定穩固，所以皇帝本人的智愚或皇朝地位的強弱反倒是無關緊要的事。和帝（89—105）並非英明的皇帝，當時外戚宦官已開始活躍，漢室以至中國的大崩潰也見萌芽，適逢外戚竇憲利用羌、胡兵擊破北匈奴，為大將軍，威震天下。當時一般官僚自尚書以下「議欲拜之，伏稱萬歲」，只有尚書令韓棱正色反對：「夫上交不諂，下交不黷。禮無人臣稱萬歲之制！」議者皆慚而止（《後漢書》卷七十五[2]《韓棱傳》）。這雖是小掌故，最可指出皇帝的地位已經崇高到如何的程度。「萬歲」或「萬壽」本是古代任人可用的敬祝詞，《詩經》中極為普通。漢代對於與皇帝有關的事物，雖有種種的專名（蔡邕《獨斷》），一如秦始皇所定的「朕」之類，但從未定「萬歲」為對皇帝的專用頌詞。所以韓棱所謂「禮無人臣稱萬歲之制」實在沒有根據，然而「議者皆慚而止」，可見當時一般的心理以為凡是過於崇高的名詞只能適用於皇帝，他人不得僭妄擅用，禮制有否明文並無關係。

---

1 應為《後漢書》卷九十九。——編者註

2 應為《後漢書》卷四十五。——編者註

七、後言

此後二千年間皇帝個人或各朝的命運與盛衰雖各不同，然而皇帝的制度始終未變。漢末、魏晉南北朝時期皇帝實權削弱，隋唐復盛，宋以下皇帝的地位更為尊崇。到明代以下人民與皇帝真可說是兩種物類了，不只皇帝自己是神，通俗小說中甚至認為皇帝有封奇人或妖物為神的能力。這雖是平民的迷信，卻是由秦漢所建立的神化皇帝制度產生出來的，並非偶然。這也或者是人民散漫的程度逐代加深的證據。不過這些都是程度深淺的身外問題，皇帝制度本身到西漢末年可說已經完全成立，制度的本質與特性永未變更。

這個制度，正如我們上面所說，根深蒂固，由內在的力量方面講，可說是永久不變的，只有非常強烈的外來壓力才能將它搖撼。二千年間，變動雖多，皇帝的制度始終穩固如山。但近百年來的西洋政治經濟文化的勢力與前不同，是足以使中國傳統文化根本動搖的一種強力。所以辛亥革命，由清室一紙輕描淡寫的退位詔書，就把這個戰國諸子所預想，秦始皇所創立，西漢所完成，曾經維繫中國二千餘年的皇帝制度，以及三四千年來曾籠罩中國的天子理想，一股結束。廢舊容易，建新困難。在未來中國的建設中，新的元首制度也是一個不能避免的大問題。

歷史上的君權的限制

吳晗

近四十年來，坊間流行的教科書和其他書籍，普遍的有一種誤解，以為在民國成立以前，幾千年來的政體全是君主專制的，甚至全是苛暴的、獨裁的、黑暗的，這話顯然有錯誤。在革命前後持這論調以攻擊君主政體，固然是一個合宜的策略，但在現在，君主政體早已成為歷史陳跡的現在，我們不應厚誣古人，應該平心靜氣地還原其本來的面目。

過去四千年的政體，以君主（皇帝）為領袖，用現代話說是君主政體，固然不錯，說全是君主專制卻不盡然。至少除開最後明清兩代的六百年，以前的君主在常態上並不全是專制。苛暴的、獨裁的、黑暗的時代，歷史上雖不盡無，但都可說是變態的、非正常的現象，就政體來說，除開少數非常態的君主個人的行為，大體上說，一千四百年的君主政體，君權是有限制的，能受限制的君主被人民所愛戴。反之，他必然會被顛覆，破家亡國，人民也陪着遭殃。

就個人所了解的歷史上的政體，至少有五點可以說明過去的君權的限制，第一是議的制度，第二是封駁制度，第三是守法的傳統，第四是台諫制度，第五是敬天法祖的信仰。

　　國有大業，取決於群議，是幾千年來一貫的制度。春秋時子產為鄭國執政，辦了好多事，老百姓不了解，大家在鄉校裡紛紛議論，有人勸子產毀鄉校，子產説，不必，讓他們在那裡議論吧，他們的批評可以做我施政的參考。秦漢以來，議成為政府解決大事的主要方法，在國有大事的時候，君主並不先有成見，卻把這事交給廷議，廷議的人員包括政府的高級當局如丞相御史大夫及公卿列侯二千石以至下級官如議郎博士以及賢良文學。誰都可以發表意見，這意見即使是恰好和政府當局相反，可以反覆辯論不厭其詳，即使所説的話是攻擊政府當局。辯論終了時理由最充分的得了全體或大多數的贊成（甚至包括反對者），成為決議，政府照例採用作為施政的方針。例如漢武帝以來的監鐵榷酤政策，政府當局如御史大夫桑弘羊及丞相等官都主張繼續專賣，民間都紛紛反對，昭帝時令郡國舉賢良文學之士，問以民所疾苦，教化之要。皆對曰，願罷監鐵榷酤均輸官，無與天下爭利。於是政府當局以桑弘羊為主和賢良文學互相詰難，詞辯雲湧，當局幾為賢良文學所屈，於是詔罷郡國榷酤關內鐵官。宣帝時桓寬推衍其議為《鹽鐵論》十六篇。又如漢元帝時珠崖郡數反，元帝和當局已議定，發大軍征討，待詔賈捐之上疏獨以為當罷郡，不必發軍。奏上後，帝以問丞相御史大夫，丞相以為當罷，御史大夫以為當擊，帝卒用捐之議，罷珠崖郡。又如宋代每有大事，必令兩制侍從諸臣集議，明代之內閣六部都察院通政司六科諸臣集議，清代之王大臣會議[1]，雖然與議的人選和資格的限制，各朝不盡相同，但君主不以私見或成見獨斷國家大政，卻是歷朝一貫相承的。

　　封駁制度概括地説，可以分作兩部分。漢武帝以前，丞相專決

---

[1] 即議政王大臣會議。——編者註

國事，權力極大，在丞相職權以內所應做的事，雖君主也不能任意干涉。武帝以後，丞相名存職廢，光武帝委政尚書，政歸台閣，魏以中書典機密，六朝則侍中掌禁令，逐漸衍變為隋唐的三省 —— 中書、門下、尚書 —— 制度，三省的職權是中書取旨，門下封駁，尚書施行，中書省有中書舍人掌起草命令，中書省在得到君主同意或命令，就讓舍人起草，舍人在接到詞頭 (命令大意) 以後，認為不合法的便可以繳還詞頭，不給起草。在這局面下，君主就得改換主意。如堅持不改，也還可以第二次第三次發下，但舍人仍可第二次第三次退回，除非君主罷免他的職務，否則，還是拒絕起草。著例如宋仁宗時，富弼為中書舍人封還劉從願妻封遂國夫人詞頭。門下省有給事中專掌封駁，凡百司奏鈔，侍中審定，則先讀而署之，以駁正違失，凡制敕宣行，大事覆奏而請施行，小事則署而頒之，其有不便者，塗竄而奏還，謂之塗歸。著例是唐李藩遷給事中，制有不便，就制尾批卻之，吏驚請聯他紙，藩曰，聯紙是牒，豈得云批敕耶。這制度規定君主所發命令，得經過兩次審查，第一次是中書省專主起草的中書舍人，他認為不合的可以拒絕起草，舍人把命令草成後，必須經過門下省的審讀，審讀通過，由給事中簽名副署，才行下到尚書省施行。如被封駁，則此事便當作為罷論。這是第二次也是最後一次的審查。如兩省官都能稱職，堅定地執行他們的職權，便可防止君主的過失和政治上的不合法行為。從唐到明這制度始終為政府及君主所尊重，在這個時期內君權不但有限制，而且其限制的形式，也似乎不能為現代法西斯國家所接受。

法有兩種：一種是成文法，即歷朝所制定的法典；一種是不成文法，即習慣法，普通政治上的相沿傳統屬之。兩者都可以綱紀政事，維持國本，凡是賢明的君主必得遵守。不能以喜怒愛憎、個人的感情來破法壞法。即使有特殊情形，也必須先經法的制裁，然後利用君主

的特赦權或特權來補救。著例如漢文帝的幸臣鄧通，在帝旁有怠慢之禮，丞相申屠嘉因言朝廷之禮不可以不肅，罷朝坐府中檄召通到丞相府，不來且斬，通求救於帝，帝令詣嘉，免冠頓首徒跣謝，嘉謂小臣戲殿上，大不敬當斬，史今行斬之，通頓首，首盡出血不解，文帝預料丞相已把他困辱夠了，才遣使向丞相說情，說這是我的弄臣，請你特赦他，鄧通回去見皇帝，哭着說丞相幾殺臣。又如宋太祖時有群臣當遷官，太祖素惡其人不與，宰相趙普堅以為請，太祖怒曰，朕固不為遷官，卿若之何！普曰，刑以懲惡，賞以酬功，古今通道也，且刑賞天下之刑賞，非陛下之刑賞，豈得以喜怒專之。太祖怒甚起，普亦隨之，太祖入宮，普立於宮門口，久久不去，太祖卒從之。又如明太祖時定制，凡私茶出境，與關隘不譏者並論死，駙馬都尉歐陽倫以販私茶依法賜死（倫妻安慶公主為馬皇后所生）。類此的傳統的守法精神，因歷代君主的個性和教養不同，或由於自覺，或由於被動，都認為守法是做君主的應有的德行，君主如不守法則政治即失常軌，臣下無所準繩，亡國之禍，蹺足可待。

　　為了使君主不做錯事，能夠守法，歷朝又有台諫制度。一是御史台，主要的職務是糾察官邪，肅正綱紀，但在有的時代，御史亦得言事。諫是諫官，有諫議大夫左右拾遺、補闕，及司諫正言等官，分屬中書門下兩省（元廢門下，諫職並入中書，明廢中書，以諫職歸給事中兼領）。台諫以直陳主夫 [1]，盡言直諫為職業，批龍鱗，捋虎鬚，如沉默不言，便為失職，史記唐太宗愛子吳王恪好畋獵損居人田苗，侍御史柳範奏彈之，太宗因謂侍從曰，權萬紀事我兒，不能匡正，其罪合死。範進曰，房玄齡事陛下，猶不能諫正畋獵，豈可獨坐萬紀乎？又如魏徵事太

1 應為「台諫以直陳主失」。——編者註

宗，直言無所避。若諫取已受聘女，諫作層觀望昭陵，諫怠於受諫，諫作飛仙官，太宗無不曲意聽從，肇成貞觀之治。宋代言官氣焰最盛，大至國家政事，小至君主私事無不過問。包拯論事仁宗前，説得高興，唾沫四飛，仁宗回宮告訴妃嬪説，被包拯唾了一面。言官以進言糾箴為盡職，人君以受言改過為美德，這制度對於君主政體的貢獻可説很大。

兩漢以來，政治上又形成了敬天法祖的信條，敬天是適應自然界的規律，在天人合一的政治哲學觀點上，敬天的所以育人治國。法祖是法祖宗成憲，大抵開國君主的施為，因時制宜，着重在安全秩序保持和平生活。後世君主，如不能有新的發展，便應該保守祖宗成業，不使失墜；這一信條，在積極[1]方面説，固然是近千年來我民族頹弱落後的主因，但在消極[2]方面説，過去的台諫官卻利用以勸告非常態的君主，使其安分，使其不做意外的過舉。因為在理論上君主是最高的主宰，只能抬出祖宗，抬出比人君更高的天來教訓他，才能措議，説得動聽。此類的例子不可勝舉，例如某地鬧水災或旱災，言官便説據五行水是甚麼、火是甚麼，其災之所以成是因為女謁太盛，或土木太侈，或奸臣害政，君主應該積極採取相對的辦法斥去女謁，罷營土木，驅誅奸臣，發賑救民。消極的應該避殿減膳停樂素服，下詔引咎求直言以應天變。好在大大小小的災異，每年各地總有一些，言官總不愁無材料利用，來批評君主和政府，再不然便引用祖宗成憲或教訓，某事非祖宗時所曾行，某事則曾行於祖宗時，要求君主之改正或奉行。君主的意志在這信條下，多多少少為天與祖宗所束縛，不敢做

---

1 應為「消極」。——編者註

2 應為「積極」。——編者註

逆天或破壞祖宗成憲的事。兩千年來，只有一個王安石，他敢說「天變不足畏，祖宗不足法，人言不足恤」，除他以外，誰都不敢說這話。

就上文說，國有大事，君主無適無莫，虛心取決於群議。其命令有中書舍人審核於前，有給事中封駁於後，如不經門下副署，便不能行下尚書省。其所施為必須合於法度，如有違失，又有台諫官以近臣之地位，從中救正，或諫止於事前，或追論於事後，人為之機構以外，又有敬天法祖之觀念，天與祖宗同時為君權之約束器。在這樣的君主政體下，說是專制固然不盡然，說是獨裁，尤其不對，說是黑暗或苛暴，以政治史上偶然的畸形狀態，加上於全部歷史，尤其不應該。就個人所了解，六百年以前的君權是有限制的，至少在君主不肯受限制的時候，還有忠於這個君主的人敢提出指責，提出批評。近六百年來，時代愈進步，限制君權的辦法逐漸被取消，馴至以桀紂之行，文以禹湯文武之言，誥訓典謨，連篇累牘，「朕即國家」和西史暴君同符，歷史的覆轍，是值得讀史的人深切注意的。

歷史上的政治的向心力和離心力

吳晗

歷史上有若干時代，軍權政權法權財權一切大權，始終握於中央政府之手，各級地方政府唯唯聽命，中央之於地方，猶軀幹之於手足，令出必行。地方之於中央，猶眾星之拱北辰，環侍唯謹。例如宋代和明代。

也有若干時代，中葉以後，大權旁落，地方政府自成單位，其強大者更是操縱中樞，形成尾大不掉之勢。中樞政令只及於直屬的部分，枝強幹弱，失去均衡。例如漢末六朝和唐的後期，清的後期。

前者用科學的術語說，我們叫它作政治上的向心力時代，用政治上的術語說，可叫作中央集權時代。後者則是政治上的離心力時代，也可叫作地方分權時代。為避免和現代的政治術語混淆起見，我們還是用向心力和離心力這兩個名詞較為妥當。

要詳細說明上舉幾個不同時代的各方面情形，簡直是一部中國政治史，頗有不知從何處說起之苦，並且篇幅也不容許。我們不妨用簡筆畫的辦法，舉幾個有趣的例子來說明。辦法是看那個時代人願意在中央做事，還是在地方做事，前者舉宋朝作例，後者舉唐朝作例。

宋承五代藩鎮割據之後，由大分裂而一統。宋太祖採用謀臣趙普

的主意，用種種辦法收回地方的兵權、政權、法權、財權。中央直屬的軍隊叫禁軍，挑選全國最精銳的軍人組成，戰鬥力最強，挑剩的留在地方的叫廂軍，全國各地的廂軍總數才和禁軍的總數相等，以此在質、量兩方面禁軍都超過了廂軍。各地方政府的長官也都直接由中央任免。地方的司法和財政也都由中央派專使，提點刑獄公事和轉運使直轄。府縣的長官大部分都帶有在中央服務的職名，任滿後仍須回中央供職，到地方做事只算是出差 (差遣)。在這一個系統之下，就造成了政治上的向心力，宋代的各級官吏，都以到地方服務為回到中央供職的過程，內外雖迭用，但最後的歸結還是台閣監寺以至兩地。如地位已到了台閣侍從，則出任州守，便算譴謫。反之由外面內召，能到曹郎，便是美遷。「故仕人以登台閣，升禁從為顯官，而不以官之遲速為榮滯，以差遣要劇為貴途，而不以階勳爵邑有無為輕重。」一般士大夫大多顧戀京師，輕易不肯離去闕下，葉夢得《避暑錄話》下記有一則范純仁的故事說：

> 范堯夫每仕京師，早晚二膳，自己至婢妾皆治於家，往往鑱削，過為簡儉，有不飽者，雖晚登政府亦然。補外則付之外廚，加料幾倍，無不厭餘。或問其故，曰：人進退雖在己，然亦未有不累於妻孥者。吾欲使居中則勞且不足，在外則逸而有餘，故處吾左右者，朝夕所言，必以外為樂，而無顧戀京師之意，於吾亦一佐也。前輩嚴於出去，每致其意如此。

范堯夫是哲宗時的名臣名相，尚且以克削飲食的手段，來節制出處，可見當時一般重內輕外的情形。南渡後半壁江山，政治重心卻仍因制度的關係，維護在朝廷，外官紛紛要求京職。《宋會要稿》九五《職官》六〇之二九：

紹興九年(公元1139年)五月二十三日，殿中侍御史周英言：士大夫無安分效職之心，奔走權勢，惟恐不及，職事官半年不遷，往往有滯淹之歎。

又一〇六《職官》七九之一二：

慶元二年(公元1196年)十月十四日，臣僚言，近日監司帥守，到任之後，甫及半考，或幾一年，觀風問俗，巡歷未周，承流宣化，撫字未遍，即致書當路，自述勞績，干求朝堂，經營召命。

四年八月二十四日，臣僚言，比年以來，州縣官吏，奔競躁進，相師成風，囑託請求，恬不知恥，賄賂雜沓於往來之市，汗牘旁午於貴要之門，上下玩習，不以為怪。故作縣未幾，即求薦以圖院轄。作倅未幾，即求薦以圖作州。作州未幾，即求薦以圖特節。既得節矣，復圖職名，得職名矣，復圖召命。

以上二例，固然是政治的病態，卻也可看出這時代向心力的程度。

再就唐代說，安史之亂是一個路標，亂前內重外輕，亂後內輕外重。亂前的府兵屬於國家，亂後節鎮兵強，中央衰弱。亂前官吏任免由朝廷，亂後地方多自闢僚屬，墨版假授。亂前財政統一，亂後財賦有留州留使，僅上供是朝廷的收入。亂前中央官俸厚，地方官俸薄，亂後恰好相反。至於河北山東割據的藩鎮，則索性一切自主，完全和中央無干。亂前士大夫多重內官，輕外職。此種風氣，唐初已極顯著，貞觀十一年(公元637年)馬周上疏即提到這問題，他說：

今朝廷獨重內官，刺史縣令，頗輕其選。刺史多是武夫勳人，或京官不稱職始外出，邊遠之處，用人更輕，所以百姓未安，殆由於此。(《唐會要》六十八，《刺史》上)

長安四年(公元704年)李嶠也上疏說：

安人之方，須擇刺史，竊見朝廷物議，莫不重內官，輕外

職，每除牧伯，皆再三披訴。比來所遣外任，多是貶累之人，風俗不澄，實由於此。（《唐會要》六十八，《刺史》上）

神龍元年 (公元 705 年) 趙冬曦也說：

今京職之不稱者，乃左為外任，大邑之負累者，乃降為小邑，近官之不能者，乃遷為遠官。（《唐會要》六十八，《刺史》上）

直至開元五年[1] (公元 721 年) 源乾曜還說：

臣竊見勢要之家，並求京職，俊乂之士，出任外官，王道均平，不合如此。（《唐會要》五十三）

這種畸輕畸重的形式，深為當時有識的政治家所憂慮，唐太宗以此自簡刺史，令五品以上京官舉縣令一人。武后時以台閣近臣分典大州，中宗時特赦內外官吏更用，玄宗時源乾曜請出近臣弟子為外官，都想矯正這種弊端，不過全無用處，外官之望京職，有如登仙。《新唐書‧倪若水傳》：

開元初為中書舍人，尚書右丞，出為汴州刺史⋯⋯時天下久平，朝廷尊榮，人皆重內任，雖自冗官擢方面，皆自謂下遷。班景倩自揚州採訪使入為大理少卿，過州，若水餞於郊，顧左右曰：班公是行若登仙，吾恨不得為騶僕！

等到「漁陽鼙鼓動地來」，胡笳一聲，立刻把這一種向心力轉為相反的離心力。《新唐書‧李泌傳》說：

貞元三年 (公元 787 年) ⋯⋯時州刺史月俸千緡，方鎮所取無藝，而京官祿寡薄。自方鎮入至八座，至謂罷權。薛邕由左丞貶歙州刺史，家人恨降之晚。崔祐甫任吏部員外，求為洪州別駕。使府賓，佐有所忤者，薦為郎官，其遷台閣者，皆以不赴取罪

---

1 應為開元九年。—— 編者註

去。泌以為外太重，內太輕，乃請隨官閒劇，倍增其俸，時以為宜。而實參多沮其事，不能悉如所請。

元和時 (806—820) 李鄘為淮南節度使，內召作相，至祖道泣下，固辭不就。《新唐書》本傳：

> 吐突承璀數稱薦之，召拜門下侍郎同中書門下平章事。鄘不喜由宦幸進，及出，祖樂作，泣下謂諸將曰：吾老安外鎮，宰相豈吾任乎？至京師，不肯視事，引疾固辭。

這情形恰好是亂前亂後絕妙的對照。士大夫都營求外任，不肯赴闕，人才分散在地方，政府無才可用，末期至用朱樸、鄭綮做相，「履霜堅冰至」其由來也漸矣。

明代政治組織較前代進步，內閣決大政，六部主庶務，都督府司兵籍，都察院司彈劾監察，官無虛設，職與事符。並且衛軍全屬於國家，地方無私兵。地方政府的組織也較前代簡單而嚴密，嚴格說只有府縣兩級，均直屬中央。原來的三司 (布政使司、按察使司、都指揮使司) 皆帶使名，以中央官外任，後來增設巡撫，也是以中央大員出巡。總督主兩省以上的軍務，事定即罷。士大夫以內召為寵命。詔書一下，全國上下奉行唯謹。清代因承明制，卻有一部分沒有學到家，總督軍務成為地方常設的經制的疆吏，權限過大過重，前期國勢強盛，尚可以一紙命令節制調動。中葉以後，八旗軍力衰弱，代以綠營，洪楊亂起 [1]，綠營不能用，復代以練勇。事定後，各省疆吏擁兵自重，內中淮軍衍變為北洋系，猶自成一系統，潛勢力可以影響國政，義和團亂起，南方各省疆吏竟成聯省自立的局面。中央政令不行，地方形同割據。革命起後，北洋系的軍人相繼當國，形成十六年割據混戰的

---

1 指洪秀全、楊秀清等領導的太平天國運動。—— 編者註

局面。在這期間內，政治上的離心力大過向心力，一般智識分子，多服務於地方，人才分散。我們回顧這兩千年的專制政治，無論向心或離心，都是以獨夫之心，操縱數萬萬人之事。而歷朝皇帝，都生怕天下把得不穩，於是大量引用戚族，舉全國人的血汗，供一家之榮華富貴，荒淫奢侈。自今而後，我們需要向心，我們更需要統一，但我們必須向心於一個民主的政權，我們必須統一於一個民主的政府之下。

論修明政治的途徑

張蔭麟

　　修明政治有兩個途徑。一是着眼在政治本身，從政治本身下手；一是着眼在政治弊端所依據的其他社會現象，而從這些政治以外的社會現象下手。前者可說是治標的途徑，後者可說是治本的途徑，當然治標和治本是可以雙管齊下的。

　　先說前者。政治現象的最後因素，不外二者，曰人，曰法。從政治本身去修明政治，就是從用人、立法和執法上去修明政治。從前有人問陸象山，假如一旦以國事相付託，有何辦法？象山答道，有，就是八個字：「任賢使能，賞功罰罪。」任賢使能是用人之事，賞功罰罪是立法執法的事。（立法可視為給功罪下界說，為賞罰的前提。）任與使有別，任重而使輕。非賢不可任，能而非賢亦可使。這八個字所代表的四件事，都是政治上的老生常談。象山的話的新穎處，只在他認為這八個字便盡政治的能事。我們現在可以更補充一句道：從政治本身去修明政治，這八個字的確已盡政治的能事。

　　「任賢使能，賞功罰罪」，既然是現在我國任何從政的人都會見到，都會說出的，為甚麼現在我國政治的實踐離這八個字還很遠呢？

　　這八個字又可以總括為一個字，曰「公」。任使而公，則所任所

使必是賢能。賞罰而公，則所賞者必是有功，而有功必賞，所罰者必是有罪，而有罪必罰。甚麼是公，把政事本身當作一目的，而不把他當作達到任何個人目的的手段，這便是公。

公的反面是私。任使而私，則賞罰亦隨之而不得不私。任使而私，則賞擢無次而罰禁不行，賞擢無次而罰禁不行，則法律制度一切掃地。甚麼是私，把政事當作達到任何個人目的或滿足任何個人慾望(或個人的親屬的慾望)的手段，這便是私。儒家所主張的「尊其位，重其祿……以勸親親」的家庭主義，便是中國傳統思想中獎私害公的政治毒藥。但儒家所要勸的親親似乎還不過只涉宗族。人生的大私，尚莫如男女之事。政治之事假若和男女之事攪在一起，則政治永遠沒有清明的希望。

有人問：古人也說，「內舉不避親」，難道這句話沒有一點真理？答道：有，看在甚麼時代，處甚麼地位，在紀綱確立、法度整飭的時代，在下位的人，內舉不避親是應當的。但在一個「匿抱提諶」(Nepotism)已經風靡一世的時代，主持氣運的人，為樹範矯枉計，在用人上豈獨應當「避親」，簡直應當「斷六親」，否則「風興草偃，上行下效」，更加上經典的護符，大家理直氣壯地以國事為家事，以家事為國事，政治便不可問了。

私是一念。去私是誠意正心的事。《大學》以誠意正心為治國平天下的根本，就從政治本身去修明政治而論，這有不磨的真理。幸而三綱領、八條目現在已掛在人人的嘴邊了。但我們不要忘記王陽明先生的話：「知」而不行，只是不知。

但是，僅只從政治本身去修明政治是不夠的。政治不是孤立的社會現象，他是和其他的社會現象相關聯，受其他的社會現象所制約

的。許多政治的弊病是植根於其他某些社會現象，必待其他某些社會現象改變了，方能徹底消除的。

現在大家所最為蹙額疾首的政治弊病豈不是貪污？我以為中國政治的根本症候，不是貪污，而別有在。這中國政治的根本症候，吾無以名之，強名之曰「政府的癱瘓」。貪污只是這症候的外徵之一而已。甚麼是政治的癱瘓？上層的意志無法貫徹於下層；法令每經一度下行，便打一次折扣，甚則「損之又損，以至於無」；一切政治上的興作和運動有形式而無精神，多耗費而少功效；巨蠹重弊，在上的人知之甚明而不能禁，禁之嚴而不能絕；這便是政治的癱瘓。

政治的癱瘓，主要的原因是在整個政治機構裡，上層人員和下層人員之間，精神上脫節。而這精神上的脫節主要的原因，是上下層之間生活的甘苦差別太大。政治癱瘓的程度與上下生活之甘苦差異的程度及最下一層之苦的程度成正比例。必上下生活一致（至少大致上一致），才會上下一心。但在我國每一個政府的機關裡的人員，都可分為三類。一、老爺之類，二、書辦之類，三、差役之類。這三類人，無論在經濟上，在社會地位上，在精神價值上，都有天淵之別。抗戰以來，因為貨幣的貶值，書辦之類和差役之類在經濟地位上的差異幾乎泯滅了，因而他們的社會地位上的差別也幾乎泯滅了。現在我們可以把這三類約為兩類，一是「有」的一類，即老爺之類；一是「無」的一類，即書辦和差役之類。無論在物質享受上，在社會地位上，在個人的尊嚴上，老爺之類有一切而書辦和差役之類（除作弊者外）無一切。老爺天天對書辦和差役訓話，講道德，說主義，要他們盡忠，要他們犧牲。然而老爺訓話完了，坐汽車回到廣廈華堂裡，享香港用飛機運來的珍饈，賞洛陽用飛機運來的牡丹。書辦和差役（作弊的除外），聽訓完了，回到寒冷的家裡，對着衣不暖食不飽的妻孥。這種情形老爺也許不

覺，書辦和差役是知得清清楚楚的。在這種情形之下，老爺的訓話，對如書辦和差役豈能不如「東風之逆馬耳」？況且在衙門裡，在老爺面前，書辦和差役根本沒有人的尊嚴，根本不能「堂堂地做個人」。在以上所說的物質和精神的條件之下，他們怎會有一點「敬業」之心，我們不要小視書辦和差役之類的人員。他們佔整個政治機構裡的人員的大多數，他們是整個政治機構的手足和爪牙，他們是政治的幹部，未有這類人員不能「敬業」而政治能夠修明的。

修明政治的一個基本問題，是平均上層政治人員和下層政治人員的生活水準。至少大大減少兩者間的距離。這有兩條路，一是提高下層政治人員的生活水準，二是降低上層政治人員的生活水準。前者直接是財政的問題，間接是整個經濟機構的問題。後者是上層統治者的人生觀的問題。這兩個問題都不是從政治本身所能解決的。

古代中國的外交

雷海宗

　　古往今來所有的高等文化，於封建制度過去之後，大一統的帝國出現之前，都有五六百年的列國並立時代。各國對內統一，對外爭衡，在此種的國際局面下就自然地產生了外交，真正的外交也只限於這個文化階段。由公元前 650 年左右到 100 年[1] 左右羅馬帝國的成立，是希臘羅馬文化的列國時代。關於當時的外交，史料雖然不多，但仍值得今日研究外交史與外交術的人去參考。印度的封建時代，普通稱為吠陀時代，於公元前 850 年左右結束，由此到公元前 321 年孔雀王朝的統一帝國成立[2]，是印度的列國時代，只可惜這一大段的政治史與外交史已幾乎全部失傳。歐西由 16 世紀初宗教改革時起，進入列國，這個階段至今尚未結束，它的外交史與外交術仍是目前活的問題，外交業者與外交學者當然對它特別注意。中國古代的春秋、戰國，前後五百五十年，也是同樣的一個列國階段，外交術甚為發達，外交史的材料傳於後世的也不少於希臘羅馬。外交史，說來話長，但春秋、戰國的外交術，雖至今日也不顯得陳腐，頗有一談的價值。

---

1 指公元前 100 年。——編者註

2 孔雀王朝的創建時間，除公元前 321 年，尚有公元前 324 年一說。——編者註

一、春秋時代

外交各以本國的利益為出發點，而國與國間情形複雜，不似個人的關係可以比較地開誠佈公，所以任何時任何地的外交都不免有欺詐的成分。但一般說來，春秋時代的外交，尚相當地坦白，欺詐的事例並不太多。外交注重辭令。外交的辭令，由好的方面言，是一種說話得體的藝術：不輕不重，不多不少，不倨不卑，而把自己的意願能夠徹底地表達，方為理想的外交辭令。由壞的方面言，外交辭令也可說是一種撒謊的藝術：以非為是，以是為非，而能持之有故，言之成理，把對方完全蒙蔽，或使對方明知為欺詐而不能反駁，方為外交扯謊的上乘。

春秋時代最出名的一篇顛倒是非的外交辭令，大概要算成公十三年（公元前 578 年）晉使呂相絕秦的那篇絕交書。書中先責七十年前秦公敗晉惠公於韓原的事。韓原之敗，實乃由晉自招；惠公原許割地與秦，中途變卦，才引起戰事。二，呂相又言晉文公報秦穆公扶立之德，曾使東方諸侯朝秦。這是絕無其事的謊言。三，又言僖公三十年鄭侵秦，晉文公曾率諸侯與秦圍鄭。實則晉因鄭暗中與楚勾結，才去伐鄭，與秦全不相干。四，責秦於此項戰役中，暗裡與鄭請和。此點是事實。五，言諸侯都怒秦單獨請和，將伐秦，而由晉文公制止。絕無其事。六，責秦穆公於晉文公死後，襲鄭滅滑。是事實。七，謂晉襄公因鄭、滑之事，不得已而攻秦於殽。這雖是事實，卻全為自解之辭。八，責秦於此後聯楚攻晉。是事實。九，責秦康公要強立晉公子雍為晉侯，「欲闕翦我公室，傾覆我社稷，帥我蟊賊以來蕩掃我邊疆」。這真是欲加之罪，何患無辭；實際是晉國自動請秦把公子雍送回晉國即位，後來晉國又忽然反悔，將護送公子雍的秦軍當為邊寇，乘其不

備而加以襲擊！十，責秦此後屢次侵伐晉邊。但這都是晉所自取。十一，責秦桓公攻晉。十二，責秦背河西之盟。十三，責秦聯狄和楚，以便攻晉。最後三點，都是事實。總觀這一篇外交通牒，雖非全無根據，但大體卻是顛倒是非、歪曲事實之言。這可說是古今中外一切外交辭令的通例，在春秋時代這不過是一個顯例而已。

　　除口頭應對或文書來往的辭令外，春秋時還有一種特殊的辭令，就是賦詩。此時古詩集的種類大概很多，傳到後世的《詩》三百篇只是其中的一種。賦詩也是一種藝術，非經嚴格的訓練與練習不能勝任。對方賦詩，自己必須答賦，答賦必須恰當，否則必招人譏笑，有辱國家。賦詩時或賦全篇，或任擇一二章，皆可隨機應變。賦詩由樂工負責，外交人員不過發令指示而已。樂工一面奏樂，一面歌唱，樂歌並作。太複雜的交涉，或難用賦詩的方式去進行，但除普通的外交酬酢當然賦詩外，賦詩有時也可發生重大的具體作用。例如文公十三年（公元前614年）鄭伯背晉降楚後，又欲歸服於晉，適逢魯文公由晉回魯，鄭伯在半路與魯侯相會，請他代為向晉說情，兩方的應答全以賦詩為媒介。鄭大夫子家賦《小雅·鴻雁篇》，義取侯伯哀恤鰥寡，有遠行之勞，暗示鄭國孤弱，需要魯國哀恤，代為遠行，往晉國去關說。魯季文子答賦《小雅·四月篇》，義取行役逾時，思歸祭祀；這當然是表示拒絕，不願為鄭國的事再往晉一行。鄭子家又賦《庸風·載馳篇》[1]之第四章，義取小國有急，想求大國救助。魯季文子又答賦《小雅·采薇篇》之第四章，取其「豈敢定居，一月三捷」之句，魯國過意不去，只得答應為鄭奔走，不敢安居。鄭伯見請求成功，於是就向魯侯下拜，表示謝意。魯侯趕忙答拜還禮。這儼然是做戲，卻也是富有

---

1 應為《鄘風·載馳篇》。 —— 編者註

內容的一段變相的外交辭令。

　　兩國絕交，當然是施展辭令的大好機會。在一般無關重要的外交場合中，辭令的潤飾也很重要。但若逢到真正嚴重的交涉時，普通是先私下做一番非正式談商的工夫，並且大多是由次要的人物出面。待大體商定之後，主角才出台做戲，在正式的會議中表演一套冠冕堂皇的辭令而已。襄公二十七年 (公元前 546 年) 的向戌弭兵之會，是此種辦法的最好例證。弭兵會議的兩個主角是晉中軍將趙武與楚令尹子木。會場在宋的首都商丘，宋左師向戌是當然的主人。趙武雖先到會，子木卻停留於陳國，不肯與趙武太早地會面，以免兩大相逢，或將因摩擦過甚而演成僵局。向戌於是就成了中間的傳話人，先到陳會見子木，子木非正式地向向戌提議：「請晉楚之從，交相見也。」就是說，晉的附屬小國也要朝見楚王，楚的附屬小國也要朝見晉侯，作為晉楚兩國不再用兵爭取中原小國的條件。向戌回宋，報告趙武。趙武對此並不反對，但另外提出齊秦兩國的問題，提議算齊為晉的屬國，算秦為楚的屬國，秦也要朝晉，齊也要朝楚。趙武這是故意給楚國出一個難題目去做。因為齊國四十年前為晉大敗，齊侯曾親自朝晉，算齊為晉的屬國，還勉強可以說通。但晉秦是世仇，秦絕不肯低聲下氣地去朝晉。並且秦楚兩國雖然一向國交親密，秦並不附屬於楚，楚也絕不能命令秦去朝晉。向戌又往陳國轉達趙武的意見，子木不能決，遣人回國向王請示。楚王倒很乾脆，決定說：「釋齊秦，他國請相見也。」向戌又回宋，趙武也就不再故意為難，接受了楚王的決意。一切既定之後，趙武與楚國已經到宋的次要人物子晳先非正式地定盟，以免正式會議時再有條文的爭訟。至此，子木始到宋赴會。

　　正式會議本當順利，不意卻又發生了意外的問題。晉楚爭先，兩國都要主盟。前此的國際會議，或由晉召聚，或由楚召聚，兩大國向

未在國際盟會中逢面。晉召會，當然晉主盟；楚召會，當然楚主盟。主盟，做主席，有兩種權利。第一，先書盟：會議中所定的正式盟約用犧牲的血寫在竹簡上，約中要列與會各國的國名，主席的國名當然寫在第一位。第二，主席先歃血：盟約寫定之後，主席先讀一遍，然後以盤中的牲血塗在口邊，表示請鬼神為盟約的證人，這就是所謂歃血為盟，意義與今日的簽字一樣。盟主之後，列國順序歃血。現在晉楚同時在場，主席的問題大感困難。晉國的代表說：「晉固為諸侯盟主，未有先晉者也。」楚人說：「子言晉楚匹也。若晉常先，是楚弱也。且晉楚狎主諸侯之盟也久矣，豈專在晉？」兩方各執一詞，皆能言之成理，一群小國都不敢發表意見，根本也不知應當如何調解。最後還是晉國的叔向提出一個妥協的辦法，就是在寫盟約時先晉後楚，歃血為盟時先楚後晉，兩方都接受了這個提議，弭兵之會才算是順利地結束。

　　大國與小國的關係，難以完全平等的。盟約稱為載書，當時有許多的載書可說是不平等的條約。但春秋時代國際間還未發展到蠻不講理的階段，小國若有智膽兼備的外交家，在壇坫之上往往可以與大國抗衡。例如襄公九年（公元前 564 年）晉與諸侯盟鄭於戲，晉卿士弱為載書，寫道：「自今日既盟之後，鄭國而不唯晉命是聽而或有異志者，有如此盟！」鄭國的代表子駟認為如此的條文侮人太甚，於是趨前在載書上加寫了一條：「天禍鄭國，使介居二大國之間，大國不加德音，而亂以要之，使其神鬼不獲歆其禋祀，其民人不獲享其土利，夫婦辛苦墊隘，無所底告。自今日既盟之後，鄭國而不唯有禮與強可以庇民者是從而敢有異志者，亦如之！」晉方的荀偃大怒，說：「改載書！」要把鄭國後加的條文刪去。鄭方的子展說：「昭大神，要言焉，若可改也，大國亦可叛也！」這句話說得非常厲害，晉國辭窮，無法可想，

只有聽任載書保留前後矛盾的兩種條文。這大概是古今中外所未再有的一種奇特條約！(以上各節，俱見《左傳》)

總觀春秋外交的各種情形，欺詐的作用雖不能免，但大體還是有規則，講道理，重禮節的國際交往周旋的一種方式。一進戰國，情形大變。國際的局面驟然緊張，外交也就隨着根本變質了。

二、戰國時代

戰國初期的百年間，由吳越戰爭到商鞅變法，是一個大革命的時期。革命的詳細經過，今日已不可考，但革命的結果我們看得很清楚。各國都變成國君一人專制獨裁的國家，擴充領土變成列強的最高國策。各國都成了帝國主義的國家，都想吞併鄰國，最後統一天下。戰爭之外，外交，無所不用其極的外交，也是達到此種目的的一種手段。春秋時代比較坦白的外交已不再見，縱橫詐偽變成外交術的顯著特徵。春秋外交藝術之花的賦詩，無形消滅，可說是外交術徹底革命的象徵。賦詩何時停止，難以稽考。《左傳》中最後一次的賦詩，在昭公二十五年 (公元前 517 年)，正當孔子三十五歲左右的時候。但這不足為此後不再賦詩之證，最多只能表明賦詩之事的日漸稀少。孔子說：「誦詩三百，授之以政，不達，使於四方，不能專對；雖多，亦奚以為？」(《論語‧子路篇》) 所謂「使於四方，不能專對」，就是指出使外國時賦詩而言，可見當孔子時賦詩仍相當地普遍，孔子教授弟子學詩的一個重要目的，也就是希望他們將來從政時，若出使四方，能夠專對。賦詩的傳統，大概就在戰國初期百年大亂的期間消滅。賦詩之事，象徵春秋時代穩定安詳悠閒自在的文化精神與國際空氣。此種精神與空氣，進到戰國後已不復存在，無人再有閒情逸致去雍容賦詩。

《戰國策》與《史記》所記載的縱橫外交，乍看之下，好似是變幻萬端，難以揣測。但若歸納研究，就可見在隨機應變的運用之上，實有幾條原則，一切的詐偽都逃不出它們的範圍。

（1）利而忘義 —— 絕對的信義，只能見於私人間的關係上，國際間當然不可能。但戰國時代國際間信義掃地的程度，則遠非春秋的士君子所能想像。例如韓齊二國曾訂軍事同盟，約定患難相助。後來秦伐韓，韓派使臣往齊求援，齊王想要出兵解救時，齊臣田臣思說：「王之謀過矣。不如聽之。子噲與子之國，百姓不戴，諸侯弗與。秦伐韓，楚趙必救之。是天以燕賜我也。」齊王稱善，於是應許韓的使臣立刻出兵，而實際按兵不動。楚趙為要維持均勢，果然自動出兵救韓，齊國卻乘着大家忙亂不堪的時機攻佔燕國，把燕國臨時滅掉《戰國策》卷九《齊策二》）。又有一次，齊秦二國強甲天下，秦約齊同時稱帝，齊為東帝，秦為西帝。齊國想稱帝，又怕天下各國不服，空招無趣，於是決定應許與秦同時稱帝，而先觀望不稱，待秦國稱帝之後，如果沒有不利的反響，齊國再正式自加尊號，也不為遲；秦稱帝，若國際的輿論不佳，齊就始終不動，免得與秦同被惡名。後來秦國果然上當，稱帝不久就又羞答答地取消了尊號。這在戰國時代算是秦國外交上一個小小的失敗《戰國策》卷十一《齊策四》）。

齊攻宋，宋派使向楚求救，楚王滿口答應，痛快非常。宋使回國途中，面帶愁容，他的從人問他為何使命成功而不歡喜。使臣說：「宋小而齊大，夫救於小宋而惡於大齊，此王之所憂也，而荊王悅甚，必以堅我。我堅而齊弊，荊之利也。」楚國果然失信，聽宋為齊所敗而不搭救《戰國策》卷三十二《宋衛策》）。

（2）賄賂內奸 —— 買通敵對國家中意志薄弱，頭腦不清，或思想複雜的分子，無事時可以泄漏情報，有事時可以搗亂響應，這是國際

鈎心鬥角局面下的一種費力少而效用大的陰謀手法。賄買內奸，以人類大弱點的貪慾為起發點，秦對此點看得最清楚，秦相應侯有一次對秦王說：「秦於天下之士，非有怨也，相聚而攻秦者，以己欲富貴耳。王見大王之狗，臥者臥，起者起，行者行，止者止，毋相與鬥者。投之一骨，輕起相牙者；何則？有爭意也。」(《戰國策》卷五《秦策三》) 這未免太小看了天下之士；不計私利而一心抗秦的人物，各國都有。但接受秦賄而出賣國家的人，的確也不算少。秦王政即位不久，出萬金，令大陰謀家頓弱到各國去行賄，六國自將相以下都有被收買的人 (《戰國策》卷六《秦策四》)。秦國吞併天下，兵力之外，這是很重要的一個助力。秦國賄賂策略收效最大的地方，就是齊國。齊相後勝暗中受了秦國的金玉，故意鬆弛齊國的武備，以致最後齊國在六國中成了唯一不抵抗而滅亡的國家 (《戰國策》卷十三《齊策六》)。

（3）流言反間──散佈謠言蜚語，挑撥離間，拆散敵方領袖間的團結合作，也是一種失敗也無大礙、成功可收奇效的外交攻勢。燕將樂毅攻齊，下七十餘城，除莒與即墨二地外，齊國全部淪陷，齊王亦死，真可謂國破家亡。田單守即墨，樂毅圍攻甚急，適逢燕王死，新王為太子時即與樂毅失和，田單乘隙使人至燕散佈流言：「齊王已死，城之不拔者二耳。樂毅畏誅而不敢歸，以伐齊為名，實欲南面而王齊。齊人未附，故且緩攻即墨，以待其事。齊人所懼，唯恐他將之來，即墨殘矣。」新王果然中計，奪了樂毅的兵權。代將的人庸碌無能，不久就把樂毅征服的齊地全部喪失 (《史記》卷八十二《田單列傳》)。

長平之戰，趙將廉頗採取高壘堅守以老敵師的策略。秦軍屢次挑戰，廉頗自計實力太弱，應戰必然失敗，所以始終不動。趙王以及國內一般淺見者流，多認為廉頗過度示弱，譏怨之聲四起。秦使人往趙反間說：「秦之所惡，獨畏馬服子趙括將耳。廉頗易與，且降矣。」趙

括是善於紙上談兵的軍事家，名望甚高，而無真正的本領。但在輿論失常之下，趙王竟不顧一切，撤換了廉頗，使趙括代將。趙括貿然進攻，大敗，趙軍四十萬人投降，全部為秦將白起所坑殺 (《史記》卷七十三《白起列傳》)。這個反間計，比田單所施用的還要厲害，田單的目的不過是去掉一個勁敵，秦人此次不只去掉一個莫可奈何的廉頗，並且還請來一位幼稚可憐的趙括，以便由秦徹底地解決。歷史的教訓，很少有人接受。三十年後，秦已滅韓，出兵圍趙，趙將李牧、司馬尚二人善用兵。秦軍屢次失利，遂又用反間計，賄賂趙王的寵臣，使他乘間向趙王進讒，說李牧、司馬尚與秦暗中有所勾結。這是賄買內奸與流言離間雙管齊下的進攻，趙王居然聽信了讒言，殺李牧，廢司馬尚。不久趙軍大敗，趙國亦亡 (《戰國策》卷二十一《趙策四》)。

戰國末期，六國中唯一有膽有識的抗秦人物就是魏公子信陵君，天下知名，號召力甚大，組織六國的聯軍，屢次敗秦。秦王出萬金，在魏遍佈流言：「諸侯徒聞魏公子，不聞魏王，公子亦欲因此時定南面而王。諸侯畏公子之威，方欲共立之。」此外，秦的使臣又屢次向信陵君致賀，並問登位的日期。魏王當初雖然半信半疑，最後竟被說動，奪了公子的軍權，魏以及六國的悲運從此也就注定了 (《史記》卷七十七《信陵君列傳》)。

小國間的雞蟲得失，有時也用反間。昌他由西周逃到東周，把西周的秘密全盤托出，東周大喜，西周大怒。西周於是派人與昌他送書，並附金三十斤，說：「告昌他：事可成，勉成之；不可成，亟亡來。事久且泄，自令身死。」西周同時又使人告東周：「今夕有奸人當入者矣。」東周的守兵當然捉得西周的送書人，東周君立刻殺掉昌他 (《戰國策》卷一《東周策》)！

(4) 虛偽利誘 —— 為達到自己的目的，以重利引誘他人，待目的

達到之後，再設法把當初送人的利益收回，甚或實際的利益始終並未
放手，待把握已定之後，再翻臉不認舊賬，這也是國際縱橫捭闔的一
種秘訣。戰國時代最有名的利誘例證，就是張儀騙楚懷王的故事。齊
楚同盟，秦頗感受威脅，遂派張儀往楚遊說，只要楚與齊絕，秦即無
條件地割商於之地六百里與楚。楚懷王大喜，與齊絕交，並派人隨張
儀回秦受地。張儀回國，假醉墜車，稱病不出。待秦已確知齊楚絕交
之後，張儀才病癒上朝，告楚使說：「子何不受地？從某至某，廣袤六
里。」使臣說：「臣聞六百里，不聞六里。」張儀吃驚回答說：「儀固
以小人，安得六百里？」楚使回國，懷王大怒，伐秦，為秦所敗，國
防要地的漢中也為秦奪去 (《戰國策》卷四《秦策二》,《史記》卷四十《楚世家》)。
後來秦攻韓，怕楚干涉，派馮章使楚，應許於戰後將漢中割還楚國，
楚國又二次聽信了秦的甘言。戰後，楚向秦索地，馮章自請出亡，秦
於是把一切責任都推到馮章身上，說他未得秦王同意而擅自應許楚國
割地的條件 (《戰國策》卷四《秦策二》)。又有一次，秦趙合攻魏國，魏國也
以割地的厚利去誘騙趙國，趙國也利令智昏，退出戰團，魏國的急圍
遂得解除。事過之後，魏國也把責任推到使臣身上，不肯割地 (《戰國策》
卷二十四《魏策三》)。

　　利誘的把戲，有時可以玩得非常複雜。楚懷王的太子橫在齊為
質。懷王死，太子要回國即位。齊以楚割東方領土的所謂下東國五百
里之地相要挾，否則不放太子。太子只得答應割地。回國即位，為楚
襄王。齊要取地，襄王向群臣求計。子良說：「王不可不與也。王身
出玉聲，許強萬乘之齊而不與，則不信。後不可以約結諸侯。請與而
復攻之。與之信，攻之武。臣故曰與之。」昭常說：「不可與也。萬乘
者，以地大為萬乘。今去東地五百里，是去戰國之半也。有萬乘之號，
而無千乘之用也，不可。臣故曰勿與。常請守之。」景鯉說：「不可與

也。雖然，楚不能獨守，臣請西索救於秦。」襄王最後問慎子，慎子
說，可兼用三子之計。王不悅，認為慎子是在開玩笑。慎子解釋說：
「臣請效其說，而王且見其誠然也。王發上柱國子良車五十乘，而北
獻地五百里於齊。發子良之明日，遣昭常為大司馬，令往守東地。遣
昭常之明日，遣景鯉車五十乘，西索救於秦。」楚王真就採用了這條
連環妙計，子良獻地之後，昭常又去堅守不退，不久秦為維持均勢又
出兵救楚。齊國空歡喜一場，一無所得 （《戰國策》卷十五《楚策二》）。

　　這種空頭支票的誘人詭謀，有時也會弄假成真，非忍痛割地不
可。楚魏戰，魏許秦割上洛地，請秦不要助楚。魏果然戰勝。秦向魏
索地，被魏拒絕。秦於是做出與楚接近的姿態。魏怕秦楚聯合攻己，
趕快把上洛之地割與秦國 （《戰國策》卷六《秦策四》）。

　　（5）威逼誘降 —— 敵人戰敗而尚未失去抵抗力，或可戰而意志未
決時，用甜言蜜語去鬆懈他的決心，使他相信早日投降可以免除更大
的痛苦，這種利用人類僥倖心理的策略，往往也可以收穫宏效。秦敗
楚，楚懷王使太子為質於齊以求援。秦昭王致書楚王，說願與楚王在
秦楚交界處的武關相見，面談兩國間的誤會，以便言歸於好。楚懷王
猶豫不決，去，怕被欺，不去，怕招致秦國更烈的進攻。最後，懷王
冒險往武關去赴會，結果被秦扣留。秦要懷王割地，否則不准回國。
懷王不肯一錯再錯，堅決拒絕割地，終至死在秦國。楚太子橫雖由齊
回國，即位為襄王，但秦乘楚內部人心惶惶之際，猛烈進攻，大敗楚
國 （《史記》卷四十《楚世家》）。

　　五國相繼破滅亡之後，只有齊尚獨立於東方。秦威脅利誘兼施，
勸齊不要做無謂的抵抗，以免生靈塗炭，只要齊王入朝，就可封與
五百里之地，但齊國必須降秦。齊王建的精神已被秦克服，左右亦多
膽怯或曾被秦賄買，極力勸王建西去降秦，王建入秦，齊毫無抵抗而

亡國。王建被秦拘，餓死（《戰國策》卷十三《齊策六》）。在戰國時代秦國全部的外交史上，滅齊是收尾的一幕，也是最便宜的一幕：一紙招降書而滅掉一個有名的大國，全天下從此就都一統於秦。

（6）騎牆外交——以上所講的，幾乎都是大國間互相侵襲的縱橫詐術。小國在此種局面下，難以有完全自主的外交，只有兼事四鄰的大國，利用大國間的矛盾，使自己成為國際均勢之下的一個雖小而必需的成分，小心翼翼，各方討好，或可勉強維持獨立。這可稱為騎牆外交。滕文公向孟子所說：「滕，小國也，間於齊楚，事齊乎，事楚乎？」又，「滕，小國也，竭力以事大國，則不得免焉，如之何則可？」正道出各小國莫可奈何的悲哀（《孟子・梁惠王下》）。魏伐趙，勉強宋出兵隨征。宋國進退兩難，暗中派人到趙去訴說苦衷，請趙准宋軍開入趙境，專圍一城，以便對魏交代，同時趙亦可不致受宋的大害。魏國居然被蒙蔽，以為宋真正在大賣力氣助戰。趙國也甚心感宋國，認為宋只是虛張聲勢，並非真正仇趙。宋國兩面討好，最後「兵退難解，德施於梁，而無怨於趙」（《戰國策》卷三十二《宋衛策》）。當時宋、衛、魯、中山、西周、東周諸小國，都時常被大國要挾，在可能時也總是採取此種騎牆的策略，以謀自保。

三、後言

戰國的外交，手段要辣，居心要狠，才有成功的希望。身處戰國，而行春秋的外交，小則喪權，大則亡國。戰國的結局，在各民族中，都是全文化區的統一：印度、中國、希臘羅馬無不如此。今日的歐美恐也終難逃脫歷史的命運。最辣最狠的國家，往往也是最後成功的國家。戰國時曾有人對秦下過很深刻的評斷：「秦之欲併天下而王之也，

不與古同。事之雖如子之事父，猶將亡之也。行雖如伯夷，猶將亡之也。行雖如桀紂，猶將亡之也。雖善事之無益也，不可以為存，適足以自令亟亡也。然則山東非能從親，合而相堅如一者，必皆亡矣！」（《戰國策》卷二十八《韓策三》）六國中的明眼人，都知秦的野心漫無止境，非獨吞天下不可。但六國始終不能一心一德地合力抗秦，最後聽秦個個擊破，統一宇內。世事推移，好似有非人力所能挽回的趨勢。只看細節，歷史絕不重演。但若從遠處大處着眼，歷史所能供給的教訓似乎又非常之多。印度的史料過度缺乏，可以不論。但羅馬的統一地中海世界與秦的統一中國，在政策運用與步驟的進展上，往往如出一轍。今日的歐美，表面的態勢無論如何地獨特，骨子裡是否又在開始重演戰國的悲劇，這當然只有後來的人才能斷定。但我們今日的人，若由此點觀察，對世界的大局與趨勢或者能有深入一層的了解。

五代時波斯人之華化

張蔭麟

　　唐末五代，歐洲所謂「近東」(就吾人觀點應稱「近西」) 之人，因互市而僑居於中國者甚眾，其土生子姓頗有深沐華化，甚至以事功或文學顯於當時，而名氏入於載籍者。南漢開國主劉隱之父劉謙為一大食或波斯人，日人藤田豐八已考之詳矣 (見所著《東西交涉史·南海篇》)。予近又得李珣一例。

　　五代時後蜀人何光遠所撰《鑑誡錄》卷四《斥亂常》條載：「賓貢李珣，字德潤，本蜀中土生波斯也。少小苦心，屢稱賓貢。所吟詩句，往往動人。尹校書鶚者，錦城煙月之士。與李生常為友善，遂因戲遇□嘲之。李生文章掃地而盡。」詩曰：

　　　　異域從來不亂常，李波斯強學文章。假饒折得東堂桂，胡臭
　　薰來也不香。

可見，其受當時華人之排疾。

　　李珣之家庭及來歷亦有可考者。宋初黃休復所撰《茅亭客話》(卷二《李四郎》條) 載：「李四郎，名玹，字庭儀。其先波斯國人，隨僖宗入蜀，授率府。兄珣，有詩名，預賓貢焉。」所謂「其先」當即李珣之父，名字已不可考。史稱僖宗此次出奔，唯四王及妃嬪數人從行，百官皆

莫之知。珣父必非自長安扈駕,而是中路附隨者。由「四郎」之稱可見李珣兄弟至少有四人。玹亦當時聞人,下文將再及之。

　　吳任臣 (清初人)《十國春秋》於《前蜀編》有李珣一小傳,然絕不言其先為波斯人,是可異也。傳云:「李珣……梓州人,昭儀李舜弦兄也。珣以小詞為 (前蜀) 後主所賞。嘗制浣溪紗詞,有『早為不逢巫峽夢,那堪虛度錦江春』(之句),詞家互相傳誦。所著有《瓊瑤集》若干卷。」李舜弦,《十國春秋》亦有傳,然亦不言其先為波斯人。傳云:「舜弦,梓州人,酷有辭藻,後主 (王衍) 立為昭儀,世所稱李舜弦夫人也。所著《蜀宮應制詩》《隨駕詩》《釣魚不得詩》諸篇多為文人賞鑑。」所舉舜弦諸詩今皆存,下文將再及之。

　　《五代詩話》(清初王世禎編,乾隆中鄭方坤補) 卷四有李珣一目,唯只餘《十國春秋》本傳,及朱彝尊《詞綜》論李珣《巫山一段雲詞》一則,未詳其先為波斯人。同書卷八有李昭儀一目,錄《十國春秋》本傳,又詞品一則,亦未詳其先為波斯人。據所引詞品,知舜弦「有《鴛鴦枕上忽然聲》一首,(曾) 誤入花蕊夫人集」。

　　由上所考,知李珣以詩及詞名於時。其所著《瓊瑤集》,《宋史·藝文志》即未著錄,必殆久已散佚。唯《花間集》……收李珣《漁父歌》三首,以為詩,實詞也。前附小傳,亦僅言其為「梓州人」。又卷廿九詞編收李珣詞凡五十四首,前所載《漁父歌》重見於此。蓋書成於眾手,未經細勘,遂致兩歧。五代詞人作品留存如此之多者亦不數數觀。《瓊瑤集》雖亡,其精華蓋尚在也。王靜庵曾輯五代人詞,見其《遺書》中,惜作者避地居陋,不得其書,無從用與全唐詩詞編相較。下文引李珣詞只據《全唐詩》所輯錄。

　　《瓊瑤》詞在五代不為大家,然自有不刊之作。《十國春秋》所稱傳誦於時之《浣溪紗》詞,其全首云:

訪舊傷離欲斷魂，無因重見玉樓人。六街微雨鏤相塵。

早為不逢巫峽夢，那堪虛度錦江春？遇花傾酒莫辭頻。

此詞情韻悽婉，且帶地方色彩，宜為蜀人所賞。此外合作，當推《菩薩蠻》一首，云：

回塘風起波紋細，刺桐花裡門斜閉。殘日照平蕪，雙雙飛鷓鴣。

征帆何處客？相見還相隔。不語欲魂銷，望中煙水遙。

此文不重論詞，不多選錄。

《瓊瑤》詞中，頗有作者之傳記資料。李珣雖以詞為後主所賞，且與有後宮之親，而未嘗居顯要，前蜀政治史中無其名。就詞觀之，晚歲蓋隱居學道，「經年不見市朝人」。殆因是在前蜀亡國之慘變中得自全歟？抑亦有見於後主之淫昏無道，而預先遁跡以求免禍歟？今詞中《漁父歌》三首、《漁歌子》四首及《定風波》之前二首（依《全唐詩》輯），皆自道其隱居生活者。此等山林言志之作，在五代詞中為創格，實開朱希真《樵歌》之先河，茲選錄其二首如下：

（一）

十載逍遙物外居，白雲流水似相於。乘興有時攜短棹，江島。誰知求道不求魚？

到處等閒邀鶴伴，江岸，野花香氣撲琴書。更飲一杯紅霞酒，回首，半鈎新月貼清虛。

——《定風波》

（二）

水接衡門十里餘，信船歸去臥看書。輕爵祿，慕玄虛，莫道漁人只為魚。

——《漁父歌》

又《南鄉子》十七首皆寫嶺南風物，而第一首有「思鄉處」云云。
是作者以嶺南為故鄉，殆作者身雖居蜀，其家族尚有一部分在嶺南，
作者且曾歸省故鄉，故憶其風物也。又《漁父歌》有「曾見錢塘八月
濤」之句，可決作者一生不盡在蜀也。

李珣之生卒年不可考。上引《鑑誡鑑錄》[1]稱其為「蜀中土生」，
則當生在其父隨僖宗入蜀之後。按僖宗因黃巢之亂入蜀乃在中和元
年（公元881年），則李珣之生最早不過是年也。由中和元年至前蜀後主
之即位，凡三十九年。是時李珣至多不過三十九歲。後主在位七年
而國滅，降於後唐。次年，遷居長安，舉族被戮。是時李珣至多不過
四十六歲。以未居顯位當不隨後主北徙。《通鑑》稱後唐莊宗遣中使
賫敕往誅王衍，敕曰：「王衍一行並從殺戮。」己卯畫，樞密使張居翰
覆視，就殿柱楷去「行」字改為「家」字。由是蜀百官及衍僕役獲免者
千餘人。是李珣即使隨後主北徙，亦得全軀也。然觀其詞所寫晚年隱
居之境確是江鄉，必亡國後仍留居於蜀也。

珣妹舜弦雖為後主昭儀，而不在其特殊寵幸之列。《十國春秋》
本傳所稱其詩三首今悉載於《全唐詩》中。詩非妙品，以其稀異，且
辭不繁，全錄於下：

（一）隨駕遊青城

因隨八馬上仙山，頓隔塵埃物象閒。只恐西追王母去，卻憂
難得到人間。

（二）蜀宮應制

濃樹禁花開後庭，飲筵中散酒微醒。濛濛雨草瑤階濕，鐘曉
愁吟獨倚屏。

---

1 應為《鑑誡錄》。——編者註

（三）釣魚不得

　　盡日池邊釣錦麟，菱荷香裡暗消魂。依稀縱有尋香餌，知是金鈎不肯吞。

　　按《通鑑》載，後唐莊宗同光三年九月，即前蜀滅亡之前二月（後主出降在是年十一月），蜀主與太后大妃遊青城山，上錄第一首當是此時所作。蜀亡後昭儀不知是與後主同命否，恐當然耳。《五代詩話》引《詞品》所稱「鴛鴦枕上忽然聲」之詩，今《全唐詩》於舜弦及花蕊夫人名下，皆無之，已佚。

　　珣弟玹亦深沐華化。《茅亭客話》載「玹舉止溫雅，頗有節行，以鬻香藥為業，善弈棋，好攝養，以金丹延駐為務。暮年以爐鼎之費，家無餘財，惟道書、藥囊而已。嘗得『耳珠』，先生與青城南六郎書一紙，論淮南至煉秋石之法，每焚香熏之。有一桃核杯，圍可尺餘，紋彩燦然，真蟠桃之實業。至晚年，末而服之。（宋太宗）雍熙元年（公元984年）遊青城山，於六時岩下溪水中得一塊石，如雁卵，色黑溫潤，嘗與同道者玩之，一日誤墜地，碎為數片。其中可容一合許物。四畔皆雕刻龍鳳雲草之形，文理纖妙」云。觀玹終老於蜀，珣當如之。

論貪污

吳晗

古語説：「無敵國外患者國恆亡。」這是歷代相傳的名言，顛撲不破的真理。其實，徵之於過去的史實，這句話還可引申為：「內政修明而有敵國外患者國必不亡！」「內政不修而無敵國外患者國恆亡。」

內政不修的含義極廣，舉實例説明之，如政出多門，機構龐冗，橫徵暴斂，法令滋彰，寵佞用事，民困無告，貨幣紊亂，盜賊橫行，水旱為災等都是，而最普遍最傳統的一個現象是貪污。這現象是「一以貫之」，上述種種實例都和它有母子關係，也可以説貪污是因，這些實例是果。有了這些現象才會有敵國外患，反之如政治修明，則雖有敵國外患也不足為患。

貪污這一現象，假如我們肯細心翻讀過去每一朝代的歷史，不禁令人很痛心地發現「無代無之」，竟是與史實同壽！我們這時代，不應該再諱疾忌醫了，更不應該蒙在鼓裡夜郎自大了。翻翻陳賬，看看歷代覆亡之原，再針對現狀，求出對症的藥石，也許可以對抗建大業有些小補。

一部二十四史充滿了貪污的故事，我們只能揀最膾炙人口的大人物舉幾個例，開一筆賬，「豺狼當道，安問狐狸！」下僚小吏，姑且放

開不談。

　　過去歷史上皇帝是國家元首，皇帝的宮廷財政和國家財政向來分開，但是有時候皇帝昏亂浪費，公私不分，以國產為私產，恣意揮霍，鬧得民窮財盡，這種情形，史不絕書。最奇的是皇帝也有貪污的，用不正當的方法收受賄賂，例如漢靈帝和明神宗。漢靈帝為侯時常苦貧，及即位後，每歎桓帝不能做家居，曾無私錢，故賣官聚錢，以為私藏。光和元年 (公元 178 年) 初開西邸賣官，二千石二千萬，四百石四百萬，公千萬，郎五百萬，富者先入錢，貧者到官然後倍輸。崔烈入錢五百萬拜司徒，拜日天子臨軒，百僚畢會。靈帝忽然懊悔，和左右說，這官賣得上當，那時只要稍為揹住一下，他會出一千萬的。大將如段熲、張溫雖然有功，也還是用錢買，才能做三公。又收天下之珍貨，每郡國貢獻，先輸內廷，名為導引費。又稅天下田畝什錢修宮室，內外官遷除都先到西園講價錢，大郡至二三千萬，付了錢才能上任，關內侯值錢五百萬。他把國庫的金錢繒帛取歸內府，造萬金堂貯之，藏不下的寄存在小黃門常侍家。黃巾亂起，卒亡漢社。無獨有偶，一千四百年後的明神宗也是愛錢勝過愛民的皇帝，他要增殖私產，到處派太監榷稅採礦，大璫小監，縱橫繹騷，吸髓飲血，以供進奉，有的稱奉密旨搜金寶，募人告密，有的發掘歷代陵寢，豪奪民產，所至肆虐，民不聊生，大小臣工上疏諫止的一概不理，稅監有所糾劾的卻朝上夕報，立得重譴。結果內庫雖然金銀山積，民間卻被逼叛亂四起，所遣稅監高淮激變於遼東，梁永激變於陝西，陳奉激變於江夏，李奉激變於新會，孫隆激變於蘇州，楊榮激變於雲南，劉成激變於常鎮，潘相激變於江西，瓦解土崩，民流政散，甚至遣使到菲律賓採金，引起誤會，僑民被殺的至二萬五千人，國庫被挪用空乏，到了外患內

亂迭起，無可應付時，請發內庫存金，卻靳靳不肯，再三催討，才勉強發出一點敷衍面子。他死後，不過二十多年，明朝就亡國了，推原根本，亡國的責任應該由他的貪污行為負責。

皇后貪污亡國的，著名的例子有五代唐莊宗的劉后。劉后出身寒微，既貴，專務蓄財，薪蔬果茹，都販鬻充私房，到了做皇后時，四方貢獻，分作兩份，一上天子，一上中宮，又廣收貨賂，營私亂政，宮中寶貨山積，皇后的教和皇帝的制敕並行，藩鎮奉之如一。鄴都變起後，倉儲不足，軍士有流言，政府請發內庫金帛給軍，莊宗要答應，她卻說自有天命，不必理會。大臣再三申論，她拿出妝具和三個銀盆，又叫三個皇子出去說，人家說宮中蓄積多，不知都已賞賜完了，只留下這些，請連皇子賣了給軍士罷。到莊宗被弒後，她卻打疊珍寶馱在馬鞍上，首先逃命。餘下帶不走的都被亂軍所得。

大臣貪污亂國的更是指不勝屈，著例如唐代的楊國忠、元載，宋代的秦檜、賈似道，明代的嚴嵩，清代的和珅。史書記元載籍沒時單胡椒一項就有八百斛，鐘乳五百兩。嚴嵩的家產可支軍餉數年，籍沒時有黃金三萬餘兩，白金二百餘萬兩，其他珍寶不可勝計。隱沒未抄的不可計數。和珅的家產可以供給全國經費二十年，以半數就夠付清庚子賠款。

太監得君主信任的，財產的數目也多得驚人。例如明代的王振，籍沒時有金銀六十餘庫，玉盤百，珊瑚高六七尺者二十餘株。劉瑾擅權不過六七年，籍沒時有大玉帶八十束，黃金二百五十萬兩，銀五千萬餘兩，其他珍寶無算。

一般官僚的貪污情形，以元朝末年做例。當時上下交徵，問人討錢，各有名目，所屬始參曰拜見錢，無事白要曰撒花錢，逢節曰追節錢，生辰曰生日錢，管事而索曰常例錢，送迎曰人情錢，勾追曰齎發

錢，論訴曰公事錢。覓得錢多曰得手，除得州美曰好地，補得職近曰好窠。遇事要錢，成為風氣，種下了亡國的禍根。

武人的貪污在歷史上也不能例外。有個著名的故事說，五代時有一個軍閥被召入朝，百姓喜歡極了，說是從今拔去眼中釘了，不料這人在朝廷打點花了大錢，又回舊任，下馬後即刻徵收「拔釘錢」。又有一軍閥也被召入朝，年老的百姓都摸摸鬍子，會心微笑，這人回任後，也向百姓要「摸鬍子錢」。

上下幾千年，細讀歷史，政簡刑清、官吏廉潔、生民樂業的時代簡直是黃鐘大呂之音，少得可憐。史家遇見這樣稀覯的時代，往往一唱三歎，低迴景仰而不能自己。

歷朝的政治家用盡了心力，想法子肅清貪污，樹立廉潔的吏治，不外兩種辦法，第一種是厚祿，他們以為官吏之所以不顧廉恥，倒行逆施，主要原因是祿不足以養廉，如國家所給俸祿足夠生活，則一般中人之資，受過教育的應該知道自愛。如再違法受贓，便是自暴自棄，可以重法繩之。第二種是嚴刑，國家制定法令，犯法的立置刑章，和全國共棄之。前者例如宋，後者例如明初。

宋代官俸最厚，京朝官有月俸，有春冬服 (綾絹綿)，有祿粟，有職錢，有元隨傔人衣糧傔人餐錢。此外又有茶酒廚料之給，薪蒿炭鹽諸物之給，飼馬芻粟之給，米麵羊口之給。外官則別有公用錢，有職田。小官無職田者別有茶湯錢，給賜優裕，入仕的人都可得到生活的保障，不必顧念身家，一心一意替國家做事。一面嚴刑重法，凡犯贓的官吏都殺無赦，太祖時代執法最嚴，中外官犯贓的一定棄市。太宗時代也還能維持這法令，真宗時從輕改為杖流海島。仁宗以後，姑息成風，吏治也日漸腐敗，和初期的循良治行不可同日而語了。明代和宋代恰好相反，明太祖有懲於元代的覆敗，用重刑治亂國，凡貪官污吏

重則處死，輕也充軍或罰做苦工，甚至立剝皮之刑，一時中外官吏無不重足屏息，奉公畏法，仁宣兩代繼以寬仁之治，一張一弛，倒也建設了幾十年的清明政治。正統以後，情形便大不相同了，原因是明代官俸本來不厚，洪武年代還可全支，後來便採用折色的辦法，以俸米折鈔，又以布折俸米，朝官每月實得米不過一二石，外官厚者不過三石，薄的一石二石，其餘都折鈔布，鈔價貶值到千分之二三，折算實收一個正七品的知縣不過得錢一二百文。仰無以事父母，俯無以蓄妻子，除了貪污，更無別的法子可想。這情形政府當局未嘗不了解，卻始終因循敷衍，不從根本解決，上下相蒙，貪污成為正常風氣，時事也就不可問了。

　　由於上述兩個例子，宋代厚祿，明初嚴刑，暫時都有相當效果，卻都不能維持久遠（但是比較地說，宋代一般的吏治情形要比明代好一點）。原因是這兩個辦法只能治標，對貪污的根本原因不能發生作用。治本的唯一辦法，應該從整個歷史和社會組織去理解。

　　一直到今天為止，我們的政治，我們的社會組織，我們的文化都是以家族為本位的。在農村裡聚族而居，父子兄弟共同勞作，在社會上工商也世承其業，治國平天下的道理也從修身齊家出發。孝友睦姻是公認的美德，幾代同居的大家族更可以誇耀鄉黨。做官三輩爺，不但誥封父母，蔭及妻子，連親戚鄉黨也雞犬同昇。平居父詔其子，兄詔其弟以做官發財，親朋也以此相勉，社會也以此相欽羨，「個人」在這環境下不復存在，一旦青雲得路，父族妻族兒女姻戚和故舊鄉里都一擁而來，祿薄固不能支給，即祿厚又何嘗能夠全部應付，更何況上官要承迎，要人要敷衍，送往迎來，在在需錢！如不貪污非餓死凍死不可！固然過去也有清官，清到兒女啼飢號寒，死後連棺材也買不起的。也有做官一輩子，告休後連住屋也沒有一間的。可是這類人並

不多，一部正史的循吏傳也不過寥寥十數人而已。而且打開天窗說亮話，這些人之所以做清官，只是用禮法勉強約束自己，有一個故事說某一清官對人說錢多自然我也喜歡，只是名節可畏，正是一個好例。

　　根據這個理解，貪污的根絕，治本的辦法應該是把「人」從家族的桎梏下解放出來。個人生活的獨立，每一個人都為工作而生存，人與人之間無倚賴心。從家族本位的社會組織改變為個人本位的社會組織，自然，上層的政治思想文化也都隨而改變。「人」能夠獨立存在以後，工作的收入足夠生活，法律的制裁使他不願犯禁，厚祿嚴刑，交互為用，社會上有公開的輿論指導監督，政府中有有力的監察機關舉劾糾彈，「衣食足而後知榮辱」，貪污的肅清當然可操左券。

治人與法治

吳晗

歷史上的政治家經常提到的一句話是：「有治人，無治法。」意思是徒法不足以為治，有能運用治法的治人，其法然後足以為治。法的本身是機械的，是不能發生作用的，譬如一片沃土，遼廓廣漠，雖然土壤是十分宜於種植，氣候也合宜，假如不加以人力，這片地還是不能發生生產作用。假如利用這片土地的人不是一個道地有經驗的農人，一個種植專家，而是一個博徒，遊手好閒的紈絝子弟，一曝十寒，這片地也是不會有好收成的。反之，這塊好地如能屬於一個勤懇精明的老農，有人力，有計劃，應天時，順地利，耕耨以時，水旱有備，豐收自然不成問題。這句話不能說沒有道理，就歷史的例證看，有治人之世是太平盛世，無治人之世是衰世亂世。因之，有些人就以之為口實，主張法治不如人治。

反之，也有人主張：「有治法，無治人。」法是鑑往失，順人情，集古聖先賢遺教、全國聰明才智之士的精力，窮研極討所製成的。法度舉，紀綱立，有賢德的領袖固然可以用法而求治，相得益彰，即使中才之主，也還可以守法而無過舉。法有永久性，假定是環境不變的時候，法也有伸縮性，假定環境改變了，前王後王不相因，變法以合

時宜所以成後王之治，法之真精神真作用即在其能變。所謂變是因時以變，而不是因人以變，至於治人則間世不多得，有治人固然能使世治，但是治人未必能有治人相繼，堯舜都是治人，其子丹朱、商均卻都不肖，晉武帝、宋文帝都是中等的君主，晉惠帝卻是個白癡，元凶劭則禽獸之不若。假使純以人治，無大法可守，寄國家民族的命運於不肖子白癡低能兒梟獍之手，其危險不問可知，以此，這派人主張法治，以法綱紀國家，全國人都應該守法。君主也不能例外。

就人治論者和法治論者所持論點而論，兩者都有其顛撲不破的理由，也都有其論據上的弱點。問題是人治論者的治人從何產生，在世業的社會組織下，農之子恆為農，父兄之教誨，鄰里之啟發，日茲月茲，習與性成，自然而然會成為一個好農人，繼承父兄遺業，縱然不能光大，至少可以保持勿失。治人卻不同了，子弟長於深宮，習於左右，養尊處厚，不辨菽麥，不知人生疾苦，和現實社會完全隔絕，中才以上的還肯就學，修身砥礪，有一點教養，卻無緣實習政事，一旦登極執政，不知典故，不識是非，任喜怒愛憎，用左右近習，上世的治業由之而衰，幸而再傳數傳，一代不如一代，終致家破國滅，遺譏史冊。中才以下的更不用說了，溺於邪侈，移於嬖幸，驕悍性成，暴恣自喜，肇成禍亂，身死國危，史例之多，不可勝舉。治人不世出，治人之子不必賢，而治人之子卻依法非治國不可，這是君主世襲制度所造成的人治論者的致命打擊。法治論者的缺點和人治論者一樣，以法為治固然是天經地義，問題是如何使君主守法，過去的儒家法家都曾費盡心力，用天變來警告，用人言來約束，用諫官來諫諍，用祖宗成憲來勸導。可是這些方法只能誘引中才以上的君主，使之守法，對那些庸愚剛愎的下才，就無能為力了，法無廢君之條，歷史上偶爾有

一兩個例子，如伊尹放太甲，霍光廢昌邑，都是不世出的驚人舉動，為後來人所不敢效法。君主必須世襲，而世襲的君主不必能守法，雖有法而不能守，有法等於無法，法治論者到此也技窮而無所措手足了。

這兩派持論的弱點到這世紀算是解決了，解決的樞紐是君主世襲制度的廢除。就人治論者說，只要有這片地，就可以找出一個最合於開發這片地的條件的治人，方法是選舉。選出的人幹了幾年無成績或成績不好，換了再選一個。治人之後必選治人相繼，選舉治人的全權操在這片地的全數主人手上。法治論者的困難也解決了，由全數主人建立一個治國大法，然後再選出能守法的治人，使之依法管理，這被選人如不守法，可由全數主人的公意撤換，另選一個能守法的繼任，以人治，亦以法治，治人受治於法，治法運用於治人，由治法而有治人，由治人而勵行法治，人治論者和法治論者到此合流了，歷史上的爭辯告一解決了。

就歷史而論，具有現代意義的治法的成文法，加於全國國民的有各朝的法典，法意因時代而不同，其尤著者有唐律和明律。加於治國者雖無明文規定，卻有習俗相沿的兩句話：「國以民為本，民以食為天。」現代的憲法是被治者加於治國者的約束，這兩句話也正是過去國民加於治國者的約束。用這兩句話來做尺度，衡量歷史上的治國者，凡是遵守約束的一定是治人，是治世，反之是敵人，是亂世。這兩句話是治法，能守治法的是治人。治人以這治法為原則，一切施政，以民為本，裕民以足食為本，治民以安民為本，事業以國民的利害定取捨從違，因民之欲而欲之，因民之惡而惡之，這政府自然為人民所擁戴愛護，國運也自然熾盛隆昌。

歷史上的治人試舉四人做例子說明，第一個是漢文帝，第二是魏太武帝，第三是唐太宗，第四是宋太祖。

　　漢文帝之所以為治人，是在他能守法和愛民。薄昭是薄太后弟，文帝親舅，封侯為將軍，犯法當死，文帝絕不以至親曲宥，流涕賜死，雖然在理論上他是有特赦權的。鄧通是文帝的弄臣，極為寵幸，丞相申屠嘉以通小臣戲殿上大不敬，召通詰責，通叩頭流血不解，文帝至遣使謝丞相，並不因幸臣被屈辱而有所偏護。至於對人民的愛護，更是無微不至，勸農桑，敦孝弟，恭儉節用，與民休息，達到了海內殷富、刑罰不用的境界。

　　魏太武帝信任古弼，古弼為人忠慎質直，有一次為了國事見太武帝面奏，太武帝正和一貴官圍棋，沒有理會，古弼等得不耐煩，大怒起捽貴官頭，掣下床，搏其耳，毆其背，數說朝廷不治，都是你的罪過，太武帝失容趕緊說，都是我的過錯，和他無干。忙談正事，古弼請求把太寬的苑圃，分大半給貧民耕種，也滿口答應。幾月後太武帝出去打獵，古弼留守，奉命把肥馬做獵騎，古弼給的全是瘦馬，太武帝大怒說：筆頭奴敢克扣我，回去先殺他（古弼頭尖，太武帝形容為筆頭）。古弼卻對官屬說，打獵不是正經事，我不能諫止，罪小。軍國有危險，沒有準備，罪大。敵人近在塞外，南朝的實力也很強，好馬應該供軍，弱馬供獵，這是為國家打算，死了也值得。太武帝聽了，歎息說：「有臣如此，國之寶也。」過了幾日，又去打獵，得了幾千頭麋鹿，興高采烈，派人叫古弼徵發五百乘民車來運，使人走後，太武帝想了想，吩咐左右曰，算了吧，筆公一定不肯，還是自己用馬運吧。回到半路，古弼的信也來了，說正在收穫，農忙，遲一天收，野獸鳥雀風雨侵耗，損失很大。太武帝說，果不出我所料，筆公真是社稷之臣。他不但為民守法，也為國執法，以為法是應該上下共守，不可變易，明於刑賞，賞不遺賤，刑不避親。大臣犯法，無所寬假，節儉清素，不私親戚，替國家奠定下富強的基礎。

　　唐太宗以武勇定天下，治國卻用文治。內舉不避親，外舉不避仇，長孫無忌是后兄，王珪、魏徵都是仇敵，卻全是人才，一例登用，無所偏徇顧忌，憂國愛民，至公守法。《唐史》記：「上以選人多詐冒資蔭，敕令自首，不首者死。未幾，有詐冒事覺者，上卻殺之，大理少卿戴胄奏據法應流，上怒曰，卿欲守法而使朕失信？對曰，敕者出於一時喜怒，法者國家所以佈大信於天下也。陛下忿選人之多詐，故欲殺之，而即知其不可，復斷之以法，此乃忍小忿而全大信也。上曰，卿能執法，朕復何憂。」又：「安州都督吳王恪數出畋獵，頗損居人，侍御史柳範奏彈之，恪坐免官，削戶三百。上曰，長史權萬紀事吾兒，不能匡正，罪當死，柳範曰，房玄齡事陛下，猶不能止畋獵，豈得獨罪萬紀。上大怒，拂衣而入。久之，獨引範謂曰：何面折我！對曰，陛下仁明，臣敢不盡愚直。上悅。」前一事他能捐一時之喜怒，聽法官執法。後一事愛子犯法，也依法削戶免官，且能容忍侍臣的當面折辱。法平國治，貞觀之盛的基礎就建築在守法這一點上。

　　宋太祖出身於軍伍，也崇尚法治，《宋史》記：「有群臣當遷官，太祖素惡其人不與，宰相趙普堅以為請，太祖怒曰，朕固不為遷官，卿若如何？普曰：刑以懲惡，賞以酬功，古今通道也。且刑賞天下之刑賞，非陛下之刑賞，豈得以喜怒專之！太祖怒甚起，普亦隨之，太祖入宮，普立於宮門口，久之不去，太祖卒從之。」皇后弟殺人犯法，依法處刑，絕不寬貸，群臣犯贓，誅殺無赦。

　　從上引四個偉大的治人的例子，說明了治人之所以使國治，是遵繩於以民為本的治法，治法之所以為治，是在治人之尊重與力行。治人無常而治法有常。治人或不能守法，即有治法的代表者執法以使其就範，貴為帝王，親為帝子，元舅后弟，寵幸近習，在尊嚴的治法之下，都必須奉法守法，行法從上始，風行草偃，在下的國民自然兢兢

業業，政簡刑清，移風易俗，臻於至治了。

　　就歷史的教訓以論今日，我們不但要有治法，尤其要有治人。治人在歷史上固不世出，在民主政治的選擇下，卻可以世出繼出。治人之養成，選出罷免諸權之如何運用，是求治的先決條件。使有治法而無治人，等於無法，有治人而無治法，無適應時宜的治法，也是緣木求魚，國終不治。

　　治人與治法的合一，一言以蔽之，曰實行民主政治。

說士

吳晗

現代詞彙中的軍人一名詞，在古代叫作士，士原來是又文又武的，文士和武士的分立，是唐以後的事。

在春秋時代，金字塔形的統治階級，王諸侯大夫以下的階層就是士，士和以上的階層比較，人數最多，勢力也最大。其下是庶民和奴隸，是勞動者，是小人，應該供養和侍候上層的君子。王諸侯大夫都是不親庶務的，士介在上下層兩階級之間，受特殊的教育，在平時是治民的官吏，在戰時是戰爭的主力。就上層的貴族階級說，是維持治權的唯一動力，王諸侯大夫如不能得到士的支持，不但政權立刻崩潰，身家也不能保全。就下層的民眾說，士又是庶政的推動和執行人，他們當邑宰，管理租賦，審判案件（以此，士這名詞又含有司法官的意義，有的時候也叫作士師），維持治安，當司馬管理軍隊，當賈正管理商人，當工正管理工人，和民眾的關係最為密切，因之又慣常和民眾聯在一起。就職業的區分，士為四民之首，其下是農工商。再就教育的程度和地位說，士和大夫最為接近，因之士大夫也就成為代表相同的教育程度和社會地位的一個專門名詞。

士在政治上社會上負有特殊任務，在四民中，獨享教育的特權。

為着適應士所負荷的業務，課程分作六種，稱為六藝：禮、樂、射、御、書、數。內中射、御是必修科，其他四種次之。射是射箭和戰爭技術的訓練。御是駕車，在車戰時代，這一門功課也是非常重要的。禮是人生生活的軌範，做人的方法，禮不下庶人，在貴族社會中，是最實際的處世之學。樂是音樂，是調劑生活和節制情感的工具，士無故不輟琴瑟。孔子在齊聞韶，三月不知肉味的故事，正可以代表古代士大夫對於音樂的愛好和欣賞的能力。奏樂時所唱的歌詞是詩，在外交或私人交際場合，甚至男女求愛時，都可用歌詞來表達自己的意思，這些詩被記錄下來，保存到現在的叫《詩經》。書是寫字，數是算數，要當一個政府或地方官吏，這兩門功課也是非學不可的。

士不但受特殊的教育訓練，也受特殊的精神訓練。過去先民奮戰的史跡，臨難不屈，見危授命，犧牲小我以保全邦國的可歌可泣的史詩，和食人之祿忠人之事的理論，深深印入腦中。在這兩種訓練下，養成了他們的道德觀念！——忠，忠的意義是應該把責任看得重於生命，榮譽重於安全，在兩者發生衝突時，毫不猶豫犧牲生命或安全，去完成責任，保持榮譽。

在封建時代，各國並立，士的生活由他的主人諸侯或大夫所賜的田土維持，由於這種經濟關係，士只能效忠於主人。到了秦漢的統一的大帝國成立以後，諸侯大夫這一階層完全消滅，士便直屬於君主於國家，忠的對象自然也轉移到對君主對國家了。士分為文武以後，道德觀念依然不變，幾千年以來的文士和武士，轟轟烈烈，為國家為民族而戰爭，而流血，而犧牲，不屈不撓，前仆後繼，悲壯勇決的事跡，史不絕書。甚至布衣白丁，匹婦老嫗，補鍋匠，賣菜傭，乞丐，妓女，一些未受教育的平民百姓，在國家危急時，也寧願破家殺生，不肯為

敵人所凌辱，這種從上到下，幾千年來的一貫信念，是我國的立國精
神，是我中華民族始終昂然永存，歷經無數次外患而永不屈服，終能
獨立自主的真精神。

　　士原來受文事武事兩種訓練，平時治民，戰時治軍，都是本分。
春秋時代列國的卿大夫，一到戰時便統率軍隊作戰，前方後方都歸一
體（晉名將郤縠以敦詩書禮樂見稱，是個著例）。到戰國時代，軍事漸趨專業化，
軍事學的著作日益增多，軍事學家戰術家戰略家輩出，文官和軍人漸
漸開始分別，可是像孟嘗君、廉頗、吳起等人，也還是出將入相，既
武且文。漢代的大將軍、車騎將軍、前將軍、後將軍都是內廷重臣，
遇有征伐時，將軍固然應該奉命出征，外廷的大臣如御史大夫和九卿
也時常以將軍號統軍征伐，而且文武互用，將軍出為外廷文官，外廷
文臣改為將軍，不分畛域，末年如曹操、孫權都曾舉孝廉，曹操橫槊
賦詩，英武蓋世，諸葛亮相蜀，行軍時則為元帥，雖然有純粹的職業
軍人如呂布、許褚之流，純粹的文人如華歆、許靖之流，在大體上仍
是文武一體。一直到唐代李林甫當國以前，還是邊帥入為宰相，宰相
出任邊帥，內外互用，文武互調。

　　李林甫做宰相以後，要擅位固寵，邊疆將帥多用胡人，胡人不識
漢字，雖然立功，也只能從軍階爵邑上升遷，不能入主中樞大政，從
此文武就判為兩途。安史亂後的郭子儀，奉天功臣李晟，雖然名義上
都是宰相，都是漢人，都通文義，卻並不與聞政事，和前期李靖、李
勣出將入相的情形完全不同了。經過晚唐五代藩鎮割據之亂，宋太祖
用全力集權中央，罷諸將軍權，地方守令都以文士充任，直隸中樞，
文士治國，武士作戰，成為國家用人的金科玉律，由之文士地位日
高，武士地位日低，一味重文輕武的結果，使宋朝成為歷史上最不重
武的時代。仁宗時名將狄青南北立功，做了樞密使，一些文士便群起

攻擊，逼使失意而死；南宋初年的岳飛致力恢復失地，也為宰相秦檜所誣殺。文武不但分途，而且成為對立的局面。明代文武的區分更是明顯，文士任內閣部院大臣，武士任官都督府衛所，遇着征伐，必以文士督師，武士統軍陷陣，武士即使官為將軍總兵，到兵部辭見時，對兵部尚書必須長跪。能彎八石弓，不如識一丁字，一般青年除非科舉無望，豈肯棄文就武。致武士成為只有技勇膂力而無智識教養的人，在社會上被目為粗人，品質日低，聲譽日降，偶爾有一兩個武士能通文翰吟詠，便群相驚詫，以為儒將。偶爾有一兩個武士發表對當前國事的意見，便群起攻擊，以為干政。結果武士自安於軍陣，本來無教養學識的，以為軍人的職責只是作戰，不必求學識，這種心理的普遍化，使上至朝廷，下至閭巷，都以武士不文為當然，為天經地義。武士這一名詞省去了下一半，武而不士，只好稱為武人了。

　　近百年來的外患，當國的文士應該負責，作戰的武士，亦應該負責。七年來的艱苦作戰[1]，文士不應獨居其功，大功當屬於前線流血授命的武士。就史實所昭示，漢唐之盛之強，宋明之衰之弱，士的文武合一和分立，殆可解釋其所以然。古代對士的教育和訓練，應加以重視，尤其應該着重道德觀念 —— 對國家對民族盡責的精神的養成。提高政治水準，為甚麼而戰和有所不為，徹頭徹腦明白戰爭的意義。要提高士的社會地位，必須文事和武事並重，必須政治水準和社會地位提高，這是今後全國所應全力以赴的課題。

---

1 指 1937 年開始的全國性抗日戰爭。—— 編者註

論史實之選擇與綜合

張蔭麟

一、史實的選擇標準

歷史研究有兩種。在一種的歷史研究裡，我們可以把研究範圍以內的史實，細大不捐，應有盡有地收入敘述裡；我們自患所知之少，不患所知之多。這種研究也許是範圍狹窄，本來所容的史實不多，也許是範圍雖廣，而見存史料貧乏。在這種研究裡，沒有史實選擇的問題。但在另一種的歷史研究裡，我們的對象是一個廣大的史實的庫藏，也許窮個人一生之力亦不能把它的內容完全登記。即使它的內容完全被登記，也沒人願意把這記錄一讀。即便有人願意把這記錄一讀，也苦於目迷五色，茫無頭緒。在這種情形之下，史家在敘述裡必須把所知道的史實大加省略。他所省略的，也許要比他所採取的多幾百千倍。從過去史家的著作看來，這種去取似乎沒有甚麼客觀的標準。沒有兩個史家對於同一歷史範圍之選擇的敘述在題材上會有大致的符合。所謂「筆則筆，削則削，游夏不能贊一詞」；所謂「成一家之言」；至少有一部分是表示這事實。無怪弗勞德 (Freude，19 世紀英國史家)把歷史比於西文的綴字片，可以任隨人意，拼成他所喜歡的字了。但

我們不能以這樣情形為滿足。我們無法可以使兩個以上史家，對於同一歷史範圍的選擇的敘述去取全同，如自一模鑄出，除是他們互相抄襲。但我們似乎應當有一種標準，可以判斷兩種對象相同而去取不同的歷史敘述，孰為合當，孰為高下。這標準是甚麼呢？

讀者對於此也許會想到一個現成的答案。韓愈不早就說過「記事者必提其要」嗎？最能提要的歷史敘述，最能按照史事的重要程度以為詳略的歷史敘述，就是選材最合當。「筆削」的標準就在史事的重要性。但這答案只把問題藏在習熟的字眼裡，並沒有真正解決問題。甚麼是史事的重要性？這問題殊不見得比前一問題更為淺易。須知一事物的重要性或不重要性，並不是一種絕對的情實，擺在該事物的面上，或蘊在該事物的內中，可以僅就該事物的本身檢察或分析而知的。一事物的重要性或不重要性，乃相對於一特定的標準而言。甚麼是判別重要程度的標準呢？

「重要」這一概念，本來不只應用於史事上，但我們現在只談史事的重要性，只探究判別史事的重要程度的標準。「重要」一詞，無論應用於日常生活上，或史事的比較上，都不是「意義單純」的，有時作一種意義，有時作別一種意義。因為無論在日常生活上，或史事的比較上，我們判別重要程度的標準都不是唯一無二的。我們有時用這標準，有時用那標準，而標準的轉換我們並不一定自覺。唯其如此，所以「重要」的意義甚為模糊不清。在史事的比較上，我們用以判別重要程度的，可以有六種不同的標準。這六種標準並不是作者新創出來的，乃是過去一切歷史家部分地、不加批判地，甚至不自覺地，卻從沒有嚴格地、系統地採用的。現在要把它們列舉出來，加以考驗。

第一種標準可以叫作「新異性的標準」。每一件歷史的事情，都

在時間和空間裡佔一特殊的位置。這可以叫作「時空位置的特殊性」。此外它容有若干品質，或所具若干品質的程度，為其他任何事情所無。這可以叫作「內容的特殊性」。假如一切歷史的事情，只有時空位置的特殊性，而無內容的特殊性，或其內容的特殊性微少到可忽略的程度，那麼，社會裡根本沒有「新聞」，歷史只是一種或若干種量狀的永遠持續或循環，我們從任何歷史的「橫剖面」可以推知其他任何歷史的「橫剖面」。一個社會的歷史假若是如此，則它只能有孔德所謂「社會靜力學」，而不能有他所謂「社會動力學」；那麼，它根本不需要有寫的歷史，它的「社會靜力學」就可以代替寫的歷史。現存許多原始民族的歷史雖不是完全如此，也近於如此，所以它們的歷史沒有多少可記。我們之所以需有寫的歷史，正因為我們的歷史絕不是如此，正因為我們的史事富於「內容的特殊性」，換言之，即富於「新異性」。眾史事所具「內容的特殊性」的程度不一，換言之，即所具「新異性」的程度不一。我們判斷史事的重要性的標準之一即是史事的「新異性」。按照這標準，史事愈新異，則愈重要。這無疑地是我們有時自覺地或不自覺地所採用的標準之一。關於這標準有五點須注意。第一，有些史事在當時是富於新異性的，但後來甚相類似的事接迭而生，那麼，在後來，這類事便減去新異性，但這類事的始例並不因此就減去新異性。第二，一類的事情若為例甚稀，它的後例仍不失其新異性，雖然後例的新異性程度不及始例。第三，新異性乃是相對於一特殊的歷史範圍而定。同一事情對於一民族或一地域的歷史而言，或對於全人類的歷史而言，其新異的程度可以不同。例如 14 世紀歐洲人之應用羅盤針於航海，此事對於人類史而言的新異程度，遠不如其對於歐洲而言的新異程度。因為在 12 世紀中國人早已應用羅盤針於航海了。第四，新異性乃是相對我們的歷史智識而言。也許有的史事

本來新異的程度很低，但它的先例的存在為我們所不知，因而在我們看來，它的新異程度是很高的。所以我們對於史事之新異性的見解，隨着我們的歷史智識的進步而改變。第五，歷史不是一盤散沙，眾史事不是分立無連的；我們不僅要注意單件的史事，並且要注意眾史事所構成的全體；我們不僅要注意社會之局部的新異，並且要注意社會之全部的新異；我們不僅要注意新異程度的高下，並且要注意新異範圍的大小。新異性不僅有「深濃的度量」，並且有「廣袤的度量」。設如有兩項歷史的實在，其新異性之「深濃的度量」可相頡頏，而其「廣袤的度量」相懸殊，則「廣袤的度量」大者，比小者更為重要。

第二種標準可以叫作「決定性的標準」。我們得承認歷史裡有因果的關係，有甲事決定乙事、丙事、丁事……的事實；姑不論所謂「因果」、所謂「決定」的正確解釋如何，按照這標準，史事的決定性愈大，換言之，即其所決定的別些史事所佔的時空範圍愈大，則愈重要。決定性的大小，也是相對於一特定的歷史範圍而言，對於某一歷史範圍是決定性最大的，對於另一更廣的歷史範圍，也許不是決定性最大的。

假如我們的歷史興趣完全是基於對過去的好奇心，那麼，「新異性的標準」和「決定性的標準」也就夠了。但事實上我們的歷史興趣不僅發自對過去的好奇心，所以我們還有別的標準。

第三種標準可以叫作「實效 (Practical Effect) 的標準」。這個名詞不很妥當，姑暫用之。史事所直接牽涉和間接影響於人群的苦樂者，有大小之不同。按照這標準，史事之直接牽涉和間接影響於人群的苦樂愈大，則愈重要。我們之所以有這標準，因為我們的天性，使得我們不僅關切於現在人群的苦樂，並且關懷於過去人群的苦樂。我們不能設想今後史家會放棄這種標準。

第四種標準可以叫作「文化價值的標準」。所謂文化價值即是真

與美的價值。按照這種標準,文化價值愈高的事物愈重要。我們寫思想史、文學史或美術史的時候,詳於灼見的思想而略於妄誕的思想,詳於精粹的作品而略於惡劣的作品(除了用作形式的例示外),至少有大部分理由是依據這標準。假如只用「新異性的標準」,則灼見的思想和妄誕的思想,精粹的作品和惡劣的作品,可以有同等的新異性,也即可以有同等的重要性,而史家無理由為之軒輊。但事實並不如此。文化價值的觀念,每隨時代而改變,故此這標準也每隨時代而改變。有些關於文化價值的比較判斷(如有些哲學見解的真妄,有些藝術作品的高下),至今還不能有定論,史家於此可有見仁見智之異。

第五種標準可以叫作「訓誨功用的標準」。所謂訓誨功用有兩種意義:一是完善的模範;二是成敗得失的鑑戒。按照這標準,訓誨功用愈大的史事愈重要。舊日史家大抵以此標準為主要的標準。近代史家的趨勢,是在理論上要把這標準放棄。雖然在事實上未必能徹底做到。依作者的意見,這標準在史學裡是要被放棄的。所以要放棄它,不是因為歷史不能有訓誨的功用,也不是因為歷史的訓誨功用無注意的價值,而是因為學術分工的需要。例如歷史中的戰事對於戰略與戰術的教訓,可屬於軍事學的範圍。歷史人物之成功與失敗的教訓,可屬於應用社會學中的「領袖學」的範圍。

第六種標準可以叫作「現狀淵源的標準」。我們的歷史興趣之一,是要了解現狀,是要追溯現狀的由來。眾史事和現狀之「發生學的關係」有深淺之不同,至少就我們所知是如此。按照這標準,史事和現狀的「發生學的關係」愈深,愈有助於現狀的解釋,則愈重要。大概地說,愈近的歷史和現狀的「發生學的關係」愈深,故近今史家每以詳近略遠為旨。然此事亦未可一概而論。歷史的線索有沉而復浮的,歷史的潮流有隱而復顯的,隨着社會當前的使命、問題和困難的改

變，遠古而久被遺忘的史跡，每復活於人們的心中。

　　以上的六種標準，除了第五種外，皆是今後作選擇的歷史敘述的人所當自覺地、嚴格地、系統地採用的。不過它們的應用，遠不若它們的列舉的容易。五面俱顧的輕重的比較，已是一樣繁難的事。而且這五種尺度都不是有明顯的分寸可以機械地辨別的。再者，要輕重的權衡臻於至當，必須熟習整個歷史範圍的事實。而就有些歷史範圍而論，這一點會不是個人一生的力量所能做得到的。所以對於有些歷史範圍，沒一種選擇的敘述能說最後的話，所以有些選擇的歷史敘述的工作，永遠是一種冒險。

二、史實的綜合

　　以上論通史之去取詳略的標準竟。

　　其次，我們對於任何通史的對象的知識都是一片段一片段地積累起來的。怎樣把先後所得的許多片段構成一個秩序，這是通史家所碰到的第二個大問題。自然這裡所謂秩序，不能是我們隨意想出的秩序，而必須是歷史裡本有的秩序。那麼歷史裡本有些甚麼秩序呢？

　　最原始的歷史秩序乃是時間的秩序。所謂時間的秩序就是史事發生的先後。採用這秩序就是把史事按發生的先後來排列。最原始之綜合的歷史記載，都是單純地採用這秩序的，都是編年排月的，都是所謂「春秋」。自然，以時間秩序為綱領的歷史記載，不一定要編年排月。第一，因為有些史實的年月日，已不可考。第二，因為有些史實的年月，我們不感興趣。第三，有些史實的時間位置是不能以年月日來定的，例如典章制度。這種秩序的要素在時間的先後而不在時間的細密的度數。

　　時間的秩序可分為兩種：一、單純的；二、複合的。複合的時間秩序又可分為兩種。第一是以時間為經而以史事之地域的分佈為緯的，這可稱為分區的時間秩序。第二是以時間為經而以史事的類別為緯的，這可稱為分類的時間秩序。採用單純的時間秩序的歷史敘述，可稱為純粹的編年體，例如《春秋》是也。採用分區的時間秩序的歷史著述，可稱為分區的編年體，例如《三國紀年》是也。採用分類的時間秩序的歷史敘述，可稱為分類的編年體，例如《通典》《文獻通考》及種種「會要」是也。過去的「正史」大體上可說是純粹編年體和分類編年體的組合，或純粹編年體、分區編年體和分類編年體的組合。

　　現在凡作綜合的歷史敘述的人，都會輕視這些「編年」的體裁而不屑採用了。但編年的體裁雖然是最粗淺的，卻是比較最客觀的，因為原始的秩序的認識是最少問題的。初作綜合的歷史研究的人，對於歷史的本質還沒有深刻的認識的人，最聰明的辦法還是謹守「編年」的體裁，因為這樣，他的結果雖不是 final 卻可以是 conclusive，別人還可以利用他的結果作更進一步的綜合。否則會「畫虎不成」，工夫白費的。即使就藝術的觀點論，編年體亦未可厚非。第一流的小說也有用日記體裁寫成的。

　　但是我們畢竟不能以原始的秩序為滿足。因為史實不僅有原始的秩序。只認識它們的時間秩序並不能完全了解它們。要完全了解一件事實就是要知道它和別的事實間的一切關係。這也許是不可能的。但我們對於一件事實和別的事實間的關係所知愈多，則對它的了解愈深。

　　那麼除了上說原始的秩序外，歷史還有甚麼秩序呢？

　　第一是因果的秩序。每逢我們可以說甲件特殊的事致到乙件特殊的事，或甲件特殊的事決定乙件特殊事時，我們也就可以說甲乙之

間有因果的關係。我認為因果的關係是簡單不可分析的，因此也是不能下定義的；說甲乙兩事有因果的關係，邏輯上並不涵蘊着有一條定律，按照它，我們可以從甲的存在而推定乙的存在，或從乙的存在而推斷甲的存在，雖然事實上有時也許如此。史事間之有因果的關係是誰也不能否認的。因果的秩序理論上可以有兩種方式。一是簡單的，即自始至終、一線相承的。二是複雜的，即是無數的因果線索參伍綜錯而構成的「因果網」。在因果的秩序裡，並不是沒有偶然的事。就單純的因果秩序而論，這單純的因果線索不能是無始的，它的開端就必定是不受決定的，就必定是偶然的。它的開端若受決定，便不是真正的開端，而決定這開端的事才是真正的開端。它若有真正的開端，則必有不受決定的事，即必有偶然的事。就複雜的因果而論，那些始相平行而終糾結的許多因果線索，各有其偶然的開端。有那麼多由分而合的因果線索，就有那麼多偶然的事。歷史裡的因果秩序不是簡單的，而是複雜的，故歷史裡可以有許多偶然的事。

　　任何歷史範圍不僅包含有「因果網」，並且它的全部的史實都在「因果網」之內。不僅它的全部史實都在「因果網」之內，並且它的全部史實構成一整個的「因果網」。這三句話意義上大有差別。說一歷史範圍包含有「因果網」，並不否認它的史實可以有些落在「因果網」之外；而說它的全部史實都在「因果網」之內，則否認之。說它的全部史實都在「因果網」之內，並不否認它可以包含有眾多各自獨立的「因果網」；說它的全部史實構成一整個的「因果網」，則否認之。若「歷史範圍的全部史實都在因果網之內」，則我們說它的因果秩序是完全的，否則說它的因果秩序是不完全的。若一歷史範圍的全部史實構成一整個的「因果網」，則我們說它的因果秩序是一元的，否則說它的因果秩序是多元的。下文凡說某一種秩序是完全的或不完全的，一元

的或多元的，其義準此。

因果的秩序是建築在單純的時間秩序之上的，它邏輯上預斷 (Presupposes) 單純的時間秩序，它可稱為歷史的第二層秩序。同樣可以建築在單純的時間秩序之上，邏輯上預斷了時間秩序的第二層秩序還有四種：一曰循環的秩序，二曰演化的秩序，三曰矛盾發展的秩序，四曰定向發展的秩序。這四者和因果秩序是並行不悖的。但它們和因果的秩序有這一點重要的不同。因果的秩序是任何歷史範圍所必具的，並且在任何歷史範圍裡是完全的，並且在任何的歷史範圍裡是一元的。但這四種第二層的秩序則不然。它們中的任何一種不是任何歷史範圍所必具的；即使為某一歷史範圍所具，它所具這種秩序也不一定是完全的；即使它所具這種秩序是完全的，也不一定是一元的。

以下分釋這四種第二層秩序。

(1) 循環的秩序。—— 說歷史裡有循環的秩序，就是說，我們可以把歷史分為若干段落，這些段落都是有一方面或數方面相類似的歷程。譬如說：「天下之生久矣，一治一亂。」這就是說歷史裡有治亂的循環，也就是說我們可以把歷史分為若干段落，每一段落都是由治而亂，或由亂而治的歷程。這一切段落有一方面相似，即由治而亂，或由亂而治。這種循環，歷史裡是可以有的。但若說歷史裡有循環的秩序，就是說我們可以把歷史分為若干段落，而這些段落都是完全相似的，這種循環卻是歷史裡所無的。再者歷史循環的週期是沒有一定的，如像「五百年必有王者興」，或「江山代有才人出，管領風騷二百年」[1] 等類的話，嚴格說來，必定是妄的。

---

[1] 作者在此處引用有誤，應是「江山代有才人出，各領風騷數百年」，出自清代學者趙翼的《論詩五首》(其二)。「管領風騷二百年」源自譚獻《篋中詞》。—— 編者註

（2）定向發展的秩序。——所謂定向的發展，是一種變化的歷程，其諸階段互相適應，每一階段為其後繼的階段的準備，而諸階段是循一定的方向，趨一定鵠的者。這鵠的不必是預先存想的目標，也許是被趨赴於不知不覺中的；這鵠的也許不是單純的，而是複雜的。

（3）演化的秩序。——所謂演化，乃是一串連續的變化，其間每次變化所歸結的景狀或物體中有新異的成分出現，唯這景狀或物體仍保存它的前立（謂變化所從起的景狀或物體）的主要形構，所以在一演化的歷程裡，任何變化所從起和所歸結的景狀或物體，必大體上相類似，吾人總可認出其一為其他的「祖先」。唯一演化歷程所從始，與所歸結（此始與終皆我們思想所隨意界劃的）的景狀或物體，則可以劇異，我們若不是從歷史上追溯，絕不能認識它們間的「祖孫」的關係。

（4）矛盾發展的（Dialectical）秩序。——所謂矛盾的發展是一變化的歷程肇於一不穩定的組織體，其內部包含矛盾的各個元素；隨着組織體的生長，它們間的矛盾深顯，最後內部的衝突把這組織體綻破，它轉變成一新的組織體，舊時的矛盾的元素消失而被容納於新的組織體中。

這四種秩序和因果的秩序是任何通史所當兼顧並容的。

對此我們可以解說歷史中所謂偶然的意義。凡帶有時間性的秩序（包括因果、循環、演化、定向發展和矛盾發展），都不能無所託始，至少就我們知識的限制和敘述的需要而論是如此。它們之所託始，都可以說是偶然的。這是偶然的第一義（一個「因果網」也許包含許多因果的線索，各有所始。它們的所始不同時，而皆可說是偶然的。此所謂偶然，亦屬第一義）。一個歷史範圍裡的史事，若在某一種帶時間的秩序（前說五種之任何一種）裡沒有地位，即為這種秩序所不受支配，則這件史事，就這範圍而論，對於這種秩序而言，是偶然的。這是偶然的第二義。對於因果的秩序而言，第一義的偶

然是沒有的，因為沒有一歷史範圍不是完全為因果的秩序所支配的。

　　無論就第一義或第二義而言，凡本來是偶然的事，謂之本體上的偶然。凡本未必為偶然而因為我們的智識不足覺其為偶然者，謂之認識上的偶然。歷史家的任務之一是要把歷史中認識上的偶然儘量減少。

· 第 三 章 ·

聞一多、羅庸講人文精神

甚麼是儒家 ── 中國士大夫研究之一

聞一多

「無論在任何國家」,伊里奇在他的《國家論》[1]裡說,「數千年間全人類社會的發展,把這發展的一般的合法則性,規則性,繼起性,這樣地指示給我們了,即是,最初是無階級社會 ── 貴族不存在的太古的,家長制的,原始的社會;其次是以奴隸制為基礎的社會,奴隸佔有者的社會。……奴隸佔有者和奴隸是最初的階級分裂。前一集團不僅佔有生產手段 ── 土地,工具(雖然工具在那時是幼稚的),而且還佔有了人類。這一集團稱為奴隸佔有者,而提供勞動於他人的那些勞苦的人們便稱為奴隸。」中國社會自文明初發出曙光。即約當商盤庚時起,便進入了奴隸制度的階段,這個制度漸次發展,在西周達到它的全盛期,到春秋中葉便成強弩之末了,所以我們可以概括地說,從盤庚到孔子,是我們歷史上的奴隸社會期。但就在孔子面前,歷史已經在劇烈地變革著,轉向到另一個時代,孔子一派人大聲急呼,企圖阻止這一變革,然而無效。歷史仍舊進行著,直到秦漢統一,變革的過程完畢了,這才需要暫時休息一下。趁著這個當兒,孔子的後學

---

1 即列寧的《論國家》。── 編者註

們，董仲舒為代表，便將孔子的理想，略加修正，居然給實現了。在長時期變革過程的疲憊後，這是一帖理想的安眠藥，因為這安眠藥的魔力，中國社會便一覺睡了兩千年，直到孫中山先生才醒轉一次。孔子的理想既是恢復奴隸社會的秩序，而董仲舒是將這理想略加修正後，正式實現了，那麼，中國社會，從董仲舒到中山先生這段悠長的期間，便無妨稱為一個變相的奴隸社會。

董仲舒的安眠藥何以有這大的魔力呢？要回答這問題，還得從頭說起。相傳殷周的興亡是仁暴之差的結果，這所謂仁與暴分明代表着兩種不同的奴隸管理政策。大概殷人對於奴隸榨取過度，以至奴隸們「離心離德」而造成「前途倒戈」的後果；反之，周人的榨取比較溫和，所以能一方面贏得自己奴隸的「同心同德」，一方面又能給太公以施行「陰謀」的機會，教對方的奴隸叛變他們自己的主人。仁與暴漂亮的名詞，實際只是管理奴隸的方法有的高明點，有的笨點罷了。周人還有個高明的地方，那便是讓勝國的貴族管理勝國的奴隸。《左傳》定公四年說：「周公相王室，分魯公以……殷民六族……使帥其宗氏，輯其分族，將其類醜：使之職事於魯，……分之土田陪敦（附庸，即僕庸），祝宗卜史，備物典策，官司彝器。……分康叔以……殷民七族。……」這些殷民六族與七族便是勝國投降的貴族，那些「備物典策，官司彝器」的「祝宗卜史」便是後來所謂「儒」——寄食於貴族的智識分子。讓貴族和智識分子分掌政教，共同管理自己的奴隸（附庸），這對奴隸們和奴隸佔有者（周人）雙方都有利的，因為以居間的方式他們可以緩和主奴間的矛盾，他們實在做了當時社會機構中的一種緩衝階層。後來勝國貴族們漸趨沒落，而儒士們因有特殊智識和技能，日漸發展成一種宗教文化的行幫企業，兼理着下級行政幹部的事務，於是緩衝階層便為儒士們所獨佔了。當然也有一部分沒落勝國貴族，改

業為儒，加入行幫的。

　　明白這種歷史背景，我們就可以明白儒家的中心思想。因為儒家是一個居於矛盾的兩極之間的緩衝階層的後備軍，所以他們最忌矛盾的統一，矛盾統一了，沒有主奴之分，便沒有緩衝階層存在的餘地。他們也不能偏袒某一方面，偏袒了一方，使一方太強，有壓倒對方的能力，緩衝者也無事可做。所謂「君子和而不同」，便是要使上下在勢均力敵的局面中和平相處，而切忌「同」於某一方面，以致動搖均勢，因為動搖了均勢，便動搖自己的地位啊！儒家之所以不能不講中庸之道，正因他是站在中間的一種人。中庸之道，對上說，愛惜奴隸，便是愛惜自己的生產工具，也便是愛惜自己，所以是有利的；對下說，反正奴隸是做定了，苦也就吃定，只要能吃點苦就是幸福，所以也是有利的。然而中庸之道，最有利的，恐怕還是那站在中間，兩邊玩弄，兩邊鎮壓，兩邊勸諭，做人又做鬼的人吧！孔子之所以憲章文武，尤其夢想周公，無非是初期統治階級的奴隸管理政策，符合了緩衝階層的利益，所謂道統者，還是有其社會經濟意義的。

　　可是切莫誤會，中庸絕不是公平。公平是從是非觀點出發的，而中庸只是在利害中打算盤。主奴之間還講甚麼是非呢？如果是要追究是非，勢必牽涉到奴隸制度的本身，如果這制度本身發生了問題，哪裡還有甚麼緩衝階層呢？顯然的，是非問題是和儒家的社會地位根本相抵觸的。他只能一面主張「成事不說，遂事不諫，既往不咎」，一面用正名（君君臣臣，父父子子）的理論，維持現有的秩序（既成事實），然後再苦口婆心地勸兩面息事寧人，馬馬虎虎，得過且過。我疑心「中庸」之庸字也就是「附庸」之庸字，換言之，「中庸」便是中層或中間之傭。自身既也是一種傭役（奴隸），天下哪有奴隸支配主人的道理，所以緩衝階層的真正任務，也不過是懇求主子刀下留情，勸令奴才忍

重負辱，「執中無權，猶執一也」，天平上的碼子老是向重的一頭移動着，其結果，「中庸」恰恰是「不中庸」。可不是嗎？「爵祿可辭也，白刃可蹈也，中庸不可能也」！果然你辭了爵祿，蹈了白刃，那於主人更方便 (因為把勸架的人解決了，奴才失去了掩蔽，主人可以更自由地下毒手)，何況爵祿並不容易辭，白刃更不容易蹈呢？實際上緩衝階層還是做了幫兇，「季氏富於周公，而求也為之聚斂而附益之」，冉求的作風實在是緩衝階層的唯一出路。孔子喝令「小子鳴鼓而攻之！」是冤枉了冉求，因為孔子自己也是「三月無君則皇皇如也」的，冉求又怎能餓着肚子不吃飯呢！

但是，有了一個建築在奴隸生產關係上的社會，季氏便必然要富於周公，冉求也必然要為之聚斂，這是歷史發展的一定的法則。這法則的意義是甚麼呢？恰恰是奴隸社會的發展促成了奴隸社會的崩潰。緩衝階層既依存於奴隸社會，那麼冉求之輩的替主人聚斂，也就等於替緩衝階層自掘墳墓。所以畢竟是孔子有遠見，「留得青山在，不怕沒柴燒」，冉求是自己給自己毀壞青山啊！然而即令是孔子的遠見也沒有挽回歷史。這是命運的作劇，做了緩衝階層，其勢不能不幫助上頭聚斂，不聚斂，階層的地位便無法保持，但是聚斂得來使整個奴隸社會的機構都要垮台，還談得到甚麼緩衝階層呢？所以孔子的呼籲如果有效，青山不過是晚壞一天，自己便多燒一天的柴，如果無效，青山便壞得更早點，自己燒柴的日子也就有限了，孔子的見地還是遠點，但比起冉求，也不過是「以五十步笑百步」而已。結果，歷史大概是沿着冉求的路線走的，連比較遠見的路線都不會蒙它採納，於是春秋便以高速度的發展轉入了戰國，儒家的理想，非等到董仲舒不能死灰復燃的。

話又說回來了，儒家思想雖然必須等到另一時代，客觀條件成

熟，才能復活，但它本身也得有其可能復活的主觀條件，才能真正復活，否則便有千百個董仲舒，恐怕也是枉然。儒家思想，正如上文所說，是奴隸社會的產物，而它本身又是擁護奴隸社會的。我們都知道，奴隸社會是歷史必須通過的階級，它本身是社會進步的果，也是促使社會進步的因。既然必須通過，當然最好是能過得平穩點，舒服點。文武周公所安排的，孔子所發表的奴隸社會，因為有了那樣緩和的榨取政策，和為執行這政策而設的緩衝階層，它確乎是一比較舒服的社會，因為舒服，所以自從董仲舒把它恢復了，二千年的歷史在它的懷抱中睡着了。

誠然，董仲舒的儒家不是孔子的儒家，而董仲舒以後的儒家也不是董仲舒的儒家，但其為儒家則一，換言之，他們的中心思想是一貫的。二千年來士大夫沒有不讀儒家經典的，在思想上，他們多多少少都是儒家，因此，我們了解了儒家，便了解了中國士大夫的意識觀念。如上文所說，儒家思想是奴隸社會的產物，然則中國士大夫的意識觀念是甚麼，也就值得深長思之了！

論為己之學

羅庸

《論語·憲問》篇:「子曰:古之學者為己,今之學者為人。」朱子《集注》引用程子的話道:「為己,欲得之於己也;為人,欲見知於人也。」又說:「程子曰:古之學者為己,其終至於成物;今之學者為人,其終至於喪己。愚案聖賢論學者用心得失之際,其說多矣;然未有如此言之切而要者。於此明辨而日省之,則庶乎其不昧於所從矣。」

一部《論語》,論其宗趣所歸,一仁字足以盡之;論其致力之方,一學字足以盡之。子夏曰:「博學而篤志,切問而近思,仁在其中矣。」是仁亦涵攝於學。孔子曰:「吾十有五而志於學。」《論語》的記者,也拿「學而時習之」一章冠首。這真是原始要終,徹上徹下,明白了為學之道,便已本末兼賅了。

人之大病,莫過於昏惰無恥,孔子只有對於「飽食終日,無所用心」和「群居終日,言不及義,好行小惠」的兩種人,說他們「難矣哉」!又說:「困而不學,民斯為下矣。」孟子也說:「自暴者不可與有言也,自棄者不可與有為也。言非禮義,謂之自暴也;吾身不能居仁由義,謂之自棄也。」因為為仁是由己的,如果你志趣凡下,不恥卑污,那麼,人都不奈你何。孔子說:「不憤不啟,不悱不發;舉一

隅不以三隅反，則不復也。」又說：「不曰如之何如之何者，吾未如之何也已矣。」孟子也說：「不恥不若人，何若人有？」朱子也說過：「不帶性氣的人，為僧不成，為道不了。」所以「尚志」是學者第一件大事。

尚志便是自強，鞭闢近裡，與他人全無干涉。所以《孟子・答王子墊問尚志》說：「仁義而已矣。」如不善會此意，便有以忮求為尚志的，有以妄想尋伺為尚志的，行險僥倖，病目空花，而自以為有志，這正是孔子所謂「患得患失」的鄙夫。學者如能於此處體認明白，則其一段高明俊邁之精神，必有自發而不容己者，這樣為學，才是為己之學了。

《荀子・勸學》篇有兩句話說：「君子之學也，以美其身，小人之學也，以為禽犢。」真說到為己之學，不但不為禽犢而已，凡逐外徇物，皆是為人。學者且各自問：我今日為學，果真為謀道，不為謀食嗎？果真不為名利恭敬嗎？果真有一段不容己之精神，坦然奔赴，寧以窮餓無悶，死生不變其操嗎？如其未然，那便是實在未嘗有志於學，入手便錯，何問前途？且教洗髓伐毛，將自欺欺人之習，打掃淨盡，實見得人之所以異於禽獸，實見得己之所以異於聖賢，如惡惡臭，如好好色，不怙己過，不戀舊習，才可與說為己之學。

孔子答子路問志，只說個「老者安之，朋友信之，少者懷之」。而自述則曰：「吾十有五而志於學。」此言最為無病。學者雖不驚外，但是空懸鵠的，模畫聖賢，也便是捕風捉影。如文王之「望道而未之見」，顏淵的「如有所立卓爾」，都是實有所見，才說這話。不然，誤會了孟子「舜何人也，予何人也，有為者亦若是」的話，或且預立目標，以與古人銖量寸較，反轉變為功利熾然，仁義充塞，其流弊有不可勝言者。只一句「好學」，便是萬病盡袪，萬行具足，才真是為己之學了。

　　為己之學只是自知不足，而未嘗預擬其止境，這便是下學工夫，至於上達，是不暇計及的。孔子自己是「發憤忘食，樂以忘憂，不知老之將至」的，稱讚顏回，說：「吾見其進，未見其止。」這都不過真是「日知其所亡」而已。真能日知所亡，必能月無忘其所能，所以顏回是「退而省其私，亦足以發」的。

　　不足之感還是由好學而來，所謂「學然後知不足」者是。知不足然後能自反，知困然後能自強，都是切實向內的工夫。所謂「反身而誠」「盡己之謂忠」，實在皆是好學之事。自知不足則其心愈虛，反身而誠則其心愈實，程子嘗說：「學者心要實，又要虛。」其意在此。「知之為知之，不知為不知」，是實到極處；「有鄙夫問於我，空空如也，我叩其兩端而竭焉」，是虛到極處。致實致虛，才真是為己之學了。

　　真能虛的人必不驕，真能實的人必不吝。真能虛的人必不忮，真能實的人必不求。真能虛則學不厭，真能實則教不倦。而其實則皆是誠之發現處。誠則明，是虛之用；誠則動，是實之用；誠之全，即仁之體。孔子說：「仁遠乎哉？我欲仁，斯仁至矣。」又曰：「為仁由己，而由人乎哉？」能觸處反求諸己，即是「無終食之間違仁」，能造次顛沛不違於仁，才真是為己之學了。

　　至誠無息便是自強不息，天行健即是仁者必有勇，所以，真能為為己之學者必是宏毅堅剛，光明俊偉，灑然無累，凝然不滯，夙夜匪勉，而未嘗有累於心，無非求有以自得而已。

　　「自得之則資之深，資之深則居之安，居之安則取之左右逢其源。」所以真能為為己之學者必有及物之功，程子所謂「其終至於成物」者是。因為宇宙內事皆自己分內事，所以仁者與物同體，成物實即盡己之事，仁者並不自知其有及物之功的。舜禹之有天下而不與，孔子歎其巍巍，舜禹並不自知其巍巍也。反之，視天下有一物未康即

虧吾性倒是真的。所以成己成物原無二致，其義在此。

　　否則，竭情利祿，弊力聲名，正是《樂記》所謂「物至而人化物」的。己之既喪，成物何由？人生可哀，無過於是！是不可不痛自反省的。

詩人

羅庸

　　這是一個很陳舊的題目，已經有許多人講演過或作過文章。我所以還要講這個題目，只不過想述説自己的一點看法。我根本不懂外國詩，也不大懂中國的新詩，這裡所談，大半是根據中國舊詩而説的。

　　詩人一名，大概在戰國時就有了。《楚辭·九辯》:「竊慕詩人之遺風兮，願託志乎素餐。」從此便成為兩漢人習用的名詞。

　　辭賦興起以後，又有了「辭人」一個名詞，與詩人相對待。揚子《法言·吾子》篇:「詩人之賦麗以則，辭人之賦麗以淫。」足見漢人把詩人看得很高。

　　六朝人尊視屈賦，以為上不類詩，下不類賦，於是又造了「騷人」一個名詞。昭明太子《文選序》説:「又楚人屈原，含忠履潔，君匪從流，臣進逆耳，深思遠慮，遂放湘南。耿介之意既傷，壹郁之懷靡愬，臨淵有《懷沙》之賦，吟澤有憔悴之容，騷人之文，自茲而作。」後人遂以騷人之文，與變風變雅等量齊觀。李白《古風》:「龍虎相啖食，兵革逮狂秦。正聲何微茫，哀怨起騷人。」正襲《文選序》之意而來。大致自戰國至盛唐，詩人騷人，始終是很尊貴的名詞。

　　宋代以後，忽然又有「墨客」一個名詞出來，與騷人相對待。這

名詞不知始見何書，但彭乘的筆記就題名《墨客揮犀》。自從這名詞出來以後，凡能作兩句歪詩者，就都以騷人墨客自居。其名愈俚，其實愈濫，幾至不可究詰。但有一件事是好的，便是從此很少有人唐突詩人這一個尊稱。

近二十年來，新詩發生，由外國詩的影響，詩人一名，才又在新文壇上出現。於是，凡有一兩本詩集出版者，大家便群以詩人呼之。詩人一名，幾乎代替了當日的騷人墨客。

我不知道在外國是否應當如此，若在中國，詩人一名，是不應該如此濫用的。

所以，詩人這個題目，有重講一次之必要。

記得聞一多先生在一篇文章裡曾經說過，「詩」和「志」古來本是一字，志就是史志，所以詩人也便是史官。這話非常確切。《毛詩·關雎序》說：「至於王道衰，禮義廢，政教失，國異政，家殊俗，而變風變雅作矣。國史明乎得失之跡，傷人倫之廢，哀刑政之苛，吟詠情性以風其上，達於事變，而懷其舊俗者也。」孟子也說：「王者之跡熄而詩亡，詩亡然後春秋作。」可見詩之用即史之用，詩人也就等於秉筆的史官。

史官是多識前言往行的，所以詩人必須是蓄德的君子。《易·大畜象辭》：「天在山中，大畜。君子以多識前言往行以蓄其德。」《小雅·四月之卒》章：「君子作歌，維以告哀。」這作歌的君子，便是詩人。

多識前言往行以蓄其德，便是博文約禮的工夫，《論語·雍也》篇：「子曰：君子博學於文，約之以禮，亦可以弗畔矣夫。」顏淵讚歎孔子，也說：「夫子循循然善誘人，博我以文，約我以禮。」所以詩人必須好學下問，虛己受人，內之為集義擇善之資，外之為鑑往知來之

助，迨其深造自得，由博反約，自然卓爾有立，篤實光輝。詩人之大本大源，全在於此，試看大小雅裡那些憂時念亂的詩人，哪一個不是多識前聞，強立不反的？如《大雅・召旻》之五章：「維昔之富不如時，維今之疚不如茲。」七章：「昔先王受命，有如召公，日闢國百里；今也日蹙國百里。於乎哀哉，維今之人，不尚有舊！」如《小雅・小旻》之四章：「哀哉為猶，匪先民是程，匪大猶是經；維邇言是聽，維邇言是爭。如彼築室於道謀，是用不潰於成。」如果不是嫻習史事，深明於治亂之故，如何說得出來？就是屈原，也是因為「明於治亂」，才能堅決地說「彼堯舜之耿介兮，既遵道而得路；何桀紂之猖披兮，夫唯捷徑以窘步」的。後世詩人，如陶淵明，也是「歷覽千載書，時時見遺烈」，才能「高操非所攀，深得固窮節」的。如果德之不修，學之不講，聞義不能徙，不善不能改，縱令終日儷白妃青，嘲風弄月，正是孔子所謂「群居終日，言不及義」者，如何算得詩人。

　　君子是「無終食之間違仁」的，所以詩人必須純是一片民胞物與之懷。因為仁者是「己欲立而立人，己欲達而達人」的，視天下一物未康，即虧吾性，才能夠同天下之憂樂，忘一己之得失，此非真能克己復禮者不知也。三百篇之偉大不可及，正在此處。如《大雅・民勞》：「民亦勞止，汔可小康。惠此中國，以綏四方。無縱詭隨，以謹無良。式遏寇虐，憯不畏明。柔遠能邇，以定我王。」如《小雅・節南山》之五章：「昊天不傭，降此鞠訩。昊天不惠，降此大戾。君子如屆，俾民心闋。君子如夷，惡怒是違。」以及《大雅》的《板》《蕩》，《小雅》的《正月》《十月之交》《雨無正》《小旻》各篇，莫不惻誠惻怛，字字血淚，而絕與作者個人之得失榮辱無關。自詩教廢壞，作者之心量日狹，藹然仁者之言，日以少見，除了《離騷》的「長太息以掩涕兮，哀民生之多艱」，杜子美的「窮年憂黎元，歎息腸內熱」，頗得詩

人之旨外，如阮籍《詠懷》，陳子昂《感遇》，元白《新樂府》，只算得「其餘則日月至焉而已矣」。此外硜硜自守，歸潔其身者流，都只算得自了漢，不得稱為詩人的。如終日孜孜，只在自身利害上打妄想，便是不仁之甚，所謂哀莫大於心死者，此正詩人之所悲憫，又如何算得詩人！

多識前言往行便能彰往察來，所謂因革損益，百世可知，才能於其所學，確然不惑，所以詩人必須是事燭幾先的知者。因為真能克己復禮者，必能寡欲養心，此心不為物蔽，則深靜虛明，無微不照，所謂至誠之道，可以前知也。如《小雅·正月》之四章：「瞻彼中林，侯薪侯蒸。民今方殆，視天夢夢。既克有定，靡人弗勝。有皇上帝，伊誰云憎。」如《魏風·園有桃》：「園有桃，其實之殽。心之憂矣，我歌且謠。不知我者謂我士也驕。彼人是哉，子曰何其。心之憂矣，其誰知之？其誰知之，蓋亦勿思。」所謂「視天夢夢」「其誰知之」，皆眾人皆醉，詩人獨醒之境。以一醒處眾醉，雖大聲疾呼，終無救於淪胥，此千古人類之悲劇也。屈原最能不疑於其所行，所以《離騷》裡一再地說：「瞻前而顧後兮，相觀民之計極，夫孰非義而可用兮，孰非善而可服？」「惟夫黨人之偷樂兮，路幽昧以險隘，豈余身之憚殃兮，恐皇輿之敗績。」真可謂掬出肝膽。此後如杜子美的《自京赴奉先縣詠懷》《悲陳陶》《悲青坂》《留花門》，白樂天《新樂府》裡《立部伎》《時世妝》各篇，都有見微知著的意思，去風雅未遠。詩人之即為哲人，正在此處。若乃奄然媚世，隨波逐流，甚至長君之惡，文過飾非，則是側媚小人，曾俳優之不若者，又如何算得詩人！

知者必不惑，仁者必有勇，所以詩人必能以天下為己任。孔子的「吾豈匏瓜也哉，焉能繫而不食」，孟子的「如欲平治天下，當今之世，捨我其誰」，最能見此精神。屈原的「乘騏驥以馳騁兮，來吾道夫先

路」「忽奔走以先後兮，及前王之踵武」「懷朕情而不發兮，余焉能忍與此終古」，更純是一片邁往之懷。蓋有猷有守則必欲有為也。但必須真是能知能仁，才不是欺人之談，否則徒作大言而已。如杜子美的「許身一何愚，竊比稷與契」「致君堯舜上，再使風俗淳」，大概還有幾分把握；像李太白的「我志在刪述，垂輝映千春。希聖如有立，絕筆於獲麟」，恐怕便是無驗之談了。後之作者，或離群絕世，甘自隱淪，或猖狂妄行，大言欺世，都是不得中行，有違敦厚溫柔之旨，都算不得詩人的。

唯仁者能好人，能惡人，所以詩人對於並世的小人，十分痛惡。如《小雅・巷伯》之六章：「彼譖人者，誰適與謀？取彼譖人，投畀豺虎；豺虎不食，投畀有北；有北不受，投畀有昊！」如《鄘風・相鼠》之卒章：「相鼠有體，人而無禮；人而無禮，胡不遄死！」表面看來，似乎疾惡太嚴，實則正是詩人的好仁之驗。孔子說：「我未見好仁者，惡不仁者。好仁者無以尚之，惡不仁者其為仁矣，不使不仁者加諸其身。」屈原是疾惡如仇的，但比《巷伯》《相鼠》的詩人就敦厚多了，《離騷》只不過說「眾皆競進以貪婪兮，憑不厭乎求索，羌內恕己以量人兮，各興心而嫉妒」而已。後世詩人之刺時，或隱晦其詞，或間雜比興，終莫敢直諫，然猶不免以文字取禍。風諫之義，遂不得不與日俱衰了。

好善惡惡便是「直道而事人」，那結果是「焉往而不三黜」，所以詩人往往不諧於時，不是放逐遷流，便是窮而在下。詩人懷了一腔忠悃，所遇到的是冷水澆頭，悲憤怨誹是當然的事。但詩人是溫柔敦厚的，哀樂不過其中，所謂「國風好色而不淫，小雅怨誹而不亂」。所以孔子說：「小子何莫學夫詩，詩可以興，可以觀，可以群，可以怨。」在文學上講，這不亂的怨誹，感人更深。如《邶風》的《北門》：「出自

北門，憂心殷殷，終窶且貧，莫知我艱。」可算得怨了，但他下面卻說：「已焉哉，天實為之，謂之何哉！」如《鄘風‧柏舟》的「母也天只，不諒人只」，《衛風‧氓》的「反是不思，亦已焉哉」，都是忠厚之至的。因為詩人是躬行忠恕的，絕不怨天尤人，但責之於己者卻是十分鞭闢入裡，所謂反身而誠也。大概詩人於行有不得處，則必自反，這便是克己工夫。自反而仁，而有禮，而忠，則俯仰無慚，益堅自信，其發於詩者，必是峻峭塹絕，不磷不淄。三百篇裡忠臣烈女的作品，沒有一篇不是至大至剛的，如《邶風‧柏舟》之三章：「我心匪石，不可轉也。我心匪席，不可卷也。威儀棣棣，不可選也。」《小雅‧十月之交》之卒章：「悠悠我里，亦孔之痗。四方有羨，我獨居憂。民莫不逸，我獨不敢休。天命不徹，我不敢效我友自逸。」無一不足以廉頑立懦。屈原的《離騷》，這態度尤其鮮明，如說：「忳鬱邑余侘傺兮，吾獨窮困乎此時也。寧溘死以流亡兮，余不忍為此態也！」又說：「民生各有所樂兮，余獨好修以為常。雖體解吾猶未變兮，豈余心之可懲！」千載之下讀之，猶為神往。後世的詩人，只有淵明的「且共歡此飲，吾駕不可回」，子美的「居然成濩落，白首甘契闊。蓋棺事則已，此志常覬豁」，猶有詩騷遺意。蓋克己復禮便是無欲則剛，而剛毅木訥，亦即仁之發露。自學與文離，能躬行者未必能詩，能詩者未必有行，風人日少，詩教日衰，一切都說不上了。

　　詩人到了寧溘死以流亡，不但亢龍有悔，簡直剝床及膚了，這時旁觀者本其愛護之心，必然替他想法開些門路。最簡單的辦法是貶節，如陳代勸孟子枉尺應辱，女嬃戒屈原婞直亡身，田父勸淵明「一世皆尚同，願君汩其泥」，都是這一類。詩人之究為蘇武抑為李陵，都在此一念之間。我們不能如淵明的「貧富常交戰，道勝無戚顏」，則一失足成千古恨，也不是很難的事。其次的辦法是隱淪，如楚狂接

輿、長沮、桀溺之諷孔子。再次的辦法是去而之他，如靈氛告屈原的
吉占。大概戰國的遊士都是走靈氛的路，自好的詩人，都是走長沮、
桀溺的路，《衛風‧考槃》便是這一類。這一類在中國文學史上為數
獨多，所謂窮則獨善其身者是。如王維《終南別業》諸詩，清則清矣，
恐怕去仁日遠了。

　　《禮記‧經解》篇說：「詩之失愚。」孔子又說：「好仁不好學，其
蔽也愚。」在歧路上的詩人，如果不能以好學的知來調理力行的仁，
則眼前只有殺身成仁之一途，屈原便是走的這一條路。在他自己是
求仁得仁，一切圓滿；但投之以仁者不憂之幾，屈原又只能稱為騷
人了。

　　仁者何以能不憂呢？孔子曰：「樂天知命故不憂。」自經溝瀆的
匹夫，大半是硜硜自守的狷者。若說到無入而不自得的境界，則自殺
猶為苟免於時也。直是自強不息、與天合德，才得超凡入聖。古今詩
人，只一淵明到此境界，但看「棲遲固多娛，淹留豈無成」，是何等自
知？「脂我名車，策我名驥，千里雖遙，孰收不至」，是何等自勉？「此
中有真意，欲辯已忘言」，又是何等自得？以視子美的「自斷此塵休問
天，杜曲幸有桑麻田」「問法看詩妄，觀身向酒慵」，何啻霄壤！到此
境界，詩人亦即是哲人了。

　　本來，整個的宇宙人生即是藝術，聖賢豪傑、忠臣孝子，詩歌、
戲曲、音樂、國畫、建築、雕刻，不過是表現的方法不同而已。詩人
所用的工具便是有韻律的文字語言。有些人一生的歷史便是可歌可泣
的一篇詩，但我們不稱他為詩人，就因為他不是用詩的文字表現自己
的。所以詩人對於自己所使用的語言文字，必須令其技術精熟，得心
應手。這也便是多識前言往行的自然收穫，所謂「別裁偽體親風雅，
轉益多師是汝師」也。能仁便能與物同體，杜子美的「黃鶯並坐交愁

濕，白鷺群飛太劇乩」[1]，姜白石的「數峰清苦，商略黃昏雨」，皆是此境。識此則鳶飛魚躍，無物不活矣。此心能虛靜則能體物入微，杜子美的「仰蜂黏落絮，行蟻上枯梨」「細雨魚兒出，微風燕子斜」，絕不同於纖巧小家，即在其能靜觀自得，非刻意求之也。能寫靜態者必能寫動態，杜子美的《茅屋為秋風所破歌》，「茅飛渡江灑江郊，高者掛罥長林梢，下者飄轉沉塘坳」，三句中用了八個動詞；李太白的《戰城南》，「烏鳶啄人腸，銜飛上掛枯樹枝」，兩句中用了四個動詞，在他人罕能有此，實在都由靜觀而來，杜子美所謂「靜者心多妙」也。能寫物態者必能寫事態，如子美的《新安吏》《石壕吏》《兵車行》，亦不過是寫茅屋秋風的一副眼光。能寫事境者必能寫情境，子美的《無家別》《垂老別》，和《夢李白》比較，初無親疏彼我之分，愛人如己故也。能寫情境者必能寫理境，子美的「水流心不競，雲在意俱遲」，何遽不若「三夜頻夢君，情親見君意」也。

所以，一切學問的入手處，如能從根本中來，則振本而末從，知一而萬畢。學詩若先從詞華技巧上着手，便是已落二乘，況下於此，其何以自致於高明？

上來所講，似乎陳義太高，使人不可企及；然取法乎上，僅得乎中，在此詩教廢墜之秋，介紹一點先民典型，也是分內之事。所謂「中道而立，能者從之」，當仁不讓，是在達者。

---

1 應為「黃鸝並坐交愁濕，白鷺群飛大劇乾」。——編者註

思無邪

羅庸

　　幾年前，在杭州，偶然和友人戴靜山先生談《詩經》，說起《論語·為政》篇「詩三百，一言以蔽之，曰：思無邪」這一章，覺得不容易用淺喻一語道破。古今善說此章者無如程子，那是再簡要沒有了；卻被朱子引作旁參，集註裡還是說使人得性情之正一類的話。清代漢學家說《魯頌》，更多新解，但和《論語》此章大義，全無關涉；也許《魯頌》的思無邪另有本義，但至少孔子引用時，已非舊義了。集註立意要圓成美刺法戒之說，卻無意中已落到「道着用便不是」的地步。我以為最好還是程子的話：「思無邪者誠也。」這真是一語破的之論。以質靜山先生，頗以為然。

　　越年夏，住在北平的香山，記起數年前和友人謝似顏先生說過的一段戲談，正不妨翻轉來說明此義；當時便想把這一段意思寫出來，卻始終沒有動筆。

　　其後臥病西湖蓬廬家中，隨手翻閱《朱子語類》，發現說此章的十幾條中，先後頗不一致。如有一條是：

　　　問：思無邪，子細思之，只是要讀詩者思無邪。曰：舊人說似不通，中間如許多淫亂之風，如何要思無邪得？如止乎禮義，中間許多不正詩，如何會止乎禮義？怕當時大約說許多中格詩，

卻不止許淫亂底說。

照此解釋，如何還是「詩三百一言以蔽之」呢？但後來說法就變了，
如另一條說：

> 思無邪乃是要使讀詩人思無邪耳。讀三百篇詩，善為可法，
> 惡為可戒，故使人思無邪也。若以為作詩者思無邪，則《桑中》
> 《溱洧》之詩，果無邪耶？某詩傳去小序，以為此漢儒所作，如
> 《桑中》《溱洧》之類，皆是淫奔之人所作，非詩人作此以譏刺其
> 人也。聖人存之，以見風俗如此不好，至於作出此詩來，使讀者
> 有所愧恥而以為戒耳。

此外如說「淫奔之詩固邪矣；然反之則非邪也。故某說其善者可以
感發人之善心，惡者可以懲創人之逸夫」。如說「集註說要使人得情
性之正，情性是貼思，正是貼無邪，此如作時文相似，只恁地貼方分
曉」。都是要維持那一貫的法戒之說，實在和三百篇當諫書相去無幾。
集註雖不廢程子之說，但語類[1]裡對於問程子之說的，卻不免支離其
詞，泛然答應。如說：

> 思無邪不必說是詩人之思及讀詩之思，大凡人思皆當無邪。如
> 毋不敬不必說是說禮者及看《禮記》者當如此，大凡人皆當毋不敬。

便幾乎與本題無關了。只有一條似略近程子之意，但嫌用力太過，然
法戒之說沒有了卻是好的：

> 問：《詩》說思無邪，與《曲禮》說毋不敬意同否？曰：毋不
> 敬是用功處，所謂正心誠意也。思無邪思至此自然無邪，功深力
> 到處，所謂心正意識也。

這便比以前的許多話直接平易得多了。尤其是自然無邪四個字，當頗

---

1 即上文《朱子語類》。 —— 編者註

有所見。可惜為三百的作者未必都是功深力到者，則此段所說，還是貼讀者一面為多，集註既成顯學，連這些話都少人注意了，致令法戒之說，一脈獨傳，歷數百年而無異論。

說古書只要少存些春秋為漢制法的意思，葛藤便會剪除不少；況且《論語》本文只說「詩三百，一言以蔽之，曰：思無邪」，並未說「其義使讀者歸於無邪」，則美刺法戒之說，於何安立？

所以思無邪最好就是思無邪，不須旁徵博引，更不須增字解經，若必須下一轉語的話，那麼，「思無邪者，誠也」。

記得幾年前有一位學體育而嗜好文學的朋友謝似顏先生和我談文學，他說：讀一篇好的文章，確有如珠走盤之感；壞的文章便只覺得直率呆板，沒一點靈活。我道：我從前有一種說法，我戲稱它為「幾何文學論」：那有句無章的文字，譬如許多點，勉強聯起來也不成貫串，《文心雕龍·附會》篇所謂「尺接寸附」者是也。有章無篇的文字譬如線，《文心·章句》[1]篇所謂「跗尋相銜，首尾一體」，只是不脫節而已。成篇的文章譬如面，《文心·熔裁》篇所謂「三準既定」的文字便是。等到橫看成嶺側成峰，那便是立體的文字了。工夫再深些，筆勢圓轉到成了球體，那就如珠走盤了。

這原是一段笑談，但不妨借來說明文學外形的工拙；至於思無邪，誠，卻是文學內在的境界，其方向與此恰相背馳。

我們讀一篇好的作品，常常拍案叫絕，說是「如獲我心」，或「如我心中之所欲言」，那便是作者與讀者間心靈合一的現象，正如幾何學上兩點同在一個位置等於一點一般。擴而充之，凡曠懷無營，而於當境有所契合，便達到一種物我相忘的境界，所謂「此中有真意，欲

1《文心》指《文心雕龍》。後不再一一註釋。──編者註

辯已忘言」，這便是文學內在的最高之境，此即誠也。誠則能動，所以文境愈高，感人愈深。

思無邪便是達此之途，那是一種因感求通而純直無枉的境界。正如幾何學上的直線是兩點之間最短的距離一般。凡相感則必求通，此即思也，無邪就是不繞彎子。思之思之，便會立刻消滅那距離而成為一點。孔子說：「仁遠乎哉？我欲仁，斯仁至矣。」孟子說：「思則得之，不思則不得也。」思得仁至，必須兩點之間沒有障礙不繞彎子才行。

「古之愚也直」，所以愚人是不會繞彎子的；「詩之失愚」，所以不繞彎子也便是好詩。繞彎子就是有邪，有邪就是未嘗真思。

「唐棣之華，翩其反而，豈不爾思？室是遠而。」孔子曰：「未之思也，夫何遠之有！」其病就在繞了一個彎子。假如孔子有刪詩的一回事，則此詩之逸，必是為了有邪無疑。

所以文字的標準只須問真不真，不必問善不善，以真無有不善故。天下事唯偽與曲為最醜，此外只要是中誠之所發抒，都非邪思，一句「修辭立其誠」而善美異矣。

性情的界域到直線為止，文學內容的界域也到直線為止，一入於面便是推理的境界，舉一反三，告往知來，便都是推理之境，非復性情之所涵攝了。

理智到成了立體便是過勝，俗語說「八面玲瓏」，即言其人之巧點。成了球體便是小人之尤，元次山之所以「惡圓」，惡其滑也。

故文學內在之境以點為極則，文學外形之標準卻要成球體，看似相反而實相成。蓋文筆不能如珠走盤只是無力，而無力之故，由於內境之不誠，倘使一片真誠，未有不達者，達則如珠走盤矣。

所以思無邪不只就內容說，外形之能達實亦包括在內，此所以「一言以蔽之」也。

詩的境界

羅庸

各位，今晚的講題是「詩的境界」。

甚麼是詩的境界呢？我們平常遊覽一處名山勝跡，或是看到一所園林的佈置，遇到賞心悦意的時候，常常讚美着說：這地方頗有詩意。蘇東坡稱讚王維，說：「觀摩詰之詩，詩中有畫；味摩詰之畫，畫中有詩。」這「有詩意」「畫中有詩」，即言其園林或繪畫中含有詩的境界。

境界就是意象構成的一組聯繫。意象是一切藝術的根源，沒有意象就沒有藝術。照相館裡普通的攝影，雖然毫髮畢肖，但我們不把它算作藝術品，就因為它缺乏意象。凡藝術必本於現實，而一切現實不得稱為藝術者，就因為藝術是在現實上加了一番刪汰練繹的工夫，又加了一番組織配合的想像。鑑賞藝術的人，所得的快慰，是在那一段表現的手法，而不在具體事物的本身。藝術家本領之高下，也就是手法的高下，這手法即是意象。意象構成一組的聯繫，渾全不可分地表現出來，便是境界。

現實有具體的存在，而境界則存於藝術家的想像中，所以它可以神變無方，不拘一格。儘管有美的現實，倘無藝術家的創造，便可以

轉神奇為臭腐；反之，儘管很平凡的事物，經過藝術家的創造，也可以化臭腐為神奇。所以，在一初的藝術中，現實的地位不過佔十分之一，藝術家的手法卻佔十分之九。因此，我們可以說，境界是一切藝術生命的核心。

廣義地說，文學也是藝術的一部門，只不過表現的工具不同而已。造型藝術所利用的材料是顏料或石膏，文學所利用的是語言文字，工具雖異，其所表現的境界則同。但是一切造型藝術非有具體的意境就無法表現出來，而語言文字則可以在不夠具體或超過具體的程度中有所表現。所以，文學不離語言文字，而語言文字不就是文學。詩是最純粹的文學，所以詩的境界也就是最純粹的藝術境界。照此而論，詩就是藝術，應該沒有問題的了，卻不料問題更多。

原來詩除了意象以外，還有音律、格式，許多原素。意象的創造很難，而音律、格式則學會甚易，許多沒有境界的語言文字，也可以假借詩的形式表現出來。最明顯的如《馬醫歌括》之類不用說了；便是略有境界而不夠詩的程度的作品，也可以用詩的形式出現。因此，詩境的問題，也就頭緒紛繁。

大概沒有藝術修養的人，眼中所見，唯有物境。這和初有知識的小孩差不多，只會看見個別的具體事物，而不會說明物與物之間的關係。《聲律啟蒙》裡的「雲對雨，雪對風，大陸對長空」，便是一類。在壞一方面說，只會堆砌事物的絕不能叫作詩；在好一方面說，文人的本領有時也偏愛在此處出奇制勝。王褒的《僮約》，韓愈的《畫記》，其所根據的只是一些具體的事物，但他們用一種巧妙的手法，把這些事物聯絡起來，便成為有組織的文章。然而畢竟無意味之可言。

比物境略高一籌的是事境，那是較為注意到物與物之間的關係而說明其聯繫者。笑話中說的：「檐前飛四百，樓上補萬草。牆高貓跳

『咚』，籬密狗鑽『吭』。」便是這一類。大致長篇的賦往往利用這些字句鋪陳篇幅，但在詩中便不容許了。有些作家在沒有辦法的時候，便用一些華麗字句遮掩事境，如秦少游的「小樓連苑橫空，下窺繡轂雕鞍驄」。東坡譏笑他說：「十三個字不過說有車馬從樓前過。」便是這一類。事境雖非詩境，但在語言文字上已經要費安排。相傳歐陽修在史館，和宋郊、宋祁同記馬踏犬的事。或說：「適有奔馬，一犬遇之而斃。」或說：「有犬死於奔馬之下。」最後還是歐陽修說：「適有奔馬，踏死一犬。」這故事正說明散文所需要的是事相的說明，而不是意境的創造。也就是說：只到語言的組織，而不到藝術的構成。

　　寫景的句子，本也屬於事境，但能入詩的寫景語必須兼有感情，至少也要能在景中表出作者的感覺，或是事物的動態。唐人詠瀑布有句云：「一條界破青山色。」大為宋人所譏，就因為它既無感覺，又非動態。像王維的「山中一夜雨，樹杪百重泉」，便被稱為體物甚工，就因為寫得出動態來。到了「曲終人不見，江上數峰青」，已經入於情景交融之境了；至若「數峰清苦，商略黃昏雨」，便是以情語為景語，超出事境的範圍了。

　　比事境再高一籌的是情境，原來一切的感情必有所託才能表現，所謂「其歌也有思，其哭也有懷」，單純的歌哭是不容易表現的，此所以情語必須兼是景語。彼此分數的多少，便有刻露與含蓄之分，而在藝術的原則上說，含蓄高於刻露。也就是說，寄託越深遠，便是表情越深遠。「何不策高足，先據要路津。無為守窮賤，坎坷常苦辛」，固然有一段率真之致；但比「苦恨年年壓金線，為他人作嫁衣裳」，便覺後者婉約多了。北朝樂府的「驅羊入谷，白羊在前，老女不嫁，蹋地喚天」，固然質樸可喜；但比白居易《上陽人》的「惟向深宮望明月，東西四五百回圓」，便覺《上陽人》的格調高多了。文學本來以表情為

主，情不虛設，所以情景交融，便是最高之境，再加以寄託深遠，便是詩境的極則了。

駕於情境之上，而求超出，便是理境，文學的界域與哲學的界域就在這裡分途。守住文學界域而參入理境，可以使意境更高；但太高了，也可以使文學的溫情變為枯冷，使人讀了有高處不勝寒之感。若捨棄情境而單純說理，那就脫離文學的範圍了。陶淵明的「日暮天無雲，春風扇微和」，王船山說有靈台無滓之意，但仍舊是詩，不是說教的口號。像王維的「獨坐幽篁裡，彈琴復長嘯。深林人不知，明月來相照」，雖然有「白石清泉萬古心」之意，但已近於幽寂了。至於像邵康節的《擊壤集》有「初分大道非常道，才有先天未後天」一類的話，那簡直不是詩了。唐朝的王梵志喜用白話作詩說教，看了只令人有標語口號之感，如說：「城外土饅頭，餡草在城裡。一人吃一個，莫嫌沒滋味。」可謂情景俱無。

詩境的最後是無言之境，非但情景交融，兼且物我兩忘，所以淵明的「採菊東籬下，悠然見南山」，傳為千古名句。後世唯李白的「眾鳥高飛盡，孤雲獨去閒。相看兩不厭，惟有敬亭山」，約略似之。而說理詩反倒無法到此境界，就因為說理詩完全在那裡運用理智，而真詩所需要的是感情。感情期於合，理智期於分，情景交融，物我兩忘之境，由理智出發是無法達到的。理事無礙，仍須經過感情也。

綜合上面所說，詩的境界，下不落於單純的事境，上不及於單純的理境，其本身必須是情景不二的中和。而一切物態、事相，都必須透過感情而為表現；一切理境，亦必須不脫離感情，所以感情是文學的根本。「詩以理性情」，其意在此，音律格式，不過是詩的皮毛而已。

《禮記‧孔子閒居》篇，孔子謂「夙夜基命宥密」為無聲之樂，懂得了無聲之樂，便懂得了詩的境界；懂得了詩的境界，才算懂得文學。

欣遇

羅庸

王羲之在《蘭亭集敘》[1]裡有這樣的幾句話：

　　夫人之相與俯仰一世，或取諸懷抱，晤言一室之內；或因寄所託，放浪形骸之外。雖取捨萬殊，靜躁不同，當其欣於所遇，暫得於己，快然自足，曾不知老之將至。及其所之既倦，情隨事遷，感慨繫之矣。

這「欣於所遇，暫得於己」八個字，括盡了東晉人的生活風度，更括盡了一部陶詩。

宇宙人生本來是純美的，一沙一石，皆得天全，隨其所遇，無不可以欣然自足。但假如你不會領略，你便當面錯過，所謂「視而不見，聽而不聞，食而不知其味」，或是看朱成碧，隨處失真。整個的宇宙在你的境界裡，是支離破碎，毫無是處。你方愁眉苦臉之不暇，還談得到甚麼欣然？

或許你不甘心於這破碎支離，而要在你的宇宙中追求一個全美的所在。於是，你有許多聽來的或想出來的原則和理論，幫助你構造成

---

1 即《蘭亭集序》。——編者註

一個理想的天國，你便終日神遊於其中。這樣，也許你不十分苦臉愁眉了，但又變成整天做夢，做夢的結局，也一定不怎樣欣然。

不能欣然便是無所得，虛度此生，枉自愁苦，人生可哀，無過於是！此其故說來太長，簡單地說，就為了眾生的習心不能「無住」。一有所住，便有所蔽，把一個周流六虛無所不在的心弄成有所不在，重者使天地為之變色，輕者也是東面立而不見西牆。

記得《韓非子》裡有一段故事：說有一個人丟掉一把斧子，疑心是鄰家的孩子偷去了，出來進去越看越覺得鄰家之子像偷了斧子的人。過後自己把斧子找着了，再看鄰家之子，怎麼看怎麼不像偷斧子的人了。這個人當其失掉斧子的時候，他的心住在斧子上，斧子便是他的宇宙。說也難怪，大概他的所有也只是一把斧子。孔子是三四十歲便已超凡入聖的了，他老人家在齊聞韶，還三月不知肉味呢，何況一般具縛凡夫！

人心所住，千差萬別，所謂人心不同，各如其面，於是各人眼中的世界，也便萬有不齊。高一點說是一花一世界，一葉一如來；說壞了便是公說公有理，婆說婆有理。同然之不得，物論之不齊，矛盾紛爭，都由此起，所謂「辯也者有不見也」。最可悲的是那麼一個真實純美的宇宙，法爾現前，反倒熟視無睹，古今哲人所最痛心的，無過於此！因為宇宙人生之實相即是自性，不見宇宙人生便是不見自性。糊裡糊塗活了幾十年，竟和自己的本來面目見面不相識，未免太辜負此生了。

世尊當日在舍衛國祇樹給孤獨園，與大比丘眾千二百五十人俱，長老須菩提殷勤請問：「善男子，善女人，發阿耨多羅三藐三菩提心，云何應住？云何降伏其心？」世尊於是為說一部《般若》，歸納起來，不過是一句話：「應無所住而生其心。」善哉善哉！若心有住，即為非

住，若見諸相非相，即見如來。

　　諸佛出世唯此一大事因緣，但是「或有人聞，心即狂亂，狐疑不信」。不得已而求其次，則在中土有孔老二家。

　　孔子那一副「發憤忘食，樂以忘憂，不知老之將至」的精神，凌厲無前，萬夫莫禦，直是一鞭一條痕，一摑一掌血。當其一旦豁然貫通之際，才真是一了百了，一全一切全。乃知「朝聞道，夕死可矣」，絕非一句空洞的話。但在未達巔頂，直不容你有息肩喘息之餘暇，更何況駐足中途，玩弄光景？以顏淵之賢，猶有喟然之歎，無怪宰我、子貢要半道告勞了。

　　不能在先難後獲中體味那一段「與點」之懷，便有老子那一套虛靜觀復之說。那是藏身於沌沌悶悶而把整個的宇宙看得個原始要終。長處是靜觀而有所得，短處呢，這靜觀自得也是一個「所住」。並且執着轉深，過分吹求的結果，把一個純全的宇宙追求得疵病百出。本來只在有為法上着眼便沒有完全無病的，你越吹求，疵病自然越多，結果反使自己陷於不退不遂。因為，你到底是口說方外，身在環中的呀！

　　一切法都是致遠恐泥，過猶不及，中和雖似平庸，乃真有其可貴者在。東晉人物的生活風度，於佛、於孔、於老，哪一家都不夠；而卒其所就，乃為他人之所不及，則在他們有那一點中和。

　　那就是説：他們能在入世的生活中，保有一段出世的心情，便時時在超悟中體會到一些人生真意。東晉人的生活風度其可愛在此。

　　東晉的世族本來都是些閥閱高門，但過江後卻都努力接近自然，這便是儒道交融的現象。這裡所謂接近自然不徒是縱情山水，乃是指的他們能虛心會理，調理性情。泛應是儒家態度，而虛靜是道家態度。東晉人所有的乃是於泛應萬事當中常常保有那一段虛靜，使此

心時時有一點無住的意味，迨其曠懷無營，刹那虛寂，便會有一段真意，油然現前。這在晉人叫作「遇」，或叫作「會意」「會心」。如淵明說：「五六月中，北窗下臥，遇涼風暫至，自謂是羲皇上人。」又如：「好讀書，不求甚解，每有會意，便欣然忘食。」《世說》[1]記簡文入華林園，謂：「會心處不在遠，翳然林木，便爾有濠濮間想。」都是此境。遇者非出營求；無前後際，會心者心與物化，內外兩忘，這都是真意之所在。這一種態度很近於道家，但能沒有道家的毛病，就在是暫非常，事過即捨，不至於執持不釋，轉成客塵。如上文所引的「涼風暫至」「暫得於己」，都是此意。此得於己者雖為時很「暫」，但畢竟是「得於己」，故能「欣然」。蓋在不得之時，雖歷億劫終究是黑漆皮燈籠，一旦遇而有得，則雖一彈指頃亦三大阿僧祇刧也。以是之故，其樂初與孔顏不殊。所謂「不知老之將至」「欣然忘食」，絕非唐大無驗之談，蓋可知矣。

　　暫得於己之境絕非難得之境，所謂「俯拾即是，不取諸鄰」者也，道在矢溺，奚待復求？若不現成在前，即不足證明法爾如是。而見與不見，顯晦有時，又非人力之所能為。南山飛鳥，振古如斯，而必待東籬採菊乃始悠然見之，則以此時之心無所住也。心無所住則魚躍鳶飛，活潑潑地，雖屬臭腐，亦是神奇。到此乃體會到全妄即真，不遺一法，全體大用，一旦現前，安得不欣然快然？

　　跟着欣然快然而來的便是那事過境遷的一段惋惜之情，這便是感慨繫之的「慨」，淵明所謂「欣慨交集」者是也。忘言之後，首先感到的是那掣舟遷流的逝者如斯，轉顧芸芸，彌復可憫。這一段心情，有惋惜，有慨歎，有低迴吟味，有諷詠流連，此乃正是出入天人，蹀躞

---

1 即《世說新語》。 —— 編者註

聖凡之會。欣者樂其天，慨者悲其人，存乎己者恆有餘，而存乎人者常不足，此聖哲所為欣慨也。

由欣拓開去便是至樂，由慨拓開去便是大悲，但東晉人卻只到欣慨而止，其可愛在此，其不究竟也在此。

淵明喜說閒靜，閒靜是欣遇之根。而此閒靜必仍寓於勞生，始不沉空住寂，轉成坐馳。淵明所謂「勤靡餘勞，心有常閒」者，實是一番居敬工夫，此又屬儒生家業，蓋以提掇息妄，與任運放倒又不同也。

嗚呼！行也布袋，坐也布袋，放下布袋，何等自在。山靜似太古，日長如小年，唯息心者知之。

第四章

馮友蘭、雷海宗講哲學與人生

略談哲學的用處

馮友蘭

　　現在清華及中英庚款董事會所舉辦的留學考試，真可以算是國家的「掄才大典」。其中科目的規定，也要經過很繁重的手續。就清華說，每屆考試舉行以前，先由清華校務會議擬定本屆應考科目，及每科目錄取名額。然後提交評議會通過，評議會通過以後，再由校呈請教育部核准。教育部將清華所擬科目修正以後，又提出行政院會議。行政院會議將教育部提案交有關部會組織委員會核議，核議以後再提交行政院會議正式通過。正式通過後，再由院令達教育部。教育部奉令後，再令飭清華遵辦。這是見於公文的手續。所以每次考試所規定的科目，都要經過這許多關口，方能決定。在每一個關口中，主張要考每一個科目的人，都要準備「舌戰群儒」。

　　自從清華改為入學舉行留學考試，十四年來，只有一次有哲學一科，名額一名，一次有邏輯一科，名額一名。近幾年來，每次留學考試，所規定的科目，大概都是工程方面的。下屆留學考試，在校中經過許多爭辯，才算是為文科方面爭到了四名名額，其中有一名規定為專攻西洋哲學史。歷年哲學系畢業的學生，都欣喜相告，以為可有個出國的機會。誰知公事送到重慶，不知於過哪一個關口時，哲學一科

目，又被刪去了。

西洋中世紀的僧院中的僧侶們，「吃飽飯，沒事幹。嘗討論『一個針尖上能站幾個天使』等一類的問題」。有些人或以為哲學中所討論的，大概也都是這一類的問題。這些問題，有甚麼用處？況且這一類不吃緊的問題，盡可在國內討論，何必花外匯出國？以為留學考試不必要哲學科目的人，其想法大概是如此。我們願意乘此機會，說一說哲學的用處。

哲學能叫人了解事情，或某種事情，是怎樣一回事。例如人生哲學、社會哲學、政治哲學、文化哲學等都是所以叫人了解人生、社會、政治、文化等是怎樣一回事者。人了解事情或某種事情是怎樣一回事之後，事情或某種事情，當然還是那麼一回事。不過人若了解事情或某種事情是怎樣一回事，他對付事情或某種事情的態度與辦法，自然亦有不同。中國近百年來，所遇的困難，在中國歷史上是空前的。早在清末，曾胡左李諸公，都已感覺到中國遇到一個空前的變局。但是這個變局是怎樣一回事，他們已弄不清楚。他們四位之中有一位，我記不清是哪一位，遇有人談洋務，輒變色搖頭說：「此非吾輩所敢言。」他雖不敢談洋務，而他對於事變日亟的認識，實是比高談洋務者還深刻得多。近百年裡，中國流了許多冤枉血，走了許多冤枉路。吃虧的原因固然很多。但在清末民初之際，對於當前的變局以及西洋文化有整個的了解的人，實在太少。這不能說不是一個原因。當時在思想方面，做領導的人，如梁任公、嚴幾道等，都不過對於當時在西洋流行的思想，略有所知。其餘的人，對於西洋文化，更說不上有知識。他們只就其見聞所及，遇有中西習俗制度有不同之處，不求所以致此之故及其所以然之理，便就其主觀的偏見，枝枝節節隨便發言或隨便改動。這不能不說是近百年來中國走冤枉路的一個原因。我不敢

説，學哲學的人都必是對於文化有深切了解的人，但對於文化有了解的人必是有哲學根底的人。一個人熟讀四書五經、諸子百家，未必能對於中國文化，有完全的了解。但一個人若不讀這一類的書，我敢斷定他對於中國文化，絕不能有了解。

以上是就文化方面説。就學術方面説，近三百年來，中國學術，用舊日的話説，向分漢宋二派。自五四運動以來，歷史學、文字學、音韻學等，都有很大的進步。這都是屬於從前所謂漢學的範圍。有些人説，現在中國有一種新漢學。這個名稱，很能表示出來，中國學術在這一方面的有機的生長。新漢學已竟生長出來了。但中國還需要一種新宋學。近四年來，中國抗戰的成績，已竟壓倒了全世界。中國以優越的精神的力量，補助物質的劣勢。這種精神的力量，是從哪裡來的？我敢説，都是從中國古聖先賢的道德教訓來的。可是這種教訓，雖仍為大多數人於無意中遵行，但很少人對之有清楚的了解。近來當局雖提倡人在這一方面做研究。但這一種研究絕不是抱殘守缺，只捧出《論語》《孟子》以及程朱陸王的語錄，即可成功。猶之乎新漢學的成功，絕不是清末民初《國粹學報》中的一班人所能做到的。必須對於現代哲學有很深的了解的人，再去讀孔孟以及程朱陸王，然後才可以予古聖先賢的教訓以新生命，然後他們所講的才是新宋學而不只是歷史上的宋學。

所以我們很希望，有許多學哲學的人，源源不絕，做上所説的「知己知彼」「承先啟後」的工作。

有許多人或以為研究文法科方面的學問，只需看書即可，並不需要參觀實習，如學理工科方面的學問者。既只看書即可，則可不必出國，只將書買來看好了。這亦是似是而非的見解。學理工科方面的學問的人，固須參觀外國的工廠實驗室。學文法科方面的學問的人，亦

須參觀外國的社會。我們可以設想，假使中國有一某種工廠，其中設備，應有盡有，則學此種工程的人，可以不必出國，只於其中實習即可。但我們不能設想，中國可有一個美國社會，可以供中國研究文法科方面的學問的人參觀。固然有許多在外國社會中住幾十年而毫無所得的人。但我們不能因噎廢食，以為學文法科方面的學問的人，都不必要參觀。就我個人的經驗，我第二次出國，在歐洲走了一趟，實在於我很大的益處。有這一次遊歷參觀，有許多文物制度我才能心知其所以如此之故，及其所以然之理。假使沒有這一次遊歷參觀，我絕不能寫如《新事論》之書。如果《新事論》對於解決國家民族的問題，不是沒有貢獻，則可見學文法科方面的學問的人，到外國留學參觀，對於國家社會，亦不是沒有益處的。

論哲學方法

馮友蘭

　　哲學方法，必不是歸納的。這就是說，哲學不能與普通所謂歸納法作為他的方法。我們說「必不是」，又說「不能」，因為哲學的目的，是要使他自己成為一個確切的學問。這就是說，其中的命題之是真的，必須是不容使人懷疑的。以歸納法為方法的學問，都是不確切的學問。因為以歸納法為方法的學問，其中的命題之是真的，是靠經驗證明的。經驗所可能證明為真的命題，經驗亦可能證明其為假。已往的經驗皆證明為真的命題，我們不能保證將來的經驗亦必證明其為真。普通講歸納法的人以所謂自然齊一律來做這種保證，但所謂自然齊一律本身就是一個靠經驗證明的命題，已經的經驗，都證明自然是齊一的。但是有甚麼方法，可以保證將來的經驗，不證明自然不是齊一？所以用歸納法得來的命題，在理論上說，都不是不容人懷疑的。如果經驗證明一命題是假的，它一定是假的。但是如果經驗證明一個命題是真的，它不一定就是真的。我們說，在理論上說，因為這只是在理論上說。在事實方面說，我們對於有些經驗所證明為真的命題，很可以不必有所懷疑。你坐在飛機裡，對於物理學中的命題，為製造飛機所根據者，你盡可以不必有所懷疑。因此你盡可以不必恐怕你的

飛機會掉下來。你去吃飯，對於過去的經驗所證明是無毒的東西是不是真正無毒，你盡可以不必有所懷疑，因此你盡可以不必恐怕你吃了飯會中毒。這些都是所謂關於實用的問題，我們現在所討論的，不是這一類的關於實用的問題，我們所討論的，只是些關於理論的問題。就理論方面說，靠經驗所證明的命題，其是真總是可以懷疑的。

哲學中的命題，不是這一種命題。這並不是說，我們可以不靠經驗，而即可以知道或了解哲學中的命題。就我們得到知識的程序說，不容懷疑其為真的命題，亦往往須借經驗以為說明。例如我們教小孩子，三加二等於五，用三個指頭加兩個指頭，等於五個指頭說明。學幾何的人，往往須畫圖以幫助了解。不過這都是以經驗說明，並不是以經驗證明。我們藉助於某一三角形以了解關於三角形的某一定理，既了解之後，我們即見此定理確是如此，說此定理的命題確是真的。它確是真的，並不是我們見某一三角形是如此，又一三角形又是如此，如是歸納而得此某一命題。這就是靠經驗說明與靠經驗證明的不同。

有些人可以說，科學中的命題，也不一定都是靠經驗證明的。例如金雞納樹皮可以治瘧疾。人若是只根據經驗，見今日一個患瘧疾的人吃金雞納樹皮好了。於是他根據經驗，金雞納樹皮可以治瘧疾。日人對於金雞納的知識若只在此階段，他只知其然而不知其所以然，他說的命題，只是靠經驗證明的命題。但醫學家對於金雞納，不但知其然而並且知其所以然。他知道瘧疾是由於一種病菌作祟，金雞納中有一種原質，恰能殺死大種病菌。根據此種知識，他說：金雞納能治瘧疾。經他這麼一說，金雞納能治藥疾[1] 這一個命題就不是靠經驗證明

1 應為「瘧疾」，瘧疾是由瘧原蟲引起的寄生蟲病。瘧原蟲不屬於「病菌」。—— 編者註

的命題了。

經他這麼一說，這個命題固然不是靠經驗證明的命題，但同時也不是用歸納法得來的命題了。他說：瘧疾病菌遇見某種原質即死。金雞納中有這種原質，所以吃金雞納可以治瘧疾。他於此所用的是演繹。一門科學，既然成了系統以後，其中的命題，有許多是依靠別法的命題的，就依靠的命題說，他不靠經驗證明，但也不是用歸納法得來。但那些所依靠的命題總有是靠經驗證明的。所以講科學不能離開經驗以為證明，講哲學則至多只要經驗以為説明。

有些人說：哲學雖高自期許，以為自己是確切的學問，但在實際上哲學是最不確切的學問。他自以為他的命題是不容懷疑的，但在實際上這個哲學家所以為是不可懷疑的命題另一個哲學家以為是很可以懷疑的。每一個哲學家都以他自己所認為是不可懷疑的命題，建立系統。於是哲學中有許多系統，許多派別。於是我們在事實上只看見有許多哲學的派別，不見有哲學。哲學自以為他的確切的程度，高過於科學，但在事實上遠不及科學。如果科學是不確切的學問，哲學只能是更不確切的學問。

於此我們說，在事實上哲學雖沒有達到最確切的程度，在事實上哲學中的命題，雖很少有是所有哲學家都公認為是不容懷疑的，但此並不妨礙哲學以求確切、以求不容懷疑的命題為其理想。某種事物，雖在事實上或未能達到某一標準，但仍不妨以某一標準為其標準。

哲學的知識，不是靠歸納法所能得來的。人欲得哲學的知識，只能靠思辨或直覺（此所謂知識，是廣義的，若就狹義的知識説，直覺所得，不是知識的）。人靠思辨或直覺所得來哲學知識，又以言語説出之。此所説出者即是哲學。不過用直覺所得到的哲學知識，嚴格地説，是不能説的。所以有直覺的人，只能説：他所直覺的不可説。説他所直覺的不

可說，就是對於他所直覺的有所說。譬如我們說：「妙不可言。」說「妙不可言」就於對於妙有所說，就是透露了不可言之妙的一點消息。一個人若靠直覺得到哲學的知識，而又以說他所直覺的不可說，透露出他所直覺的一點消息。這個人所用的哲學方法，我們稱之為否的方法 [1]。一個人若靠思辨得到哲學的知識，而又以論證說出他的哲學的知識，這個人所用的方法，我們稱之為正的方法。

所謂正的方法或負的方法的分別，是就講哲學的方法不同說的。就一個人所得到的哲學知識說，由直覺所得與由思辨所得，最後是一致的。此於我們以下的討論中可見。

就哲學之為一門學問，及就學哲學的人的方便說，用負的方法以講哲學，學哲學的人非有與講者相類似的直覺不能領會講者所講的是甚麼。用正的方法講哲學者，學哲學的人，即沒有與講者類似的了解，亦可以循序漸進。所以就此方面說，用正的方法講哲學，勝於用負的方法講哲學。

在西洋哲學的傳統中，哲學家用正的方法講哲學者居多。在中國哲學的傳統中，哲學家用負的方法講哲學者居多。在西洋哲學的傳統中，古代的哲學家，如柏拉圖，近代的哲學家，如笛卡兒及斯賓諾莎，皆以哲學中的命題應該是不容懷疑的命題。柏拉圖以為學幾何學為學哲學的預備訓練。相傳他的學院門口，有標語云：「未學幾何學者，莫入此門。」笛卡兒及斯賓諾莎以為幾何學的推理及證明方法，是哲學方法的模範。他們直接以幾何學的方法為哲學方法。他們以為哲學裡的命題，應該是不容懷疑的命題，這是對的。他們以為哲學與算學相類似，這亦是對的。但如笛卡兒及斯賓諾莎的哲學中的命題，雖在

---

1 應為「負的方法」。——編者註

形式上用幾何學的方法證明，但是並不是不容懷疑的。

康德的貢獻，即在於指出，這一點，他指出以前人所謂形上學的命題與算學的命題，雖相似而實不同。算學的命題，是綜合必然命題。以前人所謂形上學的命題，是綜合而不必然命題。綜合而不必然命題，如果不能為經驗所證明，只是理性自己的創造，以滿足他自己的要求。這些命題，並不是真的。照此方面說，形上學是不可能的。

現代的維也納學派，正是繼承康德的這個意思，又加上新邏輯學的工具，以取消形上學。康德及維也納學派，對於西洋哲學史中的形上學，有一廓清的功用。在康德及維也納派的批評之下，形上學可以說是「山窮水盡疑無路」了。將來是不是可以「柳暗花明又一村」，這就看我們是不是有新方法可應用了。

孔子以前之哲學

雷海宗

序

　　普通研究中國哲學的，都看孔、老為最早的哲學家，前此毫無哲學思想可言。然而凡稍明哲學進化的人都可看出孔、老的思想是哲學已到成熟時代的思想，在他們背後一定還有悠久的歷史，並且絕不止是宗教信仰史，乃是真正的思想發達史。很多人以為把殷周間的宗教信仰作為前題，就可解釋孔、老思想的構成。豈知這只能解釋孔、老思想的一部分，且是不重要的一小部分；其大部分則與宗教信仰並無直接的關係。

　　孔、老以前哲學史料的缺乏是無可諱言的事實。但僥倖還有《尚書》與《周易》兩部書能幫助我們尋出西周與春秋時代思想進化的線索。因材料過少，進化的步驟雖不十分清楚，然而大致的前後關係還可看出。所以本文的取材幾乎完全是出於《書》《易》兩經的。

　　最早用此法研究中國古代思想的就是法國支那學者，現任法蘭西學院教授的馬斯伯勞 Henri Maspero。他 1927 年出版的《中國古代史》(*La Chine Antique*) 是一本空前的傑作，連中國人自己也沒有作過這

樣一本書。本文得此書暗示的幫助很多，特此聲明誌謝。

一、宗教背景

在殷周之際還無所謂哲學。當時的思想都帶宗教色彩，完全是信仰與崇拜。宇宙人生各方面都受神的支配。群神之首為上帝，主宰一切，如《詩經》所云：

> 皇矣上帝，臨下有赫；監觀四方，求民之莫。（《大雅·皇矣》）
>
> 昊天有成命，二后受之。（《周頌·昊天有成命》）

除上帝外，神祇尚多。當時的記錄雖已不傳，然而後日關於平民的信仰多有記載。後日的平民信仰就是文化初開時的普遍信仰。如《山海經》《墨子》《淮南子》《國語》《左傳》《風俗通》《楚辭》《呂氏春秋》等書中所記神名甚多，宇宙間各種現象都有專神掌理，例如司風之神為風伯，司雨者為雨師，司黃河者為河伯。宇宙間無一事物不有具體專神專為負責。除種種神祇外，上自天子下至士人又都各崇拜他們自己的祖先。人的魂死後升天也有神明的地位，對子孫也可與神祇同樣的施福降禍。

祭祀禱告各種鬼神時，有許多很繁複的禮節，各種禮節又有專司其事的宗教官。《周禮》雖為後世作品，不能認為是西周時代的射影，然而由其中所描寫的，我們仍可想見古代宗教官的繁多。

在這許多宗教官中，與後世哲學發展有密切關係的只有兩種，就是史官與筮人。史官專司國家各種的詔令策命，一切詔命都由史官撰定。撰定後，一方面按宗教禮節報告天子或諸侯的祖先，一方面（發佈）出去，又一方面把複本存起來以待將來參考。這最後一點就是中國歷史上檔案制度的起源。後來中國哲學的一支就是由史官的檔案中產生的。

筮人專司以八卦占卜吉凶，是王侯所必需的宗教官。後來又有一支的哲學就是由這些占卜之官和他們盡他們的責任時所必需的八卦中產生的。

二、西周時代與哲學之初興

(一) 材料

西周時代的哲學材料仍存至今日的，只有《尚書》中《周書》的一部分與《周易》中的《彖傳》《象傳》。《周書》傳統說法以為是周初的史料，此說吾人今日恐怕不能絕對證實或絕對推翻。但《周書》中大多篇都富於哲學思想，不似周初政治方定時所宜有。且大多篇體裁一致，文體一致，思想一致，極似是出於一人或一組人之手。

吾人皆知西周末葉宣王（前 827—前 782）、幽王（前 781—前 771）時詩歌曾大放光輝，《小雅》中所存名篇甚多。這是中國歷史上文藝初次大盛。恐怕此時或此時前後散文文學也發達起來，真正的哲學思想也在此時萌芽起來。

一般史官就把他們歷代所保存的史料加以系統化與哲學化而做成今日《周書》中多篇。其中事實或大半皆有歷史根據，至於一切對答詞恐怕都是史官借題發揮。所以《周書》是半歷史半哲學的著作，一方面可作西周初年的政治史料，一方面又可作西周末年的哲學史料。

《周書》中的思想不見得是西周末所突然發生的。它的歷史恐怕已經很長，殷周之際神權政治下或者就已有這種思想。但到西周末這種思想才被史官所系統化。

至於《彖傳》《象傳》，舊說定為孔子所作，今日已無人置信。近

來一般急進的古史學家喜歡把《易傳》全部定為戰國末年甚至秦漢間的作品〔見《古史辨》卷三（樸社）〕。處於古籍湮沒的今日，對任何古書的時代都很難斷定，因為我們沒有一個參考比較的標準。

　　然而由兩點我們可知《彖》《象》為很早的著作：（一）《彖》《象》中尚不以陰陽為主，足以證明其出世甚早。《繫辭》中陰陽佔重要地位，老莊亦特論陰陽，此外《文言》以下之《易傳》中亦特標陰陽。然而《彖》《象》中除泰否二卦之《彖辭》與乾坤二卦之《象辭》外，則絕未提及陰陽；且於此四處陰陽亦只為附帶名詞，處附屬地位，並無特別的重要。所以《彖傳》《象傳》最晚亦在《繫辭》與老莊之前。（二）《左傳》昭公二年（公元前 540 年）記韓宣子至魯「觀書於太史氏，見《易象》與《魯春秋》，曰，周禮盡在魯矣！吾今乃知周公之德與周之所以王也」。近人對此頗多懷疑。如日本學者本田成之著作《易年代考》〔見江俠庵編《先秦經籍考》卷上（商務印書館）〕，疑其為《左傳》作者所偽託，未免過於牽強。此事極為自然，並無若何可疑處。韓宣子到舊文化中心的魯國而去參觀國家圖書館，參觀後又加以外交口吻的讚美，亦何可怪？並且所謂「周禮盡在魯矣」的「周禮」是「周文化」的意思。「禮」字在古代包括的範圍甚廣，一切法制文物都可稱為「禮」。

　　《易》為周初歷代傳下的著作，《魯春秋》為魯國的官史，都是「禮」，鋪張起來，就可說「周禮盡在魯矣」。魯既為周公之後，《魯春秋》的前段描寫周公處必甚多，因而韓宣子得知「周公之德與周之所以王也」。至於「易象」一詞作何解釋，作者以為即指今日的《象傳》，或者也包括《彖傳》，因為兩傳文筆一致，思想連貫，必為先後同時的作品。這都是先代流傳的哲學作品，也可稱為「禮」。韓宣子不見得真正看得明白；但越不明白，當然越容易讚歎不置了。所以《彖》《象》最晚於公元前 6 世紀中期時已經存在。況且韓宣子既把它與周公連在

一起，可見當時人最少相信這是很早的著作。周易《卦辭》《爻辭》是周初的作品，可認為已成定讞 (見《燕京學報》第六期，顧頡剛《周易卦爻辭中的故事》。又見《古史辨》卷三)。《彖》《象》文字較《卦爻辭》通順，思想較為深刻，同時又為解釋《卦爻辭》的文字，所以必在西周初年之後，十有八九也是西周末年文藝初次興盛的宣王幽王時代的作品。

(二)《彖》《象》思想

　　所謂《周易》，當初除六十四卦外，只有西周初年產生的《卦辭》與《爻辭》。八卦或六十四卦的來源及其最初的意義，今日已無從考定。將來若無先史時代相關的地下發現，八卦問題恐怕永無解決的希望。我們若欲猜想，或者可說這六十四個符號是先史社會結繩時代結繩文字的變相。真正的文字產生後，當初的結繩符號遂變為宗教文字。宗教性好保守，古今一切宗教的傾向都是採用古代的文字。所以這六十四個符號或者是周初筮人把古代結繩文字加以系統化之後所產生的筮人階級專利之神秘的機械象徵。在神權社會之下，一切文字皆帶神秘性，先代文字尤為可畏的神秘象徵。六十四個象徵符號定出之後，筮人又造出解釋符號的文字來，就是《卦辭》《爻辭》。這是根據龜卜的方法與六十四卦的格式，並附會時事與流行史話所作出的，用以為占卜吉凶的詞句 (見《燕京學報》第六期，顧頡剛《周易卦爻辭中的故事》。又見《古史辨》卷三)。當時的人相信六十四卦包括天事人事的全部，所以由卦中可以尋出萬事的吉凶。

　　《卦辭》《爻辭》文字古奧，今日十之八九已完全不可了解；恐怕至西周末年時許多詞句已難解釋。所以當時的筮人階級中的哲士就又做出《彖傳》《象傳》來解釋《卦辭》《爻辭》，一方面是把當初不易了解的變為易於了解的，一方面又可借題發揮去發表他們自己的新思

想。西周末葉是中國古代文化的一個大過渡時代：一方面偉大的封建帝國漸趨破裂，列國日見盛強；一方面文學界又有新的發展。在這種時期，思想方面也不會完全寂寞，《彖》《象》二傳大概就是這種新思潮之下的產品。

《彖》《象》中的思想尚甚簡單。它的中心點我們可稱為「乾坤哲學」，就是乾坤二卦的《彖辭》所提出的。在當初的六十四卦中，乾坤就是具體的天地，只是六十四卦中的兩卦；除居首位及代表對象的體積較大外，並不比其他六十二卦特別重要。到了《彖》《象》中情形大變。乾坤已非具體的天地，乃是普遍天地萬物產生天地萬物的兩種原理。這是中國思想史上最早的二元論。乾坤二元是宇宙的基礎，連當初超乎一切的鬼神現在也降到附屬的地位：

天地盈虛，與時消息；而況於人乎，況於鬼神乎？（《豐彖》）

所以乾坤之理不只支配人類，連鬼神也要同受支配。

乾元是天的原理（乃統天），是動的原理，是萬有的根源——「萬物資始」。

乾道變化，各正性命……首出庶物，萬國咸寧。

坤元是地的原理（乃順承天），是靜的原理，是萬有所自生——「萬物資生」。

坤厚載物，德合無疆，含弘光大，品物咸亨。

乾坤二元包括宇宙間一切象物。兩元相對而不相抗，相感化相激蕩而產生宇宙萬象。乾坤二元若不合作，則宇宙萬有皆將停滯。萬有流通，全靠乾坤二元的合作。《彖傳》中此種思想甚多，可略舉數例如下：

泰，小往大來，吉亨；則是天地交而萬物通也。

否……大往小來；則是天地不交而萬物不通也。

天地以順動，故日月不過而四時不忒。

天地養萬物。

咸，感也。柔上而剛下，二氣感應……天地感而萬物化生。

天地革而四時成。

並且乾坤二元之理不只包括自然現象。人世既然也是乾坤所生，也必逃不出乾坤的範圍。所以宇宙的理就是人世的理：人明天理而小心遵循，則萬事亨通；不然，則必遭禍。人君治國，尤其須明此理。這是最早的天人合一的思想：

天地交而萬物通也，上下交而其志同也。

天地不交而萬物不通也，上下不交而天下無邦也。

天地以順動，故日月不過而四時不忒；聖人以順動，則刑罰清而民服。

觀天之神道而四時不忒，聖人以神道設教而天下服矣。

天地養萬物，聖人養賢以及萬民。

天險不可升也，地險山川丘陵也；王公設險以守其國。

天地感而萬物化生，聖人感人心而天下和平。

日月得天而能久照，四時變化而能久成；聖人久於其道而天下化成。

天地革而四時成，湯武革命順乎天而應乎人。

觀乎天文以察時變，觀乎人文以化成天下。

以上舉例，專注人君——理想的人君或聖人——順天理以治人世的道理。普通一般與人君無特別關係的人事也要合乎乾坤之理，方能成功：

家人，女正位乎內，男正位乎外。男女正，天地之大義也。

家人有嚴君焉，父母之謂也。父父子子，兄兄弟弟，夫夫婦婦，

而家道正；正家而天下定矣。

男女睽而其志通也，萬物睽而其事類也。

歸妹，天地之大義也。天地不交而萬物不興。歸妹，人之始終也。

日中則昃，月盈則食。天地盈虛，與時消息，而況於人乎？

此外，《彖》《象》中還有純粹的政治思想，在《象傳》中尤其明顯。人君治國之道，也以乾坤為根據，分析言之，共有二端：

天行健，君子以自強不息。（《乾象》）

地勢坤，君子以厚德載物。（《坤象》）

所以君子以乾坤之理治國，一須自強不息，一須修德。「德」是一種神秘的能力，人君有德，則天下自治。修德的方法要效法先代聖人：

多識前言往行，以畜其德。

人君有德之後，治國方針甚多，舉要言之如下：

建萬國親諸侯。

容民畜眾。

保民無疆。

觀民設教。

明罰敕法。——此點又包括三項：

赦過宥罪。

折獄致刑。

明慎用刑而不留獄。

治曆明時。

享於上帝立廟。

(三)《周書》思想

自古流傳的策命與大事記錄，到西周末年古代文化大起騷動時，由當時史官中的哲士加以潤色而發揮他們的哲學思想與政治理想。他們把他們自己的新理想都託口於古代的君臣偉人，其中周公的地位尤為重要。諸篇中雖皆有思想成分，《洪範》一篇則幾乎毫無紀事而全部都是有系統的一篇政治哲學的著作，可說是集當時政治思想之大成的一篇傑作。

《周書》的基礎原理也是天人合一的思想。上帝為天下主宰，有德者則受命為天子，代天行道，治理天下。人君不積德修德，則喪天命而失天下。夏商的交替與殷周的交替都是因為這個道理。《多士》《無逸》《君奭》《多方》數篇對於這個道理解釋得尤為清楚詳盡。《多士》一篇翻來覆去的差不多完全是討論這個問題。

《彖》《象》中鬼神已失去重要地位。作者雖仍承認他們的存在，然而把他們當初支配者的地位移與乾坤二元。《周書》作者不談玄理，而於政治思想上又仍承認上帝的最高地位，這是史筮思想的兩個大不同點。

人君欲治理天下，永保天命，必須採用天賜神示的大法——《洪範》，共分九種大事。這就是天人關係治理天下所必需的洪範九疇（《洪範》解釋見馬斯伯勞《中國古代史》頁四三九至四四二）：

一、五行——水、火、木、金、土。這是物質世界的五種原料，代表天道或物質世界。人君必須明白五行之理，善用五行，以治天下。五行為人生所必需之五材，「天生五材，民並用之，廢一不可」（《左傳·襄公二十七年》）。所以人君必須知道如何支配五行（戰國後期陰陽五行說發生後，「五行」變成宇宙間的五種神秘原理，與當初的「五材」幾乎完全無關。戰國秦漢間的人多附會《洪範》而發揮他們的新的五行思想。所以近來有人頗疑《洪範》為戰國末期

陰陽五行家的作品。殊不知戰國末期的五行家絕不會寫出這篇與「五行說」完全無關的《洪範》來。——見《東方雜誌》卷二十第十期，卷二十五第二期）。

二、五事——貌、言、視、聽、思。這是天子五種行為的表現，代表人道或倫理世界。天子「貌恭生肅」「言從生義」「視明生晢」「聽聰生謀」「思睿生聖」。

三、八政——食、貨、祀、司空、司徒、司寇、賓、師。這是天子按人道 (五事) 以理天道 (五行) 所行的八種國家大事，代表天人 (物質與倫理) 合一之王道。這八政我們又可分析為三類：(1) 三政——「食」就是農業，「貨」就是工商業，「祀」是神人關係，並且是求「食」求「貨」或謝「食」謝「貨」時所必需的禮節。這三政可說是國家的根本，是天子下對人民 (食貨) 上對鬼神 (祀) 所必須履行的責任。前二者是人生所必需的經濟條件或物質條件，後者是人生所必需的宗教條件或精神條件。(2) 三官——這是三政以外三種次要的國家大事。司空專司一切公共事業，如開河治水之類。司徒總司一切養民教民之事。司寇專司刑事。這三官的職司天子也須監督。(3) 二國際——這是兩種不可避免的國際關係，就是天子與諸侯的關係。「賓」是迎客出使的事務，是國家和平時的外交關係。「師」是行軍征伐，是國家衝突時的戰爭關係。這兩方面天子皆須注意，才能維持他的地位。

四、五紀——歲、月、日、星辰、曆數。這是五種普通的天象，可用以觀察八政是否完全實行。八政若行，則五紀皆不出常軌；不然，則天象必亂。

五、皇極——皇極是上天授與天子之王權，使王能作「民之父母以為天下王」。王行八政皆靠天賜之皇極。

六、三德——正直，剛克，柔克。這是天子參合天人的三種方法，是實行皇極時所須隨機應變採用的政術。天下太平，天子則採用

「正直」手段。天下變亂，天子則採用決斷的「剛克」手段。天下亂而復治，天子則採用懷柔的「柔克」手段。

七、稽疑——卜、筮。天子治國，往往遇見疑難不能解決的問題。於此種情形下，可用卜筮二法敬問神明決疑題。

八、庶徵——雨、暘、燠、寒、風、時。這是王道行否之自然界的最後徵兆。五紀只代表一般的天象，只能指示大體。至於王道各部完全成功與否，須詳細觀察四時變化天地氣候之邪正，然後方能決定。若一切自然界的變化都按照常軌進行，那就是王道亨通的徵兆。反是，那就證明王道不行，天子須重新修德努力。

九、五福六極——這是王道行否之人事界的最後徵兆，也可說是王道的總結果。王道若行，天必降五福為酬報——壽、富、康寧、攸好德、考命終。王道若不行，天必降六極為懲戒——凶短折、疾、憂、貧、惡、弱。假設降六極，天子仍不悔悟，天就必要奪回天命而另命他人為天子。

總括言之，《洪範》以及《周書》各篇的思想可說是天人合一的政治理想。人事若治，則天事必行，自然變化必可不失常軌。同時天子若欲治人事，必須先明天事，先明一切自然之理。天子之人事行，則受福而長保天命。反是，則受禍，甚至失天命而喪天下。

三、春秋時代哲學

(一) 材料

春秋時代的哲學乃是承襲西周時代史筮兩派的思想繼續發展。當時的著作傳至今日的，筮派有《周易》中的《繫辭傳》，史派有《尚書》中的《虞書》。

　　《繫辭》上下篇的時代問題最難考定，因為這篇著作恐怕早已失去當初的狀態。當初筮人的著作，後來（大概是戰國後半期）經過儒人附會竄亂，以致它的文字非常雜亂，時代性非常不清楚。近人總喜歡說《繫辭》是戰國末或秦漢間的產品（見《古史辨》卷三）。這篇也與《彖》《象》一樣，我們同樣的沒有參考比較的標準。所以我們只能從思想的發展上來斷定它大概的時代。從消極方面我們可斷定《繫辭》不是戰國末或秦漢之間的著作。戰國中期陰陽學大盛。《周易》本來就講「陰陽」，所以陰陽學與易學不久就發生了極密切的關係。但我們若看《繫辭》，就可見出它的思想只能說是與老莊同系，而絕對不能說它有陰陽家的口吻。所以它不會是戰國末期或秦漢間的產品。況且戰國最後一百年已到古代哲學破產的時代。除實際政治的法家出了一個韓非子及實質法家名義儒家的一個荀子外，沒有一個大思想家出來。那時代的代表作品就是《禮記》裡那許多煩瑣論文，與《呂氏春秋》一類的雜家百科全書，以及所謂《周易十翼》中毫無哲學價值的儒家作品——《文言》《說卦》《序卦》《雜卦》。在這種時代絕產不出《繫辭》一類整個的有系統的哲學作品來。至於秦漢時代的人，可說完全不知哲學為何物，只知把古代哲學著作來附會或誤解，偉大的創作更談不到了。

　　從積極方面看，我們可以斷定《繫辭》是《彖》《象》與《老子》之間的作品。《繫辭》是根據《彖》《象》而發揮光大的，非常明顯。《彖》《象》中的思想，它都包括，同時又把範圍擴大，把內容充實，名詞的定義比較清楚，名詞的種類比較繁多，凡此都足證明《繫辭》作者是在擴充《彖》《象》的思想。

　　《老子》一方面把《繫辭》中的宇宙觀吸收進去，卻放棄那筮人階級所專需的八卦思想（太極、二儀、四象、八卦的進化觀），一方面又添加上以陰陽變化為根據而攻擊春秋、戰國交替期間政治社會的論調。《老

子》作者為誰，作於何時，至今仍為未決的問題。因史料過於缺乏，這個問題恐怕永遠也不能完全解決。《老子》中並沒有提到一個人名或一件確定的政治事實，所以我們若要從內證來斷定它的時代是很困難的。但莊子時常引證《老子》，同時《論語·憲問》中一段：

> 或曰：「以德報怨，何如？」子曰：「何以報德？以直報怨，以德報德。」

很是像孔子駁老子或《老子》作者的話。所以老子或《老子》作者最早當為孔子先後同時的人，最晚當是莊子以前的人。由其中的政治思想看，定它為孔子時代的作品，最為自然。因為春秋末葉禮教發達至於極點而將到破裂的時代；在這種情形下出一個攻擊禮教的革命家與維持禮教的孔子並立，是很可能的事。在歷史上凡一種制度快要破裂的時候，總有打倒與擁護的兩種潮流互相激蕩。（疑古過度而定《老子》為戰國晚期作品的，有崔東壁《洙泗考信錄》及梁啟超《評胡適之中國哲學史大綱》。此外同一論調的文字甚多，無須列舉。近代一般的風氣是把一本古書在可能的範圍內定到最晚的時期，以示批評力之精銳。這在崔東壁時代是革命的舉動，到現在已成了天經地義。這在古籍湮沒的今日本是非常容易的事。古籍湮沒，參考比較的標準缺乏；我們若不顧一本書整個的系統與地位而專事於枝節的吹求，恐怕把先秦遺籍都斷為漢人所偽託，也非難事。）

至於《繫辭》與《老子》先後關係的問題，我們也可由幾方面觀察。《老子》中「道」「陰陽」「象」等專門名詞不會是由一個人憑空造出來的。一個哲學家的思想除時代背景外，都有它的淵源；這淵源不外兩種——前代的哲學家，與當時或前代傳下的宗教。最早的哲學，無論東西，都是由宗教信仰宗教術語演化出來的。

我們上面說過《周書》《彖》《象》都是宗教官根據他們自己的宗教職守下的材料來作出的。《繫辭》也很明顯地是根據《彖》《象》作出的。並且作《繫辭》的，一定仍是筮人，因為它內中把筮法講得非常

詳盡。例如「大衍之數五十……」一段完全是告訴我們用筮法占卜須如何地進行，太極八卦的思想仍是筮人的階級思想；諸如此類，都可看出筮人的墨痕。所以《繫辭》仍是半占卜半哲學的著作，與《老子》純哲學的著作不同。《老子》作者不是筮人，所以把《繫辭》中與筮人職業有關的思想完全摒棄，而只採用它的純玄學思想。故此筮派思想進化的過程是：

純占卜（八卦及卦爻辭）—占卜與哲學（象象繫辭）—純哲學（老子）。所以《繫辭》的時代雖很難確定，但它是《老子》之先的作品我們是可以肯定的。《老子》若為春秋、戰國之際的作品，《繫辭》當為春秋中期或末期筮人中哲士的作品。但這不見得是一人或一時期作出的，恐怕是經過春秋時代歷代筮人所修改增刪而成的。「道」「陰陽」「象」「形」「器」等名稱是筮人階級於長期中所造出的術語。後來老子承襲引用，加上新意義與新思想，而作《老子》。

《虞書》是史官中哲士的作品。它的時代也是一樣地難以確定，但它比《周書》出世較晚，是無疑義的：一、因為它的文字比較《周書》為通順；二、因為它顯然是封建制度將要破裂或方才破裂時期的作品。一個制度極盛時代，並不用人替它辯護，到它將衰或已衰時才需要辯護。西周時代全天下封建主上的周天子用不着許多理論家來擁護他，只有《周書》一類的思想來解釋他的地位就可以了。但到東周初年列國並起天子無權而仍欲恢復舊權的時代，辯護宣傳家的時機就到了。《虞書》中所描寫的顯然是一個理想的「協和萬邦」的大封建帝國，《堯典》一篇中把這種理想尤其形容得淋漓盡致。

並且除這個平泛的目的外，《虞書》作者恐怕還有一個很重要的具體目的，就是叫周天子最少在名義上仍能保持他那天下共主的地

位。春秋前期（公元前 7 世紀）的齊桓、晉文與春秋後期（公元前 6 世紀）的楚莊、楚靈一般的霸主都有廢周室而王天下的野心，就是《老子》中所謂的「取天下」；這由《國語》《左傳》中很易看出。《虞書》作者提倡「讓德」的論調，意思是說周雖無力，尚有積德，諸霸雖有實力，而未修德；所以周仍宜為天子，而諸霸仍須為臣下。楚莊王問鼎，王孫滿答以「在德不在鼎」的論調（《左傳·宣公三年》），與《虞書》的論調幾乎完全相同。晉文、楚靈二霸篡位的野心尤其明顯。其中只有第一個霸主的齊桓公野心或者比較還小些。而王室諸臣對此種野心唯一的應付方法就是提倡自古流傳的德治主義，我們由王孫滿的答語可見出這是王臣的唯一武器；《虞書》作者是王室的史官，也只能用這個武器。所以《虞書》作者一方面根據《周書》來發表他們的政治理想，一方面又借題發揮來擁護周天子。

所以《虞書》為春秋時代作品，可無疑義。但春秋前後二三百年，到底是哪一年或哪幾十年或哪一百年間的作品？《虞書·堯典》篇中有很多講天文現象的文字，還算為可用的內證。但這些內證的解釋，時至今日，已難完全確定。有人由其中的天文現象定《堯典》為春秋前半期或稍前（即公元前 8 世紀、公元前 7 世紀間）的作品（見《燕京學報》第七期，劉朝陽《從天文曆法推測堯典之編成年代》）。這雖不能算為定讞，但可引為一種旁證。《堯典》與《虞書》其他各篇文字一致，思感連貫，必是先後同時的作品。

（二）《繫辭》思想

我們若稱《彖》《象》思想為「乾坤哲學」，就可稱《繫辭》思想為「陰陽哲學」，並且後者是直接由作者演化而出 ──「知者觀其《彖辭》則思過半矣」（《繫辭》下）。

　　「陰陽」在《彖》《象》中已經出現，但尚無特殊的意義。到《繫辭》中陰陽就取代當初「乾坤」的地位。大概作者感覺「乾坤」終有「天地」的具體狹義，所以另採用意義較泛的「陰陽」二字。同時《繫辭》作者又採用一個「道」字為陰陽二理的總名與淵源——「一陰一陽謂之道」。《繫辭》的基礎原理是要在調和理想（八卦）界與實際（自然）界。宇宙的存在有兩方面，一面是自然具體界，就是人類萬物——據說實數為一萬一千五百二十種；又一面是超然理想界，就是八卦六十四卦。兩界是同樣的重要，兩界皆為實在，並且由卜筮定吉凶之理看來，我們可知兩界完全相合；因為若不相合，我們萬不能由八卦的轉移而推知自然的變化（見馬斯伯勞《中國古代史》頁四七九至四八五）。

　　我們現在可分述自然界與理想界的變化原理。在自然界陰陽二理相感相生曰「易」——「生生之謂易」。「易」就是陰陽變化而生萬物的活動。宇宙萬象無不包括在「易」或陰陽二理變化活動的範圍內：

　　　　夫易廣矣大矣！以言乎遠則不御。以言乎邇，則靜而正。以言乎天地之間，則備矣。……廣大配天地，變通配四時，陰陽之義配日月，易簡之善配至德。

　　　　《易》之為書也，廣大悉備。有天道焉，有人道焉，有地道焉。

　　這種陰陽的變化並且是無窮的，永久不息，這個永不停息的變化稱為「通」——「往來不窮謂之通」。

　　陰陽的變化（易）與無窮的活動（通）其實是一事，不過是一事由兩面看。由變化本身方面看稱為「易」，由變化無窮方面看稱為「通」。易與通都是看不見的。但後來漸漸有一種能見之「象」由變化中產生出來。「象」就是宇宙萬有的模型、模範、疇範，萬有之所以然。人之所以為人，因為冥冥中有人的「象」；木之所以為木，因為變通的易中產生了木的「象」。每物各有它的象，象就是每物所以發生出現之理。

　　但象雖可「見」，尚無定「形」。我們只能想像它，在想像中可以見它，但因它尚無定形，我們還不能真正地觀察它。「象」具體化之後，才產生出有「形」的萬物——「形乃謂之器」。「器」就是所謂萬物，我們用五官所能具體觀察的萬物。象是可能性，器是具體化。象具體化之後才有物。每物種都含有那個物類的特象或特殊可能性。一根草之所以為草，就是因為它含有那種草的象，因為那種草象——那種草的可能性——在那根草中實現出來：

　　　　形而上者謂之道，形而下者謂之器。

　　「道」就是未成形的陰陽之理，「器」就是已按象而成形的器物。由道至器就是宇宙萬有發展的全部經過。

　　但人為萬物之靈，他能於此外助天工而另為創造——「制而用之謂之法」。「法」就是人效仿「象」理或「形」理而造新器物。只有陰陽二理能真正創造，人雖最靈，也無創造的能力；但人能模仿陰陽所產生的象或形或加以新配合而造出全新的器物來。這一類的製作 (法)，古代的聖人功績最為偉大；伏羲、神農、黃帝、堯、舜一般神話中的英雄現在都變成古代的聖人，都曾仿照象理卦理製造過有功於人類的器物。

　　理想界變化之理與自然界正正相對。自然界的絕對稱為「道」，由道而生陰陽。理想界的絕對稱為「太極」，由太極生出「二儀」——「是故易有太極，是生兩儀」。兩儀就是柔與剛。剛用「—」代表，柔用「--」代表。太極二儀都是不可見的。二儀生「四象」，就是☰、☷、☲、☵。這是可見而無形的，與自然界的「象」一樣。四象生八卦，就是乾☰、兌☱、離☲、震☳、巽☴、坎☵、艮☶、坤☷，八卦又自演為六十四卦。八卦六十四卦可見並有形，與自然界的「器」一樣。兩界的相對可列表如下：

自然界 …… 理想界	道 ……不見 太極	陰陽 ……不見 二儀	象 可見……而無形 四象	器 可見……並有形 八卦

以上所講的變化之理「易」是不可須臾離的。宇宙時時刻刻在變化之中，宇宙可說就是無時停息的變化：

> 乾坤成列，而易立乎其中矣。

> 八卦成列，象在其中矣……剛柔相推，變在其中矣。

變化是天地萬物的根本——「天地之大德曰生」，時刻變化，方有宇宙萬象：

> 日往則月來，月往則日來；日月相推，而明生焉。寒往則暑來，暑往則寒來；寒暑相推，而歲成焉。

《繫辭》雖主體為形而上學的抽象思想，但也與《彖》《象》一樣的脫離不了政治思想的結論。聖人（即聖明的天子）須明易理，方能治平天下，因為易包括一切重要的知識：

> 《易》之為書也，廣大悉備。有天道焉，有人道焉，有地道焉。

> 易與天地準，故能彌綸天地之道。仰以觀於天文，俯以察於地理，是故知幽明之故。原始反終，故知死生之說。

聖人能明易理，就明白天地間一切最神秘奧妙的道理：有了這種神秘知識，就是有「德」。這與《彖》《象》作者稱「多識前言往行」為

德是一樣的以知識為德。「窮神知化，德之盛也。」有神秘之德，則能支配宇宙，治理人類，平定天下：

> 天生神物(蓍龜)，聖人則之。天地變化，聖人效之。天垂象，見吉凶，聖人象之。

聖人如此，則一方面可治三材，一方面可定王業，聖人能治三材，因為易中包括天地人三材的道理。聖人用易能定王業，因為——

> 夫易開物成務，冒天下之道，如斯而已者也。是故聖人以通天下之志，以定天下之業，以斷天下之疑(筮法)。

王道事業，就是把易理中所指示的道理推行於天下：

> 推而行之(易理)，謂之道；舉而錯之天下之民，謂之事業。[1]

但具體來講，王道事業果為何事？約略言之，王道可分為三條。第一就是治鬼神：

> 精氣為物，遊魂為變。是故知鬼神之情狀與天地相似，故不違。

天子不只為最高的政治元首(王)，他也是最高的宗教元首(天子)；他是人類與鬼神之間的最高媒介，負有代人類應付鬼神的重責，所以他必須知道鬼神的性質。鬼神的真正性質，不是如平民信仰所描寫，而是由易理中所能真正尋出。明易理，則明天地之理。鬼神並不出天地之範圍，所以明天地即明鬼神。明鬼神之理，則知對鬼神如何應付。

第二，天子要統治萬物：

> 知周乎萬物，而道濟天下，故不過。

天子代天行道，不只治理人民，並且也治理萬物。欲治萬物，須

---

1 應為「推而行之(易理)，謂之通；舉而措之天下之民，謂之事業」。—— 編者註

先明萬物之理。這也只有由易[1]中能尋出。

第三種王業就是治萬民。治萬民，須以仁愛為基礎：

安士敦乎仁，故能愛。

分析言之，天子的仁德又有三種表現：

天地之大德曰生，聖人之大寶曰位。何以守位？曰，仁。何以聚人？曰，財。理財正辭，禁民為非，曰義。

所謂仁、財、義三者乃是「仁」的表現；天子因仁愛萬民，才行此三政。同時天子必須行此三政，方能保全天命，方能「守位」。「仁」是基礎，天子先有仁心，方能愛撫治理萬民。愛撫治理萬民，又有兩種具體的方法，就是養（財）與教（義），一個是必需的物質條件，一個是必需的精神條件。

關於「義」或教育一方面，《繫辭》中除「禁民為非」一句籠統説法外，並沒有其他具體的解釋。但於「財」方面，其中有為民造福興利的具體建議，就是「法」象「法」形而制器為天下用：

備物致用，立成器以為天下利，莫大乎聖人。

變用（易理）出入，民咸用之（法器），謂之神。

所以科學發明是聖人一種最大的責任。

(三)《虞書》思想

《虞書》思想是根據《周書》中天人合一的政治哲學推演出來的。唯它的方法非常新穎：它假託根據人事化的神話與歷史哲學來發揮政治理想。在荒蕪的夏代之先顯出一個王道大行的太古黃金時代。西周的人看夏代之先為鬼神當權的時代，並無所謂黃金。其時有各種天神

---

1 指易理。——編者註

(帝) 和其他小神佔據天地間的舞台。人類的地位仍非常卑微。現在史官中的哲士把這些神化人物人性化，變成古代的聖王與賢臣。天神的「帝」變成王天下的聖「帝」。「帝」字無形中就添了一個新的意義。許多別的神都變成聖帝的輔佐人物或「賢臣」。所以聖人觀念至此才完全具體化。從前《周書》以及《易傳》中都有「聖人」或有德天子的觀念，但是只是抽象的理想，到《虞書》中聖人觀念才具體地人格化與歷史化。從前聖人只是思想家要周天子所達到的理想標準，現在聖人變成實際存在可以效法的榜樣。一些超時間的神話人物現在都變成確定的時間內之聖賢。《繫辭》中列舉古聖製作器物以利萬民與《虞書》是同樣地把神話歷史化。但《繫辭》大蓋比《虞書》較為晚出，最早採用這個方法的還是《虞書》。

主要的人物就是堯舜。這本是兩個地位很不清楚的天神，關於他們的神話我們知道的很少。只因如此，所以更容易被用為假託的對象，因為沒有許多的神話故事做障礙物。所以堯、舜就變成第一等的聖人，空前絕後而王天下的聖人。

堯舜的輔佐人物甚多。四嶽本為泰山神，又稱太嶽，現在變成堯、舜的卿士。禹本為治水的神，死後成為太社或后土；因為治水在周代是司空的職責，所以禹現在變成舜的司空。皋陶當初在神話中地位不明，現在成為士或司寇。垂在神話中地位也不清楚，現在變為共工。契為殷商的神祖，現在成為司徒。益當初或為山川之神，現在變成掌山澤的虞。棄本為農神，周人尊為「皇祖后稷」，現在變為稷或后稷之官，就是農官。伯夷當初神話中地位也不清楚，現在成為秩宗或宗伯。夔本為音樂神，現在成為典樂或樂正。龍當初或為神龍，現在成為納言之官。這些都是輔佐堯舜實現王道的賢臣。

《虞書》中的思想可稱為德治主義 —— 天子平治天下，必須修德。

德有兩方面，神秘的德和人事的德，所謂神秘的德是天子一種特殊而不可直解的人格；有此人格，天下自然就感化而治平，無須多事自擾：

帝光天之下，至於海隅。(《皋陶謨》，今本《益稷》)

欽明文思，安安，允恭克讓，光被四表，格於上下。克明俊德，以親九族；九族既睦，平章百姓；百姓昭明，協和萬邦，黎民於變時雍。(《堯典》)

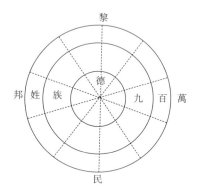

這種神德的觀念可以圖表法解明：德是天子人格中一種神秘的能力，射出去就可「光被四表」，「光天之下，至於海隅」，一層一層地由九族以至萬邦黎民都受這種神秘空氣的感動，自然而然就天下大治了。

神德是聖王的必需條件，無神德的人不能王天下；所以「舜讓於德」，是因為他自己的兒子沒有王天下的資格。

除這種神秘的德之外，天子還要修人事之德，就是通常所謂「道德」。天子的道德人格可分析為三點：第一是孝弟。舜就是孝弟的最高表率，雖然「父頑母嚚象傲」而他仍「克諧以孝」(《堯典》中關於舜的孝弟人格只有這一句記載。已佚的《舜典》恐怕有一大部分是講的孝弟故事的。《孟子‧萬章上》還保存了這個故事的主體)。

天子的第二種人德就是信任賢人，如堯舜的信任禹稷諸賢一樣。
聖王自己完全無為，只以神德光被天下，並不積極去做具體的事務。
《論語》中：

　　修己以安百姓。（《憲問》）

　　無為而治者，其舜也與！夫何為哉？恭己正南面而已矣。
（《衛靈公》）

兩段或者都是引述或引申《舜典》。這都是講聖王無為而治的道
理，聖王的責任「在知人在安民」。「知人」就是見解明哲，能用賢人
為「股肱耳目」。賢人就積極地代替天子去從事於五典五禮五刑以平
治天下。「安民則惠，黎民懷之。」「安民」就是一面時刻不忘人民，
一面用賢人去治理他們。如此則天下必能大治，天子可永保天命。《皋
陶謨》有總括這種「知人安民」思想的一首短歌：

　　元首明哉！股肱良哉！庶事康哉！（今本《益稷》）

天子第三種人德就是不私天位，讓德不讓親。不據天位而禪讓於
有神德的人就是聖王最高的道德。堯、舜禪讓就是這種道德實施的
顯例。

結　論

以上所論，恐怕不是西周春秋之際思想的全部。古代哲學作品一
定亡失的很多。由《國語》《左傳》中可見春秋時代文化大盛，當時必
有許多哲學作品出現，恐怕與王官完全無關的獨立思想家（春秋末年與
孔子同時之鄧析一般人除外）一定也有。但存至今日的只有王官（史筮）所傳
留的一點材料；這是原有材料的百分之幾，我們完全無從推考。至於
私人的作品就完全喪失了，我們今日連一個哲學家的姓名都不知道。

　　雖然如此，由《易傳》與《尚書》所存留的一點遺跡，我們已能看出後日思想發展的線索。孔老並非突然出現的，古今並沒有一個毫無思想淵源的大哲學家。當然每個思想家都有他的特殊的時代背景，但一個大思想家的哲學絕不能完全以時代背景來解釋，這是向來研究孔老的人所未曾注意的。一個開化的民族最早的幼稚簡單思想大半是由宗教信仰中演化出來的。但這種簡單的哲學一經產生，此後的哲學家就沒有一個不是積極地或消極地承襲以前的思想而進展發揮的。孔老的思想絕不是文化初開時代的幼稚思想，必有思想淵源。孔子是史官思想的承繼者，所以他言必稱堯舜 (《虞書》)、周公 (《周書》)。他是專注意治國之道的，與《尚書》的作者一樣。老子或《老子》作者是筮人思想的承繼者，他是偏重玄學的 (諸子出於王官說，以全體論，本為穿鑿附會。但謂儒、道出於王官，並非全誤。唯儒家並不出於司徒之官，而出於史官；道家並不出於史官，而出於筮人。此外所謂某家出於某官，全為無稽之談。——見《漢書‧藝文志》)。後日中國哲學界最佔勢力的儒道兩家是直接由孔子與老子傳下來的，間接由無數無名的史官與筮人傳下來的。

先秦儒家哲學述評
（節選）

馮友蘭

先秦儒家的代表是孔孟，孔孟對於自然境界及其餘境界之區別，認識清楚。《中庸》所説：「人莫不飲食也，鮮能知味也。」人沒有不吃飯的，但很少能知道味道。這是説人的自然境界。《易》曰：「百姓日用而不知。」也正是這個意思。《論語》説：「民可使由之，不可使知之。」這是和「百姓日用而不知」的意思一樣。孟子説：「行之而不著焉，習矣而不察焉，終身由之，而不知其道者眾也。」這是自然境界中的人。孔孟看自然境界及其餘境界的分別很清楚，所以他們都注重「智」。這個「智」不是普通所謂知識，是「了解」之意。所以「智」與「仁」「義」「禮」並稱，更見得其重要。如果對於「仁」沒有了解，其行為雖合乎「仁」，嚴格説，不算是「仁」。對於「義」沒有了解，其行為雖合乎「義」，嚴格説，亦不算是「義」。「禮」亦然。必須對它有了解，才是道德行為，才是道德境界。否則，終身由之，不知其道者，只是自然境界了。

儒家對於功利境界及道德境界的分別，認識亦清楚，所以義利之辨，成了儒家的主題。孔子説：「君子喻於義，小人喻於利。」儒家又注重王霸的分別，王道政治雖亦為利，但是為國家民族的利，為的是

公利，是義的行為。霸道政治是君王個人的利，為的是私利，故是利的行為。王道與霸道之分，就是道德境界與功利境界之別。

　　先秦儒家對於自然境界及功利境界和道德境界的分別，認識很清楚，已如上述。但對於道德境界和天地境界的分別，認識不能算十分清楚。因此，引起了道家的批評。老子和莊子，認自己是天地境界，視孔孟不過道德境界。說孔孟簡直沒有講到天地境界，這批評未免過甚。孔孟對於道德境界與天地境界的分別，認識不甚清楚則有之，說是沒有談到天地境界則非也。由孔子「吾十有五而志於學」一章和孟子「浩然之氣」一章，可以知道他們的境界到甚麼程度。

　　孔子說：「吾十有五而志於學，三十而立，四十而不惑，五十而知天命，六十而耳順，七十而從心所欲，不逾矩。」十五歲志於學，這不是多念一點書，多識幾個字，增加若干知識之意，而是志於學道。何以見得？仍可用孔子的話來證明。孔子說：「朝聞道夕死可矣。」又說：「士志於道，而恥惡衣惡食者，未足與議也。」足見他很注意「道」。那麼志於學必是志於學道，學道的目的，即在提高人的境界。境界分四種，前兩種，自然境界和功利境界，不必用工夫的，人都可以自然得到。後兩種，道德境界和天地境界，那非用一番工夫是不能得到了。所以普通人只到功利境界，如果要提高，非學道不可。孔子又說：「後生可畏，焉知來者之不如今也？四十五十而無聞焉，斯亦不足畏也已。」照普通解釋：四十五十還沒有成功，那就完事了。我看這種解釋是不對，這樣豈不是孔子講名利了麼？大概是說到了四十五十歲還沒有聞到「道」，那就不行了。有了「道」，就有了「了解」，了解宇宙人生。

　　「三十而立」，這個「立」字是怎麼講呢？從前有一個人進考，題為「三十而立」，他做一篇八股，破題說：「夫當兩個十五之年，雖有

椅子板凳而不敢坐也。」以為「立」字是站的意思，這個當然是笑話。「立」字何解，也可以從《論語》找到根據。孔子說：「立於禮。」又說：「不知禮無以立也。」由此可知「立」是就「禮」而言。但也不是磕頭作揖之謂，大概照《禮記》的說法很對。《禮記》云：「禮所以制中也。」以俗語言，就是做事要恰到好處。《論語》說：「克己復禮謂仁。」何謂克己復禮？就要非禮勿視，非禮勿聽，非禮勿言，非禮勿動。能如是，才可以「立」。

「四十而不惑」的意義很明顯，「不惑」就是有「智」了。「智」即「了解」之意，對於仁義禮有了了解，才算是不惑。孔子三十歲時候的行為，大概都合乎禮。可是未必對於禮有充分了解。到了四十而不惑，當然對於禮有充分了解了。孔子說：「可與共學，未可與適道；可與適道，未可與立；可以立，未可與權。」這幾段意思，可以和三十而立、四十而不惑相互發明。為甚麼「可以立，未可與權」？因為對於禮沒有了解的人，不知道禮隨時可以變通，所以「未可與權」。像孟子說男女授受不親，淳于髡問道：嫂子掉到水裡，可以用手去拉她麼？孟子說：「嫂溺不援，是豺狼也。男女授受不親，禮也。嫂溺援之以手者，權也。」所以對於禮沒有了解，還未到不惑程度，也就不能有權。孔子四十歲已到不惑程度，對於禮就有了充分了解，其行為就是行義，也就是到了道德境界。

「五十而知天命」，這個境界是由道德境界進步到了天地境界。此所謂命，與世俗所謂命不同，乃是人所遭遇之宇宙間的事變，在人力權限之外，為人所無可奈何者乃是天命。有人把命運和環境混淆不清，常聽人說：我要戰勝天命，這大概是戰勝環境之誤，因為天命是人力所無可奈何的，何能戰勝？要是人力沒有盡到，這不是天命了。孟子所謂「知命者不立於危牆之下」。如果你以為自己的命好，去站

在危牆之下，不會壓死的，結果牆倒終於壓死了，這個與天命的命無關，因為人力還沒有盡到。知命者，了解人力總有限度，在人力所及之外，餘下來的一點才是天命。

「六十而耳順」，這個耳字很難解，從前大家說：「這個耳大概就是我們頭上的耳。」這樣彷彿和境界沒有關係了。近來有一個新解釋，「耳」大概就是「而已」的急讀。像「之於」的急讀是「諸」一樣。這樣講來，這一句話就是六十而已順的意思。順者，是接着上面的天命，五十知天命，六十而順天命。因為人力之外，無可奈何的一點，只有付諸天命了。到順天命的時候，當然是樂天之命了。樂天之命故不憂，到了七十歲可以從心所欲，隨便一舉一動，統統合乎道了。孔子的修養到此是最高點。

不過我們所講的天地境界，內可以分四個階段，一是知天，二是事天，三是樂天，四是同天。孔子四十而不惑，達到了道德境界。五十而知天命，進到了天地境界，入於知天階段。六十而耳順，入於事天階段。七十而從心所欲，入於樂天階段。但是孔子有沒有到同天階段，還不很清楚。

「七十而從心所欲，不逾矩」，也可以看出道德境界和天地境界的不同。在道德境界的人，所做的道德事情，出於有意的選擇，並需要一種努力才可以得到。像孟子說：「生我所欲，義我所欲，二者不可得兼，捨生而取義者也。」不但出於選擇，而且捨生取義還得要有一種努力。在天地境界的人，所做的事情也是道德事情，不過不必出於選擇，也不必需要努力。可以由於自然。不過，這個自然，並非沒有自覺，而是可以從心所欲。譬如：此地有糖一塊，小孩見了想吃，雖也知道糖不是他的，不能吃，但總想去吃。可是成年人見了，知道糖非己有，不能吃就不吃，也沒有甚麼。這是成年人的了解程度比小孩

為高的關係。再如：功名富貴，如果道德境界中的人覺得這是不應該得的，絕不去要的，也是出於有意的選擇。天地境界的人覺得不應該要的就不要，並不要甚麼努力，此所謂從心所欲不逾矩。

孟子的「浩然之氣」是怎樣？為甚麼他要講「浩然之氣」？因公孫丑問孟子：「夫子加齊之卿相得行道焉，雖由此霸王不異矣。如此，則動心否乎？」孟子答：「否，我四十不動心。」公孫丑説：「若是夫子過孟賁遠矣。」孟子答：「是不難，告子先我不動心。」公孫丑又問：「不動心有道乎？」孟子説：「有。」並且告訴他北宮黝、孟施舍、曾子三人養勇的方法。為甚麼要講養勇？蓋由此可以得到浩然之氣。如果不講養勇一段，浩然之氣，很難得其解。這樣看來，可以知道浩然之氣就是勇氣。明顯一點説，就是士氣，一鼓作氣的氣，也就是孟施舍的守氣。浩然之氣與守氣，同為勇氣，故性質無甚差別。所異者，浩然之氣，是大勇。孟施舍等的勇是就人與人的社會關係説。浩然之氣，是就人與宇宙的關係説。可以説：有了孟施舍等勇，可以堂堂地在社會中間做一個人而無所懼。有了浩然之氣，可以堂堂地在宇宙中間做一個人而無所懼。所以説，浩然之氣至大至剛，以直養而無害，則塞於天地之間。塞於天地之間，無疑是天地境界了。

「浩然之氣」是怎樣養呢？孟子説：「配義與道，無是，餒也。」中間少了一點，就沒有勇了。此所謂「道」和「朝聞道」「志於道」的道一樣，也就是對於宇宙人生的了解。「義」即道德行為。所以浩然之氣，一方面要有對於宇宙人生的了解，一方面要力行對於宇宙社會所有的義務 —— 道德義務。而且要常行此義。故孟子説：「是集義所生，非義襲而取之。」於此可知浩然之氣，是許多道德行為相集合自然生出來的。這種養氣的方法，和曾子的守義有點相似。他怎樣守義？所謂「自反而縮，雖千萬人吾往矣」。所不同者，曾子的守義，

是就一件一件的事而言。孟子的集義，是就一種心理狀態一種境界而說。照曾子說，事情來了，看是不是我有理，如果我無理，我必退避三舍，如我有理，那麼雖千萬人我往矣。孟子集義的方法，乃是今天做一點道德行為，明天做一點道德行為，集許多道德行為，自然生出的心理狀態，就是大勇，也就是浩然之氣。再有一點，曾子講的大勇，還是就人與人的關係而說，孟子的浩然之氣，乃是就人與宇宙的關係而言。所以集義與守義雖有點相似，而成就有高低之不同。一個是道德境界，一個是天地境界。孔子說：「知者不惑，仁者不憂，勇者不懼。」不惑不憂不懼，就是不動心。不過孔子此言，是就人與人之間的關係而說。孟子的勇者不懼，則配義與道，比較要高了一點。所以孟子說：能上下與天地同流，這個和「同天」的意思一樣了。

有浩然之氣的人，精神上可以塞於天地之間，這點還可引用孟子的另一段，以證明道德境界和天地境界的不同。孟子說：「居天下之廣居，立天下之正位，行天下之大道。得志與民由之，不得志獨行其道。富貴不能淫，貧賤不能移，威武不能屈，此之謂大丈夫。」照這段意思，所謂「居天下之廣居，立天下之正位，行天下之大道」，不能說不大，「富貴不能淫，貧賤不能移，威武不能屈」，不能說不剛，但不過是道德境界的大和剛，而不是至大至剛。浩然之氣，是就人與宇宙的關係說。有浩然之氣的人，當然也是「居天下之廣居，立天下之正位，行天下之大道」，「富貴不能淫，貧賤不能移，威武不能屈」，可是其意義就不同了。他的精神是塞於天地之間，上下與天地同流。

由上所述，可知先秦儒家亦說到天地境界，道家的批評是錯誤的。不過其所用得到天地境界的方法，是由於集義，由於實行道德的行為來的，所以他們對於道德境界和天地境界的分際不很清楚。可以說：他們的高明還差了一點，不能算是極高明。

論人生中的境界

馮友蘭

　　我今天所要講的題目叫作人生中的境界。大概的意思就是說我們每個人所處的世界都是一個世界，可是各人的境界都不同，這個說法是介乎佛家跟我們常識的兩種說法的中間。佛家的說法，就是每個人都有他自己的世界，每個人的世界都不相同：你有你的世界，我有我的世界。在表面上看來似乎我們共同有一個世界。山河大地就是這一個山河大地，我們都看見房子，都看見山河大地，可是你看見房子是你的，我看見房子是我的。我看見這個山是我的，你看見這個山是你的。佛家說：如眾明燈各個似一。這好比房子裡面有很多燈，每盞燈都放出來它自己的光，每盞燈放出來的光都射在這個房子之內，於是這個房子之內就似乎只有一個光：實際上並不是這一個光，那一盞燈放出來的光就是那一盞燈的。這是照佛家的說法。照平常人的說法 —— 常識說法，這個世界就是這個世界了。你看見的世界亦是這個世界，我看見的世界亦是這個世界。照我現在所要講的呢，就是說是有一個公共的世界；但是我們對於那個世界的了解不同，所以公共的世界對於每個人的意義都不相同。拿這很多不同的意義就構成我們的人生境界。

　　進而言之，雖然這個世界是一個公共的世界，可是每個的境界都不相同。這個境界是不同的意義所構成的。詳舉一例就可明白：譬如有兩個人去遊一個山。兩個人當中有一個係地質學家，他一到這個山上所見的是甚麼呢？所見的這個山是甚麼岩石所構成，地質上的構成是怎樣一個情況。另外一個人係一個歷史學家，他一到這個山上所看見的是這個地方有甚麼古跡，從前發生過甚麼事情。這個山只是一個山，但是因為這兩個人對於這個山的了解的不同，所以這個山對於這兩個人就有不同的意義。再舉一個例，譬如放警報，大家都亂跑，在表面上情況都是一樣，都是在那裡跑。但是各人對於放警報的了解都不同。有些知道為甚麼要放警報，為的是中國跟日本打仗。中國跟日本為甚麼打仗，他有很充分的了解。有些人只知道敵機要來，可是為甚麼有敵機來他並不懂得。放警報對於這種人的意義與前面的人就不同了。一隻狗亦在街上亂跑，你能說它不是躲警報嗎？可是它對於警報的了解又差得多了。所以警報雖然是同一警報，但因為各人對於這個東西的了解不同，所以對於他們的意義亦就不同。因此我們的說法是介乎佛家說法與常識說法的中間：就是世界是一個公共的世界，可是這個世界對於各個人意義不必相同。俗語所謂：「仁者見仁，智者見智。」仁者見之謂之仁，智者見之謂之智。

　　有人或謂：你的所謂境界是從主觀方面來講的。其實這亦不盡然。我們不能說境界完全是由主觀，不能說事物對於各人的意義的不同純粹是由於各人的主觀。譬如剛才我說有一個地質學家遊山，他看見山上有些甚麼岩石，這並不是主觀；山上是有岩石，不過他了解這些為別人所不了解的而已。一個歷史家遊山，他看見古跡，並不是主觀；因為這個山上的確是有古跡，不過有些人不解而已。當然這其中並有主觀的成分。可是一種知識都有主觀的成分。所以境界並不是完

全由於主觀。

我們可以拿一個標準把境界分成幾類，就好像我們這些人都不相同，但可以按照高低或年齡來分成幾類。今天我所要講的，就是人生裡面可能有的境界，可以分成四類。拿我們現在所用的名詞來表白，就是自然境界、功利境界、道德境界和天地境界。現在先把每一種境界的特別之點講講。

自然境界是甚麼呢？它的特別的地方就是在這一種境界裡面的人，他的行為都是循着他的天資或者是循着習慣 —— 他自己的習慣或社會上的習慣去行的。有些人生來有一種天資，就照着這個天資去行。至於為甚麼這樣行，他並不一定了解。比如他要學文學，你問他為甚麼要學文學，他說我的興趣在此。有些人的行為是循着習慣 —— 他自己的習慣或社會上的習慣去走的。比如我常常看見有很多青年上大學，你問他為甚麼要來上大學，他說別人都來上大學，我亦來上大學。這種就是我所說的循習。這種人同上面所說的那種人雖然做了那些事情，可是為甚麼要去做這些事情，他不很清楚。這種境界就叫作自然境界。從前有首古詩描寫農民的生活狀況就說：「鑿井而飲，耕田而食。不識不知，順帝之則。」他不曉得那個法則是甚麼回事，但他不知不覺中照着那個法則去行。又說：「日出而作，日入而息。」這種人的這種境界就叫作自然境界。中國從前的老莊對於這種境界非常讚美。原始社會中的人的生活他很讚美，小孩子的生活他們亦很讚美，看見愚人的生活亦讚美。他們為甚麼讚美這些人呢？就是因為這些人的境界是自然的境界。我剛才雖然說原始社會裡面的人，他們的境界大概都是這種境界，但是有這種境界的人並不限於都是在原始社會裡面的人。雖然說是小孩子同愚人，他們的境界大概都是自然境界，可是有這樣境界的人並不限於小孩子與愚人。即使在工業最發達

的社會裡面的人，有這種自然境界的亦是很多很多：比如剛才我們說逃警報，有些人聽見警報，跑就是了。為甚麼有警報，為甚麼打仗，他們不大清楚。這種境界是自然境界，可是現在這種社會並不是原始社會。在美國或英國工業發達的社會裡面有自然境界的人很多：比如我們到美國去看見有些普通工人，他們照例上工就上工，照例發薪水就領薪水，到了星期六下午人家去看電影他亦照例去看電影。這些人的境界都是自然境界。

凡是在自然境界的人所做的事，亦不就是價值很低。他亦可以做一種價值很高的事情。雖然他亦可以做一種價值很高的事情，可是他對於這件事情並不了解，所以他所做的事情雖然價值很高，他的境界仍然是自然境界。在明朝亡的時候，滿清的兵來了，叫百姓把頭剃光。有一個人不肯剃光，清朝的兵就把他抓去，他還是不肯剃光。明朝的人頭上戴着一個頭髮網子，他還是戴着網子。清朝的兵把他的頭髮網剪掉，他沒有辦法，在額上畫一個網巾。還亦不曉得他叫甚麼名字，清朝的兵就叫他網巾先生。到了要殺他的時候，問他叫甚麼名字。他說，我不願意做照例殉節的人，所以我不說我的名字。可見有些人是照例殉節。雖說是照例殉節，但不能說那件事情沒有價值；事情雖然有價值，但境界是自然境界。我們在民間聽的歌謠亦有很好的：比如《詩經》三百篇大部分都是民間的歌謠，可以說有文學的價值。雖然有文學的價值，可是作歌謠的人不一定就知道有文學的價值，所以他的境界就是自然境界。總而言之，在原始社會裡面的人，雖然他們的境界大概都是自然境界，可是有自然境界的人不一定都是原始社會裡面的人。就是我們現在社會裡面的人有自然境界的亦很多。這些人亦不一定做價值很低的事，他亦可以做出很大的事。

第二種境界我們叫作功利境界。它的特別地方就是在這種境界裡

面的人，他們的行為都是為利。這種人跟自然境界的人不同。怎樣不同？就是自然境界裡面的人，雖說做了很多事情，可是他為甚麼做這個事情，他心裡面不很清楚，沒有很深的了解。在功利境界裡面的人就不同了：他自己做些甚麼事情，他都有很清楚的目的，很清楚的了解。他的目的就是為了他自己的利益。所謂利字，它的範圍很廣。無論是為了增加財產或發展他自己的事情、增進他自己的名譽，都可以說是為利。這種人的境界是功利境界。這種人並不一定都是壞人，亦並不一定都是像中國楊朱一類人，都是為他們自己，不肯犧牲自己。他亦可以去犧牲，亦可以去犧牲他的財產，甚至於犧牲他自己的生命。他亦不一定專要做壞事，他亦可以做好事，做有益別人的事。可是無論做甚麼事，你要是追究他最後的動機，無非都是為了他自己的利益。他可以犧牲生命，這是很好的了。可是你問他為甚麼要犧牲呢，就是因為要博得名譽。他可以做有利別人的事，這固然是好了。可是他為甚麼要做有益別人的事呢？或者是為了要得到名譽，或者是為了得到社會國家的獎勵。最後動機還是為他自己的利益。不問他所做的事情是多大的事情，不問他所做的事情是有益別人的事情，他的境界都是功利境界。比如秦始皇、漢武帝所做的事情都是對於民族有利益的，但是追究他們的動機，都是為了自己的利益，所以雖然做了很多大事情，他們的境界仍然是功利境界。

　　第三種境界叫作道德境界。它的特別地方就是在這種境界裡面的人，他的行為都是行義。上面說過在功利境界裡面的人，他的行為都是為利。義與利這兩個字係相反而又相成的。試舉一例就可以看得出來。《孟子》這部書頭一章就是「孟子見梁惠王，曰：叟不遠千里而來，亦將有以利於我國乎？」於是孟子就說道：「王何必曰利？亦有仁義而已矣。」意思就是說你不可以講利，只可講仁義。可是孟子接着

發表他自己一套大政方針說道：「五畝之宅，樹之以桑，五十者可以衣帛矣。」又說：「雞豚狗彘之畜，無失其時，七十者可以食肉矣。」於是乎就有人批評孟子說：孟子這個人真是豈有此理，你不叫梁惠王講利，可是你自己所講的不是利嗎？為甚麼許你自己講，不叫梁惠王講呢？其實這個批評是錯誤了：因為孟子所講的自不是他自己的利，是人民的利。他並不是把帛子來自己穿，養雞養魚自己吃。在從前，國就是王，王就是國，梁惠王問「何以利吾國」，是不啻等於問「何以利吾自己」。如果現在的人問何以利吾國，相信孟子一定不會給釘碰：因為現在的「國」是大家的，不是某人私有的。

照這樣看起來，利與義一方面是相反的，一方面又是相成的。如果專為自己的利，當然與義正是相反。可是義亦不能離開利。甚麼叫作義呢？義就是道德行為。道德行為最後目的都是為社會國家求利的。所以義亦不能離開利。如果離開利，義就成了空洞的東西。但是亦與利相反。就是說你求別人的利就是義，如果求自己的利就不是義。一個人的行為都是求自己的利，那麼他的境界就是功利境界。這在上面已經說過了。如果一個的行為都是求國家百姓人民之利，那麼他的行為就是行義，他的境界就是道德境界。

說到這個地方我們就要問：一個人為甚麼要行義？為甚麼要行道德？這個問題有種種的說。在我們現在的講法就是說，在道德境界裡面的人，他了解人之所以人，了解人的性。甚麼叫作桌子？桌子之所以為桌子有它的性。它的性不同於椅子，絕不能拿桌子當椅子坐。人是一個動物，貓亦是一個動物，狗亦是一個動物，為甚麼人不是一隻狗呢？必定是人與狗有不同的地方，亦即是人有人的性。但我們不能說人會吃飯就是人的性，因為貓狗亦會吃飯。亦不能說人會睡覺就是人的性，因為貓狗亦會睡覺。我們要找出人與禽獸不同之點在甚麼地

方，就是人有社會而禽獸沒有社會。有人說螞蟻有社會組織，蜜蜂有社會組織，與人有甚麼分別？分別是有的。螞蟻雖然有社會組織，可是它不了解社會組織。螞蟻雖然亦列隊打仗，可是它不一定了解打仗的意義。人列隊打仗知道意義。這就是人與螞蟻、蜜蜂不同的地方。在道德境界裡面的人了解人的性。人的性裡面包含有這個社會制度以及社會裡面的一些規則，就是說政治上、道德上、法律上各種規則。這些規則在一方面看好像都是拿來壓迫個人的，限制個人的，可是在另一方面看就不然。關於這點，現在講政府哲學的人分為兩派說法。一派說法，就是說：社會上的制度、道德上的規則、法律上的規則都是拿來壓迫個人的，可是我們為甚麼要受它的壓迫呢？換句話說，這些人雖然知道這些東西是壓迫個人，但又知道沒有它不行。好像我們穿衣服穿在身上固然累贅，但不穿又不行。這一派政治哲學係從功利境界裡面的人的觀點講的。從道德境界裡面的人看，就不是這樣講，所謂社會組織與道德上的規則、法律上的規則、政治上的規則不是限制個人的，而是個人必定要在社會中間才能成為一個人，如果離開社會就不是人了。比如這根柱子必定要在房子裡面才是柱子，否則只是一根大木料。所謂人亦是如此，不能說離開社會還是人，必定要在社會中間才能算是人。這個社會並不是壓迫個人，而是每個人必定要在社會中間才能得到完全的發展。必定要在社會中間，那麼人之所以為人才能得到完全的發展。說到這個地方就想起在民國初年五四運動的時候，一般講文化運動的人往往把社會看錯了。說是社會是壓迫個人的，我們人必定要奮鬥，從社會裡面解放出來。這種說法仔細一想就知道很不通，人怎樣能夠從社會裡面解放出來呢？他們這種說法，好像等於我們在這裡說「這根柱子受上面壓迫太厲害了，把它解放出來吧」一樣地不通，試問解放出來以後它還可以成為柱子嗎？絕不是柱

子，是大木料了。所以如果人要從社會裡面解放出，就不是人。不但不能生活，並且不合乎人之所以為人的道理。照我現在的說法，個人必定要在社會中間才能生存，這是一點；第二點，他必定要在社會當中才能成為一個完全的人。

現在說到天地境界，它的特別地方是甚麼呢？就是在這種境裡面的人了解個人必定要在一個全之中才能生存，才能發展。在道德境界裡面的人，了解在個人以外還有一個全。這個全就是社會之全。可是在天地境界裡面人又了解一個全。這個全就是宇宙。他了解在社會之全之外，亦可以說在社會之全之上，還有一個大全。這個大全就是天地、宇宙。人必定要在宇宙的大全裡面才能發展，才能完成。如果一個人了解他不但是社會裡面的一分子，並且還是天地間的一分子；不但是要替社會盡一份責任，並且還要為宇宙負責任。他了解到這地步，他的境界就是天地境界。

孟子所說浩然之氣，可以做個例子。究竟甚麼是浩然之氣呢？照我們現講法，這個氣就是士氣甚旺、勇氣、一鼓作氣再而衰三而竭的氣。浩然就是大。浩然之氣就是大氣。甚麼叫作大氣呢？一個人要吹大氣，這種大氣不是孟子所講的大氣。孟子所講的大氣是大勇氣，這個氣是一個大勇氣，比普通勇氣大。它大在甚麼地方？就是大在我們普通之所謂勇氣，只是在人與人間的一個勇氣，而孟子所講的浩然之氣，這個大氣，不是與人之間的勇氣，不是社會之間的勇氣，它是一個人在天地之間的勇氣。人有普通勇氣的時候，他可以在社會中堂堂做一個人；可是有了浩然之氣的人，不但在社會中間可以堂堂做一個人，而且在宇宙中間、天地間，亦可以堂堂做一個人。所以孟子說：「其為氣也，至大至剛，以直養而無害，則塞於天地之間。」意思就是有這個東西的人，他不但在社會上是一個堂堂的人，並且在宇宙中間

是一個堂堂的人，如所謂「頂天立地的人」是。另外孟子又說：「居天下之廣居，立天下之正位，行天下之大道……富貴不能淫，貧賤不能移，威武不能屈。」富貴不能淫，貧賤不能移，威武不能屈，這就是剛；居天下之廣居，立天下之正位，行天下之大道，亦可以說是大。可是這不是至大至剛，必定是充塞天地之間，好像是頂天立地的人，才是至大至剛，才是浩然之氣。這種人的境界就是天地境界。他的境界比較那些富貴不能淫、貧賤不能移、威武不能屈的人的境界又高了。這種人可以說是一種最高的人。這種人在這種境界之中，可以說是與天地參。雖說在物質方面只有一個七尺之軀，可是我們可以說是與天地參。他雖然只能活百年，可是我們可以說他是與日月爭輝。這種人中國話叫作甚麼？就叫作聖人。

　　以上所說的四種境界，有高低的分別。這高低的分別拿甚麼做標準呢？就是拿有某種境界的人，所需要的了解的多寡來做標準。比如說我們講一種境界，他所需要的了解並不要怎樣高，那種境界就是低；另外有一種境界，如果我們要有它的時候，需要有很高的了解，那種境界就是高。四種境界之中比較，自然境界是最低的了。因為在自然境界裡面的人都是混混沌沌，糊糊塗塗，他所需要的了解最少。功利境界就比較高一點。他了解有我，有他自己。道德境界又高一層：就是他不但要了解自己，並且要了解社會，在個人之上一個社會之全。在天地境界裡面的人，所需要的了解更多。不但要了解有一個社會之全，並且要了解在社會之全上，還要有一個宇宙天地之全。所以自然境界最低，功利境界比較高一點，道德境界又高一點，天地境界最高。在天地境界裡面的人，中國話叫作聖人，在道德境界裡面的人稱為賢人，在功利境界裡面的人，亦可以為平常人，亦可以為英雄。

　　在低的境界裡面的人，他所能享受的那一部分世界小；在高的境

界裡面的人，他所享受的那一部分世界大。世界都是這個世界，可是不是每個人都能全享受。我們所享受的只能有一部分。享受的這一部分就有大小的分別。境界越高的人，他能享受的那一部分世界越大。比方說在功利境界裡面的人，他所享受的那一部分世界就是與他自己有關係的那一部分，與他自己沒有關係的那一部分就不能為他所享受。在道德境界裡面的人，凡是社會都能夠享受。在天地境界裡面的人，全宇宙都是他所能享受的。所以境界愈高，他所能享受的這個世界就愈大。

境界有久暫。有些人得着一種境界，他可以常在此種境界之中。有些人雖然得着一種境界，可是他只能暫時在那種境裡面。我方才說這個世界都是一個世界，可是因為各人的了解不同，所以境界不同。那麼境界就跟着了解而來。了解雖然給我們一種境界，可是它不能叫我們常在那個境界裡面，因為我們人的心理是很複雜的。古語說：「人心惟危，道心惟微。」心裡面有別方面的慾望的衝突，往往就不能使你常在高的境界之中。比如說，一件事情來了，我們知道這件事應該這樣做。在我們這樣做的時候是一個道德境界。我們應該這樣做就這樣做，可是，忽然間想到，我這樣做似乎有困難，或者對於我有甚麼妨礙。這樣一想，就不是道德境界，而是功利境界了。所以僅有了解，只能叫我們短時期地在一個高境界之中，不能叫我們常在高的境之中。由此可知，除了解之外，要憑着一種別的修養功夫才可以。那個修養功夫是甚麼呢？就是道學家常常所說的「敬」。所謂「敬」，就是注意。

自然與功利這兩種境界可以照黑格爾的說法叫作「自然的體物」。道德境界同天地境界則係精神的創造，需要我們自己創造。自然境界與功利境界為甚麼稱作「自然的體物」呢？就是我們不要努力自然就

可以有的。道德境界與天地境界需要我們自己努力，不會自然有這種
境界。

　　或者會有人問：「人都是宇宙的一分子，何必一定要在天地境界
裡面的人，才是宇宙的一分子呢？又何必一定要努力才能得到天地境
界呢？」這個疑問是有的。人都是宇宙的一分子，這是不錯的。不但
都是宇宙的一分子，亦都是社會的一分子。不但我們是社會一分子，
而且強盜亦是社會一分子。人都是循着社會的規則、道德的規則生
活，就是強盜他亦不能不迎着社會的規則、道德的規則去生活。他只
是在做強盜的那一兩點鐘或一兩分鐘不照着社會規則、道德規則去生
活，其餘的時間都是照着道德的規則生活。例如他搶了東西到街上去
賣，人家給他拾塊錢，他就要賣。不能說自己不賣，反又去搶人的東
西。他到飯館吃飯亦要給飯錢，住房子亦要給房錢。如果一個人，他
的行為無論甚麼時候、甚麼地方都與道德相違背，這就一分鐘都不能
過下去。可是雖然都是這個樣子，但是有些人了解，有些人不了解。
分別就在這地方。人不但都是宇宙一分子，而且都是社會的一分子，
並且都是這個樣子，但是有些人不了解就是了。你能了解，那你的境
界就可以是道德境界，不能了解，那你的境界就是自然境界或功利境
界。這就是了解與不了解的分別。佛家說：「悟則為佛，迷則為凡。」
就是這個道理。所以聖人與我們不同的地方，並不是於我們平常人所
行事之外，另做些甚麼事。聖人所行的事就是平常人行的這些事。如
果在平常所行人的事之外另外再找些甚麼事做，那就是等於佛家所常
說的「騎驢覓驢」，騎在那驢上想另外找一個驢，就找不到了。所以聖
人做的事情就是平常人所做的事情。

　　說到這個地方或者又會有人問：你說平常所做的事情是甚麼事情
呢？平常人所做的事情，比如當兵的就是下操打仗，當學生的就是上

課念書，當教授的就是教學。平常人所做的事情就是這些事情。就是你在社會上原來做甚麼人，你就做甚麼。比如說你原來是一個軍人，那打仗下操就是你的事。如聖人是一個軍人，事亦一樣，要打仗下操。學生上課聽講，聖人亦要上課聽講。我們當教授，假使聖人處在我們這地位，他亦是講學教書。他並不做甚麼特別的事情。這就是現在所謂「每個人都站在他自己的崗位而做他所要的事情」。事雖都是一樣的事，可是因為人的了解不同，所以境界就不同。比如軍人站在崗位上都是打仗，可是這個兵知道為甚麼要打仗。那個兵是被徵發來的，他不知道為甚麼要打仗，只是糊糊塗塗地打，他的境界就是自然境界。如果這個兵認為我們如果打仗就可以升官得獎賞，或者社會上給我們一個好名譽，那他的境界就是功利境界。如果有個兵知道打仗是為民族，那他的境界就是道德境界。如果有個兵認為他打仗並不僅是為國家民族而是為宇宙世界，那麼他的境界就是天地境界。

或者有人問，這些人你都要他做平常的事，那世界上豈不是一個平常世界了嗎，沒有甚麼新發明新創造了嗎？這是不對的，人們應該發明的就應該發明，應該創造還是創造。我們的思想是說任何人站在他自己崗位上做他應該做的事情，並不是守着他的崗位不敢創造，不敢發明。不但不是這個意思，他站在他的崗位上應該盡他的力盡他的才能去發明去創造。比如我們當學生的平常聽講上課，並不是照例只聽講上課，而是能創造者還是創造，能發明者還是發明。所以聖人所做的事情就是平常人所做的事情，就是站在崗位上做他應做的事情，不過因為了解不同而有境界的不同耳。

論命運

馮友蘭

　　市上有許多所謂「大哲學家」也談命運，不過他們所談的命運是指「先定」。既有「先定」，就有人要「先知」它，以便從中獲利。例如預先知道某種物品將要漲價，就大量買進，便可賺錢；知道某種物品將要跌價，就去賣出，便不虧本。因此得大發其財，無怪「大哲學家」們都生意興隆了。

　　其實「先定」是沒有的，即使有，也無用先知。如果有先定的命，命中注定你將來要發財，到時自然會發財；命定你要做官，將來自然做官；命定了將來要討飯，自然要討飯。先知了也不能更改，不能轉變，又何必要預先知道呢！

　　我說的「命運」和他們所說的不同。古人孔子、孟子等也談命，如孔子說：「知天命。」莊子說：「知其不可奈何而安之若命。」孟子說：「莫之為而為者，天也。莫之致而至者，命也。」荀子說：「節遇之謂命。」我說的「命」就是他們所說的「命」。「莫之致而至」是不想他來而來；「節遇」是無意中的遭遇，這才是「命運」的真意。所以「命運」的定義就可說是一個人無意中的遭遇。遭遇只有幸和不幸，沒有理由可說。譬如說現今的時代是偉大的，我「幸」而生在這時代；

也有人說現今的時代是受罪的，我「不幸」而生在這時代。我們生在這時代可以說是幸或不幸，但我們為甚麼生在這時代，便沒有理由可說。

命和運不同：運是一個人在某一時期的遭遇，命是一個人在一生中的遭遇。某人今年中了特種獎券，是他今年的「運」好，但是他的「命」好不好，還不一定，因為他將來如何尚不得而知。在一時期中幸的遭遇比不幸的遭遇多，是運好。在一生中，幸的遭遇比不幸的遭遇多，是命好。

普通所謂努力能戰勝「命運」，我以為這個「命運」是指環境而言。環境是努力可以戰勝的，至於「命運」，照定義講，人力不能戰勝，否則就不成其為「命運」。孟子說：「知命者不立於岩牆之下。」如果一座牆快要倒了，你還以為命好，立在下面，因而壓死，那是活該，不能算是知命。又如逃警報，有人躲在一個不甚安全的地方，不意炸死了，這是他的「命」不好，也是他的遭遇不幸。努力而不能戰勝的遭遇才是命運。

人生所能有的成就有三：學問、事功、道德，即古人所謂立言、立功、立德。而所以成功的要素亦有三：才、命、力，即天資、命運、努力。學問的成就需要才的成分大，事功的成就需要命運的成分大，道德的成就需要努力的成分大。

要成大學問家，必須要有天資，即才。俗話說：「酒有別腸，詩有別才。」一個人在身體機構上有了能喝酒的底子，再加上練習，就能成為一個會喝酒的人。如果身體機構上沒有喝酒的底子，一喝就吐，怎樣練習得會呢？作詩也是一樣，有的人未學過作詩，但是他作起詩來，形式上雖然不好，卻有幾個字很好，或有幾句很好，那種人是可以學作詩的，因為他有作詩的才。有的人寫起詩來，形式整整齊齊，

平仄合韻，可是一讀之後，毫無詩味，這種人就不必作詩。一個人的才的分量是一定的，有幾分就只有幾分，學力不能加以增減。譬如寫字，你能有幾筆寫得好，就只能有幾筆寫得好。學力只不過將原來不好的稍加潤飾，使可陪襯你的好的，它只能增加量不能提高質。不過諸位不要灰心，以為自己沒有才，便不努力。你有才沒有才，現在還不曉得，到時自能表現出來，所謂「自有仙才自不知」，或許你大器晚成呢！既有天才，再加學力，就能在學問上有成就。

至於事功的建立，則是「命運」的成分多，歷史上最成功的人是歷朝的太祖高皇帝，劉邦因為項羽的不行而成功。如果項羽比他更行，他絕不會成功。學問是個人之事，成功則與他人有關。康德成為大哲學家，並不因為英國沒有大哲學家。而希特勒的能夠橫行，卻是英國的縱容和法國的疏忽所致。歷史上有些人實在配稱英雄，可是碰到比他更厲害的人，卻失敗了。有的人原很不行，可是碰着比他更不行的人，反能成功，所謂「世無英雄，遂令豎子成名」，所以事功方面的成就靠命運的成分大。「衛青不敗由天幸，李廣無功緣數奇」，我們不應以成敗論英雄。

道德方面的成就則需要努力，和天資命運的關係小，因為完成道德，不必做與眾不同的事，只要就其所居之位，做自己應該做的事，盡倫盡職即可。人倫是社會中人與人之間的關係，一個人在社會上必須和別人發生關係，而且必須做事。能盡自己和別人的關係，做自己應該做的事，就是道德，和自己的地位高下、事業大小都沒關係。不論何人，只要盡心竭力，對社會的價值是沒有分別的。正如唱戲好的人，和所扮演的角色無關，梅蘭芳登台，不一定飾皇后。地位很闊的人，不能盡倫盡職，是不道德。村夫野老能盡倫盡職，就是有道德。命運的好壞對於道德的完成，也沒有關係。文天祥和史可法都兵敗身

死，可算不幸。但是即使他們能存宋救明，他們在道德方面的成就也不會再增加一些。他們雖然失敗，道德的成就也不因之減少一些。不但如此，有的道德反要在不幸的遭遇下才能表現，如疾風勁草，亂世忠臣。孟子說「富貴不能淫，貧賤不能移」，終身富貴的人，最多能做到前者。做官發財是「求之有道，得之有命」，唯有道德是「求則得之，捨則失之」，做不做的權全在自己。

有的人常常說我立志要做大學問家，或立志要做大政治家，這種人是可以失望的。因為如果才不夠，不能成為大學問家，命運欠好，不能成為大政治家。唯立志為聖賢，則只要自己努力，一定可以成功。聖賢是道德的最完成者。普通人以為聖賢需要特別的在事功、文學方面的天才，那是錯誤的。孔子和孟子的成為聖賢，和他們的才幹沒有關係。王陽明並不因為他能帶兵而成賢人。所以學問的成就需要才，事功的成就需要幸運的遭遇，道德的成就只要努力。

關於真善美

馮友蘭

有許多人把「真」「善」「美」三者，認為是一事，或混為一談。常說：真的就是善的，就是美的，善的就是真的，美的，等等。這些說法，聽着很好聽，因為這三字本來都是說着好聽的。但仔細想起來，這種說法究竟說了些甚麼，實在很成問題的。

在中國原有言語裡，所謂「真」有兩義。例如我們說：「這個桌子是真的」；我們亦說：「報上的某消息是真的。」這兩個「真」的意思不同。第一句話中所謂「真」，是對於一事物說；後一句話中所謂「真」，是對於一句話說。普通所謂真善美之「真」，是指「真理」而言，是後一句話中所謂「真」。

就普通所謂真善美說，「真」是對於一句話說的，「善」是對於一種行為說的，「美」是對於一種形象說的。

人不能憑直覺，知道某一句話是真；但知道某一個形象是美，則是專憑直覺的；人知道某一個行為是善，是不是專憑直覺，這是一個值得討論的問題。

王陽明的「良知說」，就是主張專憑直覺，人即可以知道善知道惡。陽明說：「知善知惡是良知，為善去惡是格物。」陽明亦說「致

知」，但謂致知即是致良知，「知善知惡是良知」。人見一善的行為，不待思考，而即感覺其是善；見一惡的行為，不待思考而即感覺其是惡。正如人見一美的事物，不待思考而即感覺其是美；見一醜的事物，不待思考而即感覺其是醜。《大學》說：「如惡惡臭，如好好色。」陽明亦常引此言，以比喻良知。人於感覺一行為是善時，不但感覺其是善，而且對之有一種敬仰。於感覺一行為是惡時，不但感覺其是惡，而且對之有一種鄙視。猶之乎人見好色即自然好之，見惡臭即自然惡之。陽明以為人本來都能如此直接分別善惡。此「能」，陽明謂之「良知」。人須先覺了他有「良知」，然後即注意於順良知行。順良知行即是致良知，即是致知，亦即是格物。

照這種說法，人對於道德價值的知識，是一種直接的知識，也可以說是一種直覺。有道德價值的行為，是依照某道德規律的行為。但人感覺一行為是善的，並不是因為他們先知其是依照某道德規律。他們並不必先將此行為加以分析，見其依照某道德規律，然後方感覺其是善的。法庭中，法官的判決是用此種方法得來；但人對於道德價值的感覺，則不是用此種方法得來。他們先感覺一行為是善的，依此感覺，他們即說它是善的。至於分析其行為是如何依照某道德規律，則是以後的事。人對於美的感覺，亦是如此。譬如人見一好畫，而感覺其為美；他們並不是先將其加以分析，見其是依照某美學的規律，然後感覺其為美，而是一見即感覺其為美。依此感覺，他們即說，它是美的。至於分析它是如何依照某美學的規律，則是以後的事。此點若詳加討論，即到理在心外或理在心中的問題，此問題是理學心學所爭論的一個根本問題。置此問題不談，而但說，人對於道德價值的知識，是一種直接的知識，也可以說是一種直覺。人都能有此種知識，此「能」，是人的良知。若限良知於此義，則人有良知之說，是可以說

的。有些人對於此點，尚有懷疑，請先釋疑。

有些人以為，所謂「良知」，如上所說者，不過人於某種社會制度內，所養成的道德習慣，在知識方面的表現。在某種社會內，某事是善的。但在別種社會內，某事或不是善的。人的良知，常以其社會所以為善者為善。例如以家為本位的社會，以女子守節為善。其中的人的良知，亦以女子守節為善。以社會為本位的社會，不以女子守節為善。其中的人的良知，亦不以女子守節為善。在此兩種不同的社會中，對於此等事，人的良知所見不同。於此可知，良知的「知」，是不可靠的。

於此我們說，照上文所說，良知只能知其對象，而不創造其對象。道德行為是依照道德規律的行為，道德規律，有些是某種社會的理所規定的，所以本可以不同。在某種社會內，某事本是善的。本是善的，而人的良知知之，並不是人的良知以為善，它才是善的。在某種社會內，某事本不必是善的。本不必是善的，而人的良知亦知之，並不是人的良知以為不必是善的，它才不必是善的。在以家為本位的社會中，女子守節，本是道德的行為；在以社會為本位的社會中，女子守節本不必是道德的行為。此種行為，本是如此，而人的良知知之。並不是人的良知以為此種行為是如此，而它才是如此。

有些人以為，所謂「良知」者，並不是自有人類以來，人本即有的；經過長時期「物競天擇」的演變，現在的人，才可以說是有良知。我們或可說「現在的人有良知」，而不可說「人有良知」。

此所說或是事實，但就義理說，說人有良知，則並不因有此事實而有不合。假定以前的人無良知，而現在的人有良知，也就是說，現在的人，更近於人之所以為人者，人類研究有了進步。這於說人有良知，並沒甚麼妨礙。

照心學這一派的說法，人不但專憑直覺即可以知善知惡，而且只可以專憑直覺知善知惡；若對於直覺所知，另有考慮，則反而不能知善知惡了。對於直覺所知，另有考慮，心學一派的人，謂之用智。「用智」的弊，與「自私」同，程明道說：「君子之學，莫若廓然而大公，物來而順應。」「人之情各有所蔽，故不能適道。大率患在於自私而用智，自私則不以有為為應跡；用智則不能以明覺為自然。」（《定性書》）陽明以為良知所知，就是至善，他說：「至善之發現，是而是焉，非而非焉，輕重厚薄，隨感隨應，而亦莫不有天然之中，是乃民彝物則之極，而不容少有擬議增損於其間也。少有擬議增損於其間，則是私意小智，而非至善之謂矣。」（《大學問》）這都是說，人只可以專憑直覺，知善知惡。

這並不是說，人只可以專憑直覺做事。直覺能使人知道甚麼事應該做或不應該做，不能教人知道甚麼事怎麼做。知道甚麼事應該做以後，就去研究怎麼做，這不是直覺所能知的。但這也不是道德判斷了。

至於「真」，則我們不能專靠直覺而判定哪一句話是真的。有些人可以說，算學及邏輯中的最初定律，是「自明」的。所謂「自明」者，就是專靠人的直覺，就可以知道它是真的。此話也許不錯，但即令此說是真的，也不過是只有這些定律是自明的而已。人還是不能專靠直覺就能算算學，演邏輯。至於關於實際事物的科學，例如化學、經濟學等，更不是專靠直覺，即可以講的。

我們可以說「真的話就是與事實相符的話」，我們也可以說「善的行為就是與社會有利的行為」。但關於美，我們只能說：「美是使人有某種感覺的形象。」

不過對於一句與事實相符的話，我們須先知其是與事實相符，我們才知道它是真的，但對於一種於社會有利的行為，我們不必想到它

是與社會有利,而立時對於它即有崇敬愛慕之感。善惡的判斷,可以專憑直覺者,其原因即在於此。

人不能專憑直覺說一句話是真,但可以專憑直覺說一行為是善、一形象是美。不過人可以離開人的感覺說善之所以為善,但不可以離開人的感覺說美之所以為美。這就是說,感覺並不是構成善的要素,但是構成美的要素。這是真善美的一個不同之點。

附　錄

萬里長征，辭卻了五朝宮闕，暫駐足衡山湘水，又成離別。絕徼移栽楨榦質，九州遍灑黎元血。儘笳吹，弦誦在山城，情彌切。

千秋恥，終當雪。中興業，須人傑。便一成三戶，壯懷難折。多難殷憂新國運，動心忍性希前哲。待驅除仇寇，復神京，還燕碣。

西南聯大進行曲（部分）
羅庸、馮友蘭　作

西南聯大一九三九年度校曆

第一學期

一九三九年	九月二十五日至三十日	星期一至六	補考　註冊　選課
	十月二日	星期一	第一學期始業
	十月二日至十四日	星期一至六	改選功課
	十月十日	星期二	國慶紀念日　放假
	十月二十八日	星期六	退選功課截止
	十一月十二日	星期日	總理誕辰紀念日　放假
一九四〇年	一月一日至三日	星期一至三	年假
	一月十九日至二十五日	星期五至四	學期考試
	一月二十六日至二月八日	星期五至四	寒假

第一學期共十五週

第二學期

日期（一九四〇年）	星期	事項
二月九日至十五日	星期五至四	補考
二月十三日至十五日	星期二至四	註冊
二月十六日	星期五	第二學期始業
二月十六日至二十九日	星期五至四	改選功課
三月十二日	星期二	總理逝世紀念日　放假
三月十四日	星期四	退選下學期開班　功課截止
三月二十九日	星期五	革命先烈紀念日　放假
三月三十日至四月五日	星期六至五	春假
五月十五日	星期三	交入畢業論文最後期限
六月十日至十五日	星期一至六	學年考試
六月二十二日	星期六	畢業禮
六月二十三日	星期日	暑假起始
八月二十七日	星期二	孔子誕生紀念日　放假

第二學期共十五週

節氣（一九三九年）

節氣	日期	節氣	日期	節氣	日期
小寒	一月六日	大寒	一月廿一日	立春	二月五日
雨水	二月十九日	驚蟄	三月六日	春分	三月廿一日
清明	四月六日	穀雨	四月廿一日	立夏	五月六日
小滿	五月廿二日	芒種	六月六日	夏至	六月廿二日
小暑	七月八日	大暑	七月廿四日	立秋	八月八日
處暑	八月廿四日	白露	九月八日	秋分	九月廿四日
寒露	十月九日	霜降	十月廿四日	立冬	十一月八日
小雪	十一月廿三日	大雪	十二月八日	冬至	十二月廿三日

植樹節　十二月十二
日環食　三月廿九日
月全食　四月廿四日
日全食　至五月四日
月偏食　九月廿八日

責任編輯　梅　林
書籍設計　彭若東
責任校對　江蓉甬
排　　版　肖　霞
印　　務　馮政光

書　　名　西南聯大文化課

作　　者　馮友蘭　張蔭麟　湯用彤　羅庸　雷海宗　吳晗　聞一多

出　　版　香港中和出版有限公司
　　　　　Hong Kong Open Page Publishing Co., Ltd.
　　　　　香港北角英皇道 499 號北角工業大廈 18 樓
　　　　　http://www.hkopenpage.com
　　　　　http://www.facebook.com/hkopenpage
　　　　　http://weibo.com/hkopenpage
　　　　　Email: info@hkopenpage.com

香港發行　香港聯合書刊物流有限公司
　　　　　香港新界荃灣德士古道 220-248 號荃灣工業中心 16 樓

印　　刷　陽光 (彩美) 印刷有限公司
　　　　　香港柴灣祥利街 7 號萬峯工業大廈 11 樓 B15 室

版　　次　2023 年 4 月香港第 1 版第 1 次印刷

規　　格　16 開 (152mm×230mm) 304 面

國際書號　ISBN 978-988-8812-26-4

　　　　　© 2023 Hong Kong Open Page Publishing Co., Ltd.
　　　　　Published in Hong Kong

本書由四川天地出版社有限公司授權本公司在中國內地以外地區出版發行。